华东政法大学研究生系列规划教材

华东政法大学
教材建设和管理委员会

主　　任	郭为禄　叶　青
副 主 任	韩　强
部门委员	虞潇浩　杨忠孝　洪冬英
	屈文生　陆宇峰
专家委员	王　迁　孙万怀　钱玉林
	任　勇　余素青　杜素娟

法治传播学

张　秀　夏梦颖　贺小石　李昭熠　◎著

图书在版编目(CIP)数据

法治传播学/张秀等著. —北京：北京大学出版社，2023.8
ISBN 978-7-301-34384-5

Ⅰ.①法⋯ Ⅱ.①张⋯ Ⅲ.①法治—传播学 Ⅳ.①D90-059

中国国家版本馆 CIP 数据核字(2023)第 164407 号

书　　　名	法治传播学 FAZHI CHUANBOXUE
著作责任者	张　秀　夏梦颖　贺小石　李昭熠　著
责 任 编 辑	李小舟
标 准 书 号	ISBN 978-7-301-34384-5
出 版 发 行	北京大学出版社
地　　　址	北京市海淀区成府路 205 号　100871
网　　　址	http://www.pup.cn　新浪微博：@北京大学出版社
电 子 邮 箱	zpup@pup.cn
电　　　话	邮购部 010-62752015　发行部 010-62750672　编辑部 021-62071998
印 刷 者	北京溢漾印刷有限公司
经 销 者	新华书店 730 毫米×980 毫米　16 开本　15.75 印张　291 千字 2023 年 8 月第 1 版　2023 年 8 月第 1 次印刷
定　　　价	68.00 元

未经许可，不得以任何方式复制或抄袭本书之部分或全部内容。
版权所有，侵权必究
举报电话：010-62752024　电子邮箱：fd@pup.cn
图书如有印装质量问题，请与出版部联系，电话：010-62756370

春华秋实结硕果 奋进征程启新篇

——华东政法大学研究生系列规划教材总序

中国特色社会主义进入新时代，在迈向建设社会主义现代化国家的新征程上，党和国家事业发展迫切需要培养造就大批德才兼备的高层次人才。习近平总书记强调，研究生教育在培养创新人才、提高创新能力、服务经济社会发展、推进国家治理体系和治理能力现代化方面具有重要作用。为全面贯彻落实全国教育大会、全国研究生教育会议精神，切实提升研究生教育支撑引领经济社会发展能力，加快新时代研究生教育改革发展势在必行。为此，亟需优化研究生课程体系，加强研究生教材建设，创新研究生教学方式，突出研究生的创新意识和创新能力培养，切实提升研究生人才培养质量。

春华秋实结硕果，华东政法大学喜迎七十华诞，经过70年的建设和发展，华政已由一所不足1000人的单一学科院校成长为一所以法学学科为主，兼有经济学、管理学、文学、工学等学科的办学特色鲜明的多科性的高水平地方大学，被誉为"法学教育的东方明珠"。华政研究生教育也已走过40年的非凡历程，回首过往，教授们在课堂上传播知识、分享见解，他们的讲义、讲稿都是浓缩的精神财富，弥足珍贵。教材是教师思想智慧和研究成果的结晶，是传播知识和传递价值的重要载体，是师生学习和交流的重要工具，在教学中具有教育引领和立德树人的重要作用。为贯彻落实上海市人民政府《关于本市统筹推进一流大学和一流学科建设实施意见》（沪府发〔2018〕7号）、上海市教育委员会《上海高等学校创新人才培养机制 发展一流研究生教育试行方案》（沪教委高〔2018〕75号）和我校"十三五"发展规划纲要，深入推进研究生教育质量保障体系建设和专业学位综合改革，提升我校研究生培养质量，我校于2019年开始实施地方高水平大学和一流研究生教育引领计划系列项目建设，包括对10个研究生教材建设项目进行资助，自此有序迈开我校研究生教材建设的步伐。

根据《教育部 国家发展改革委 财政部关于加快新时代研究生教育改革发展的意见》（教研〔2020〕9号）、《上海市教育委员会 上海市发展和改革委员会 上海市财政局关于加快新时代上海市研究生教育高质量发展的实施意见》（沪教委高〔2021〕42号）等文件精神，我校紧密结合经济社会发展需要，根据学科和人才培养特色，规范研究生核心课程设置，开好学科基础课程、核心课程和前沿课程，制定交叉学科专门的课程体系，着力打造我校研究生精品示范课程。为更好地提供课程配套教材，提升课程教学质量，推动优质资源共享，我校组织开展了研究生系列规划教材建设工作，主要包含以下几个方面：

一是建设习近平法治思想专项研究生教材。为深入学习贯彻习近平法治思想，推进习近平法治思想"三进"工作，把习近平法治思想有效融入课程思政建设，立项资助习近平法治思想专项教材，要求充分体现习近平关于全面依法治国、建设法治强国等方面的新理念、新思想和新战略。**二是建设研究生专业基础课和专业核心课教材**。面向我校法学学科以及其他特色优势学科的研究生专业基础课和专业核心课，建设一批专业课教材，夯实学科基础。要求体现本学科专业优势和特色，在内容和体系上有明显特色和创新，及时吸纳最新科研和教研成果。**三是建设研究生交叉学科教材**。为加强我校交叉学科、新兴学科建设，激发学校创新活力，提升学科竞争力，建设一批高质量的法学与其他学科交叉教材，体现我校特色和优势，为国家法治建设作出新的贡献。**四是建设专业学位研究生实务教材**。为保证我校专业学位研究生复合型、应用型人才培养目标的实现，提高专业学位研究生课程教学的实效性，建设一批高质量的实务教材，编写的案例应以培养学生实践能力和职业技能为导向，要符合应用性、典型性、客观性、创新性要求。

我校研究生系列规划教材建设具有鲜明的特色和优势，我认为主要体现在以下几点：

第一，立德树人，坚持政治和学术标准统一。我校研究生教材建设立足为党育人、为国育才的使命，坚持立德树人，坚持思想政治教育和科学教育并重，要求政治标准和学术标准相统一。大力加强研究生课程思政建设，坚持习近平新时代中国特色社会主义思想和社会主义核心价值观进教材、进课堂、进头脑，把研究生课程教材质量作为学校学位点合格评估、学科发展水平、教师绩效考核和人才培养质量评价的重要内容和重要大事来谋划和落实，力求站位高、标准严、评审细、成效好。

第二，专家领衔，确保研究生教材质量有保障。我校研究生教材建设提倡组建团队集体编写，在此基础上进一步打造一支较为稳定的研究生课程教学团队。学校立项资助的研究生教材主编基本上都是各个学科领域的优秀知名专家，具有丰富的经验，已编写出版过高质量的教材，且对本领域的重点和前沿问题发表有很高质量的研究成果。编写的研究生教材内容能够充分反映各学科的最新研究成果,在国内同类教材中具有鲜明的特色或具有先进性。学校组织校内外同行专家进行教材书稿评审验收,以严格的过程管理和成果验收机制,充分发挥专家的作用,确保研究生教材的质量有保障。

第三,百花齐放,建设研究生品牌教材体系。围绕上海市地方高水平大学和一流研究生教育建设目标,学校通过立项资助鼓励广大教师积极开展教材研究,编写出版高水平高质量教材,建设并形成具有华政特色的研究生品牌教材体系。其中,既有各个法学学科领域的重点经典专题研究类教材,也有数字法治人工智能等前沿问题探讨类教材;既有适合学术学位研究生的理论型教材,也有针对专业学位研究生的实务型教材;既有向纵深拓展的专业学科教材,也有横向宏阔视野的交叉学科教材。充分呈现了华政研究生教材建设百花齐放的美好态势。

第四,国际视野,全面助力涉外法治人才培养。华政始终坚持"开门办学、开放办学、创新办学"的发展理念,在科学研究、人才培养、社会服务、国际交流与合作、文化传承与创新等方面承担起社会主义政法院校应有的责任,历来注重涉外法治人才的培养。我校国际法系曹建明教授主编的《国际经济法概论》荣获司法部普通高校法学优秀教材一等奖,曹建明教授和贺小勇教授主编的《世界贸易组织》获得上海普通高校优秀教材二等奖,朱榄叶教授和贺小勇教授的专著《WTO争端解决机制研究》荣获司法部第三届全国法学教材与科研成果三等奖,何勤华教授主编的《外国法制史》获得司法部第二届法学教材与科研成果三等奖、上海市高校优秀教材一等奖,丁伟教授主编的《国际私法学》获得上海普通高校优秀教材三等奖,刘晓红教授和袁发强教授主编的《国际商事仲裁》以及王虎华教授主编的《国际公法学》荣获上海普通高校优秀教材二等奖,等等。2021 年 2 月,根据教育部的通知要求,我校进一步加大法律硕士专业学位(涉外律师)研究生人才的培养力度。2021 年 4 月,我校成立了最高人民法院国际合作局司法协助研究基地,致力于培养大批德法兼修的高素质涉外法治人才。2021 年 9 月,我校受司法部律师工作局委托,承担法律硕士专业学位(涉外律师)研究生培养项目联合培养工作,学校也对此项目相关的研究生教材予以倾斜资助,全面助力高端涉外法治人才的培养。2022 年,学校率先在全国成立了独立运行的二级学院——涉外法治学院,培养国际知识产权法律、国际组织人才。

研究生教育肩负着高层次人才培养和创新创造的重要使命,是国家发展、社会进步的重要基石,是应对全球人才竞争的基础布局。我校现在推出的研究生系列规划教材,紧密结合当前经济社会实际,体现了我校研究生导师的最新研究成果,反映了本学科领域发展的动态前沿,我们相信它们是符合广大研究生的学习需求的,也相信能收获研究生教材建设项目的预期成效。

今后,我校将坚持以习近平新时代中国特色社会主义思想为指导,全面贯彻党的教育方针,坚定走内涵式发展道路,以立德树人、服务需求、提高质量、追求卓越为主线,不断推出研究生精品课程和高质量品牌特色教材,为有效提升研究生人才培养质量,为实现中华民族伟大复兴的中国梦作出新的更大的贡献!

叶 青

2022 年 12 月

前　言

　　法治传播学是以法治为主题,以传播学理论和技术为基础,探讨如何借助传播手段增强公民法治意识、促进法治社会建设的一门交叉学科。在现代社会,法治观念已成为公民素质的重要组成部分,而传播作为连接人类社会、文化、意识的桥梁,自然成为法治观念传递的工具和手段。法治传播学通过对传播对象、传播主体、传播渠道和传播内容等方面的研究,探讨如何更有效地传递法治理念,促进全社会法治观念的理解和普及。这种普法的宣传针对不同的受众对象,需要采取不同的宣传教育方式和手段。法治传播的形式和内容也可以丰富多彩、形式多样,既可以实现大众传媒推广法治文化的传统功能,也可以通过网络互动促进公共空间内的法治话语,实现创新型的法治传播。总体而言,法治传播通过多种手段宣传法治理念,实施全方位、立体式、一体化的宣传教育,促进公民法律意识的提高,加强法律知识的普及,有助于增强公众对法治的认知,加强公民的法律信仰,推进法治中国的建设。

　　在中国的法治宣传教育中,法治传播伴随着中国特色社会主义法治体系的逐步完善。对于法治发展过程中的法治宣传如何进行,如何适应新时代的要求,让公众更好地感受到司法的公平正义,如何提升公众的法治素养等问题,还需要深入研究和探讨。法治的发展是人民民主建设的应有之义。党的十七大报告首次提出人民当家作主是社会主义民主政治的本质和核心,要保障人民的知情权、参与权、表达权、监督权。党的十八大报告进一步推进民主法制建设,就推进社会主义民主政治制度化、规范化、程序化,依法保障公民知情权、参与权、表达权、监督权提出了具体的要求。党的十九大报告指出,要加强对权力运行的制约和监督,让人民监督权力,让权力在阳光下运行。为此,在推进依法行政的同时,要推进政务公开法治化,扩大和保障人民群众知情权、参与权、表达权、监督权,健全行政复议、行政诉讼有机衔接的行政纠纷解决机制,确保行政纠纷解决渠道更方便、更有效。党的二十大报告更明确提出发展全过程人民民主,保障人民当家作主。在坚持人民主体地位,充分体现人民意志、保障人民权益、激发人民创造活力的同时,进一步深化新时代人民民主的工作,落实人民的知情权、参与权、表达权、监督权。

　　党的二十大报告强调"在法治轨道上全面建设社会主义现代化国家",既凸显了法治建设事关根本的战略地位,又明确了法治建设服务保障党和国家工作大局的战略任务。落实这一要求,要坚持以习近平新时代中国特色社会主义思想为指导,深入贯彻习近平法治思想,坚持党的领导、人民当家作主、依法治国有机统一,更好发挥法治固根本、稳预期、利长远的保障作用,为全面建设社会主义现代化国家保驾护航。推进法治中国建设必须坚持以人民为中心,必须把体现人民利益、反映人民愿望、维护人民权益、增进人民福祉落实到全面依法治国各领域全过程。习近平总书记强调,必须牢牢把握社会公平正义这一法治价值追求,努力让人民群众在每一项法律制度、每一个执法决定、每一宗司法案件中都感受到公平正义。在新征程上,法治传播学的发展要紧紧围绕保障和促进社会公平正义的价值追求来展开,通过公民知情权、参与权、表达权、监督权的表达,促进更加公平的社会环境,更好维护最广大人民根本利益。习近平法治思想对全面依法治国提出一系列新论断、新举措、新要求,对在法治轨道上全面建设社会主义现代化国家,对全面实现中华民族伟大复兴,具有重大意义,为推动新时代法治建设指明了前进方向、提供了根本遵循。

　　随着社会的不断发展和进步,法治传播也进入新时代的发展历程,也感受到新时代发展的挑战。随着数字技术的不断发展,网络传播日益普及,法治传播学在传媒、网络领域、数字发展中得到广泛的应用。在法治传播中,互联网技术被广泛运用。网络传播作为新时代下人们传播信息的主要渠道,对法治传播也起到了不可替代的作用。互联网使用的方便快捷性和广泛传播性,能够加快法治观念的普及,提高社会公众的法律素养。社交媒体平台是法治传播的重要手段,微信公众号、微博等可以帮助政府、公共机构和社会组织等不同主体进行法治传播,通过推送文章、发表评论、发布动态等方式,将正义的声音传递出去,增强公众对法治的认识和信任。同时,这些平台通过对举报信息的有效处置,也能够有效打击谣言和非法行为。在新媒体时代下,应用人工智能技术进行信息分析和判断也是一种重要的技术手段。通过数据分析和机器学习,可以更加有效地把握社会热点事件的特征和趋势,为政府部门提供科学、准确的政策建议,为公众提供准确、权威的信息。车联网、物联网、人联网、智慧城市、元宇宙等新型科技的发展,也为法治传播提供了新的机会和挑战。这些技术的应用,能够让公众更深刻地认识到法治的价值和意义,同时也需要引起人们对数据隐私和信息安全的重视和思考。技术手段在法治传播中起到了不可替代的作用,在构建法治传播机制的过程中,必须最大限度地发挥技术优势,更好地服务于法治建设。

法治传播理论研究视角多元,研究视域广阔,研究方法多样。本书主要结合我国社会主义民主政治发展的基本要求、法治建设的目标和新兴领域中的突出问题,着重从社会主义民主法治建设中公民"知情权、参与权、表达权、监督权"的保障来阐释法治传播在社会主义民主政治建设中的重要地位。本书结合几位作者的研究兴趣和研究优势,以新媒介普法传播的独特性为基础,探讨公民"知情权、参与权、表达权、监督权"在不同历史时期的实现方式,媒介传播在不同历史时期的传播形式,以及新媒介时代的变化发展,从法治传播的视域探讨媒体监督与司法公正、言论自由与媒介表达规制、网络主权与个人信息保护、媒介审判与舆论监督等法治传播中的具体问题。第一章"法治传播学概述"是作者共同介绍写作本书的背景和初衷;第二章"知情权"由夏梦颖完成;第三章"参与权"由贺小石完成;第四章"表达权"由李昭熠完成;第五章"监督权"由张秀完成。特别感谢上海财经大学的林凌教授。林凌教授在法治传播学领域观点新颖、见解独到,正是在他的鼓励与启迪之下,本书作者们才展开对本书的撰写。林凌教授对本书的内容结构、体系编排都提出了非常宝贵的建议,特别感谢林凌教授。

法治传播学是一门新兴学科,其研究内容涉及法律、传播、政治、心理等多个领域,具有较为广泛的组合性和交叉性,在法治文化深入人心、全面依法治国的大背景下,越来越受到人们的关注。在未来发展中,法治传播学会开拓创新研究领域和方向,以人民的需求为出发点,深入调研和了解群众的法律需求和问题,积极探索多样化、可持续的传播方式,通过微信公众号、短视频等形式,让人们树立法律意识、增强法治信仰,以具体案例、形象化、互动式的方式进行宣传,不断加强传播教育宣传的实效性。同时,法治传播学的研究也会面临新的挑战和需要探讨的问题。不断涌现的新技术、新应用,使得信息传播的途径日益多样化,信息消费者呈现多样化、个性化等特点,如人工智能在媒体等领域的广泛应用、生成式人工智能如何应用法治传播学的基本理念和要求、法治的国际化传播如何应对文化多元化的挑战等,这些都是法治传播学需要探讨的新课题。

限于研究能力和时间限制,书中错漏及不当之处请各位同仁和读者指正。

目 录

第一章　法治传播学概述 …………………………………………（1）
　一、十七大提出"知情权、参与权、表达权和监督权"的背景和意义 ……（2）
　二、知情权、参与权、表达权和监督权之间的关系 ………………（4）
　三、媒体与知情权、参与权、表达权、监督权 ………………………（9）

第二章　知情权 ……………………………………………………（16）
　一、知情权的历史溯源 ……………………………………………（16）
　二、知情权的特征 …………………………………………………（24）
　三、媒体与知情权 …………………………………………………（32）
　四、知情权与隐私权、司法权、媒体报道权的冲突与平衡 ………（58）

第三章　参与权 ……………………………………………………（82）
　一、参与权的历史溯源 ……………………………………………（82）
　二、参与权的内涵、特征及价值 …………………………………（94）
　三、媒体与参与权 …………………………………………………（104）
　四、媒体对公民参与权行使过程中各项冲突的平衡 ……………（116）

第四章　表达权 ……………………………………………………（130）
　一、表达权的发展历程 ……………………………………………（130）
　二、表达权的内涵、特征及价值 …………………………………（141）
　三、媒体与表达权 …………………………………………………（152）
　四、媒体与表达权的冲突与平衡 …………………………………（167）

第五章　监督权……………………………………………………（183）
　一、监督权的历史追寻…………………………………………（183）
　二、监督权的内涵、特征及价值…………………………………（202）
　三、媒体与监督权………………………………………………（209）
　四、媒体监督权与司法公正、私权保护的平衡…………………（218）

参考文献……………………………………………………………（233）

后记…………………………………………………………………（239）

第一章　法治传播学概述

　　法治传播涉及法学、传播学两大学科中的多个研究领域,具有深刻的内涵和广泛的外延。从不同的研究内容、研究方法、研究视角或研究路径,学者们会采用不同的表述方式,如"法制传播""法治文明传播""法律传播""刑法文化传播""电视法治传播""法治话语体系传播""法观念传播""社会主义法治宣传教育""法治信息传播""法律品牌传播""公共法律案件传播"等。比较有代表性的观点是将法治传播看作与法治相关的信息传播[①],认为应该重视法治信息传播的流量、流向问题,使法治传播达到培养法的价值观和社会公德的作用。[②] 也有学者指出,法治传播是媒体传播法律相关信息,满足公众知情权的信息沟通过程,"是法治文化的传播,法治思想的启蒙,法治理念的普及和提升,法治公民的培育和塑造"[③]。还有学者指出,法治传播是国家与社会、政府与公民等不同群体,立足于法治的沟通性,围绕法治进行沟通从而让社会大众形成规范法律意识,共享法治意义及其世界观以达到法治共契的过程。[④] 无论何种表述,都不能忽视法治的价值目标和法治传播的意义。从法治传播的重要性来看,法治传播是依法治国的要求,是建设社会主义法治建设的重要方式,从保障公民"四权"[⑤]的角度探讨法治传播的当代呈现,能更好地阐释法治传播在社会主义民主政治建设中的重要地位。

---

　　① 参见胡菡菡:《自媒体语境下"法治传播"研究的概念使用和理论路径》,载《中国网络传播研究》2013年第1期。
　　② 参见董岩:《高度·态度·深度——论法治传播中电视传媒的使命与责任》,载《新闻实践》2011年第3期。
　　③ 周长秀:《〈南方周末〉法治传播理念研究》,西南政法大学2010年硕士学位论文。
　　④ 参见夏雨:《法治的传播之维》,武汉大学2012年博士学位论文。
　　⑤ 即知情权、参与权、表达权、监督权。

一、十七大提出"知情权、参与权、表达权和监督权"的背景和意义

2007年10月15日至21日,中国共产党第十七次全国代表大会在北京召开。党的十七大报告在总结五年来党的各项工作时深刻指出,"党风廉政建设和反腐败斗争成效明显",民主和监督是防治腐败的有力武器。同时,对如何坚定不移地发展社会主义民主政治问题作了明确而细致的阐述:"人民当家作主是社会主义民主政治的本质和核心……保障人民的知情权、参与权、表达权、监督权。"

改革开放以来,党的工作报告中基本上都会提及加强民主法制建设、保障公民民主权利的内容,但明确并具体地提出"保障人民的知情权、参与权、表达权、监督权"是在党的十七大报告中,这与当时的时代背景和社会主义民主法治建设的要求密不可分。早在1979年《中华人民共和国全国人民代表大会和地方各级人民代表大会选举法》(以下简称《选举法》)草案起草的过程中,时任全国人大常委会委员长的叶剑英就指出:"只有在充分发扬民主的基础上,才能确立健全的社会主义法制,也只有认真贯彻社会主义法制,才能切实保障人民的民主权利。"《中华人民共和国宪法》(以下简称《宪法》)明确规定,国家的一切权力属于人民,人民是国家的主人。人民当家作主的根本政治制度是人民代表大会制度。人民通过选举人大代表来代表自己行使参与国家政治事务的权利。因此,保障公民"四权",是扩大公民有序政治参与的需要。随着我国改革开放和现代化建设的发展,公众对国家政治和社会生活的参与意识、对权利和利益的保护要求、对自身能力的发挥和自身价值的追求,将呈现出越来越积极的发展趋势。人民群众的民主法制意识不断增强,政治参与的积极性不断提高。积极主动地适应这一发展趋势,在不断满足人民群众日益增长的物质文化需要的同时,维护好实现好发展好人民当家作主的各项权利,是发展社会主义民主政治的客观要求,是新时期提高党的执政能力的客观要求,也是加强社会建设、促进社会和谐的客观要求。保障公民"四权"是建立健全能够全面表达、有效平衡、科学调整社会利益的体制机制的需要。经过多年的改革发展,我国原有的社会结构发生了显著变化,社会经济成分、组织形式、就业方式、利益关系和分配方式日益多样化,具有不同利益倾向和需求的主体、群体、团体等逐渐形成,社会阶层的特征日益显现,多元利益格局开始形成。不同利益关系和利益格局的存在,必然会带来一定的利益矛盾、摩擦甚至冲突。要充分调动和发挥各方面的积极性,妥善处理各种利益关

系,实现好维护好发展好最广大人民的根本利益,就必须加快建立健全能够全面表达、有效平衡、科学调整社会利益的体制机制。推进决策科学化、民主化,深化政务公开,依法保障公民对国家和社会事务特别是对政府工作的知情权、参与权、表达权、监督权,是促进形成这一体制机制的一个重要举措。

在我国民主法治建设中,对公民"四权"的肯定和发展是我国公民民主权利发展的重要体现,它标志着我国民主法治建设的实质进步,意义重大。其一,公民的"四权"是公民权利和自由在政治和社会活动过程中的延伸和具体化。依法保障公民"四权",有利于拓展民主权利的内涵,有利于改进国家机关的工作,有利于推进社会主义民主政治建设。其二,公民"四权"写入党的报告,使得宪法上的公民民主政治权利更加明确化、具体化和规范化,使公民权利更容易得到实现和保障。要实现公民对党和政府工作的监督,公民的知情权、参与权、表达权和监督权是相辅相成、缺一不可的。没有公民对政府决策和管理工作的知情,就谈不上参与;没有知情,公众也无从表达;而没有充分自由的表达,所谓的知情权和参与权就都是虚的,最终监督权也无法实现。其三,依法保障公民的"四权",进一步形成广大人民群众参与反腐倡廉建设是最好的防腐剂。广大人民群众参与反腐倡廉建设既是社会主义制度的优越性之一,又是我国反腐倡廉领导体制和工作机制的重要组成部分。依法保障公民的"四权",全方位、多层次地开辟群众参与的渠道,既为群众的参与创造更多的便利条件,又为反腐倡廉建设打开了新思路。

法治传播的核心价值目标是培养公民法律意识,传播社会法治理念,形成具有规范意识的法治精神。党的十七大首次明确提出人民当家作主是社会主义民主政治的本质和核心,将"四权"写入党的报告。党的十八大就如何发挥政治引领、法治保障、德治教化、自治强基、智治支撑,推进基层直接民主制度化、规范化、程序化,以及如何依法保障公民知情权、参与权、表达权、监督权提出具体的要求。党的十九大报告指出:"要加强对权力运行的制约和监督,让人民监督权力,让权力在阳光下运行。"按照党的十九大部署,在推进依法行政的同时,推进政务公开法治化,扩大和保障人民群众的知情权、参与权、表达权和监督权,健全行政复议、行政诉讼有机衔接的行政纠纷解决机制,确保行政纠纷解决渠道更方便、更有效。党的十九届四中全会通过的《中共中央关于坚持和完善中国特色社会主义制度 推进国家治理体系和治理能力现代化若干重大问题的决定》,全面总结了我国国家制度和国家治理体系的显著优势,其中之一就是"坚持人民当家作主,发展人民民主,密切联系群众,紧紧依靠人民推动国家发展",明确揭示出人民当家作主制度的极端重要性和无比优越性。党的二十大报告明确提出,发展全过程人民民主,保障人民当家作主。在坚持人民主体地位,充分体现人民意志、保障人民权益、激发人民创造活力的同时,进一步深化新时代人民民主的工作,落实人民的知情权、参与权、表达权和监督权。党的二十大报告将法治摆在极其重要的位置,提出一系列新论断、新举措、新要求,对在法治轨道上全面建设社会主义现代化国家,对全面实现中华民族伟大复兴,具有重大意义,为推动新时代法治建设指明了前进方向、提供了根本遵循。因此,人民监督权力的法治化,通过法治传播的方式,将公民的知情权、表达权、监督权、参与权等权利落实到法律中,才能使其行使有法律依据、操作有法律程序、运行有法律保障、救济有法律支持。

二、知情权、参与权、表达权和监督权之间的关系

有学者指出:"惟有知情,才能有效地表达;而表达本身也是一种参与;能知情、能表达、能参与,才能更好地实现监督。"①公民表达权、知情权是民主的基本要素,处于基础性地位,其中知情权是前提性权利,表达权是基础性权利,参与权在公民权利体系中处于核心地位,监督权则是保障性权利。只有保障公众的知情权和表达权,公民才能切实履行监督权和参与权,而公民参与权和监督权的实现,反过来倒逼政府信息公开工作,进而有利于进一步促进公众知情权的实现。保障公民"四权",有利于形成"民主链条",实现全过程人民民主的完整性,推进民主法治建设,提升国家治理现代化水平。

(一) 表达权、知情权处于基础性地位

第一,表达权、知情权是民主的基本要素。首先,一国对知情权的保障体现了国家的民主化程度。1966年,美国联邦《信息自由法》颁布之时,当时的司法部长克拉克说:"政府如真的是民有、民治、民享的政府,那么人民应该详细知晓政府的活动。没有比秘密更能够扼杀民主主义了。自治,即市民最大程度地参与国家事务只是对获得信息的公众才具有意义。我们如果不知道如何统治的话,那么我们自身又如何能够统治呢?在当今这个政府以极其繁多的方式影响着个人的大众社会之中,没有比保障人民知晓全部行为的权利更为重要的事项

---

① 李良荣、张春华:《论知情权与表达权——兼论中国新一轮新闻改革》,载《现代传播(中国传媒大学学报)》2008年第4期。

了。"① 通过克拉克的一席话,知情权对于促进民主政治制度的重要性可见一斑。在一个民主的国度里,公民假若希望实现个人的民主权利,前提条件就是需要保持信息的畅通。只有公民充分且真实地了解信息,才能正确地表达自己的思想和见解,对国家机关及其工作人员行使职权行为进行批评、建议、申诉、控告、检举等,以充分行使表达权、监督权等权利,在国家政治生活中实现民主价值。其次,表达权是民主的基本要素。学者理查德·威廉姆逊在《为什么要民主》一书中指出:"民主是人类出自天然本性的期望,期望人人对他们各自的命运都有发言权。"在表达权确立之前,表达自由就基于人的本性需要而产生。马克思曾深刻地指出,发表意见的自由是一切自由中最神圣的,因为它是一切的基础。表达自由以法定形式确认就形成了表达权。从理论上讲,表达权作为一项首要的、基本的人权,不是来源于政府,也不是来源于法律,而是来源于人的本性及其需要(社会的和自然的),是属于人之所以作为一个人而应享有的天赋的、不可剥夺的权利。② 从法律实践的角度看,世界上,许多国家采用宪法或法律方式对表达权予以保护,同时,表达权还是基本人权的核心,得到全球性人权公约的承认和保护。在《世界人权宣言》《经济、社会及文化权利国际公约》《公民权利和政治权利国际公约》等世界性公约以及《德黑兰宣言》《欧洲人权公约》《非洲人权和民族权宪章》等地区性公约中,均有关于保护表达权的规定。《公民权利和政治权利国际公约》第 19 条第 2 款明确规定:"人人有自由发表意见的权利;此项权利包括寻求、接受和传递各种消息和思想的自由,而不论国界,也不论口头的、书写的、印刷的、采取艺术形式的、或通过他所选择的任何其他媒介。"总之,保障公众的表达权是现代政治文明发展的一项重要指标,是民主政治建设的必然要求。

第二,知情权和表达权相互依存,促进公民实现民主。知情权是公民行使表达权的前提,保障知情权有助于规范表达权。如果一个人没有思想、言论要表达,那么即使有说话的权利也没有什么用途。因此,重要的前提是其获得信息,作为行使表达自由权利的基础。③ 以当前的网络传播实践为例,最大程度地保障网络知情权,将使网络谣言不攻自破,避免因网络谣言所引发的网络舆论危机。在厦门 PX 项目事件、贵州瓮安事件、湖北石首事件以及广东茂名反 PX 项

---

① 转引自朱芒:《开放型政府的法律理念和实践(下)——日本的信息公开制度》,载《环球法律评论》2002 年第 4 期。
② 参见刘祥平、卢家银:《表达权在和谐社会中的实现路径》,载《前沿》2011 年第 5 期。
③ Thomas I. Emerson, Legal Foundations of the Right to Know, *Washington University Law Quarterly*, Vol. 1976, No. 1, 1976.

目游行事件等网络公共舆情事件中,我们看到,由于网民未能及时了解事件真相,在信息严重不对称、真相扑朔迷离之际,其所表达的言论往往具有猜测性、夸大性,极易滋生网络谣言,甚至引发严重的网络群体性事件,对政府的网络舆情治理工作产生严重干扰。而积极保障网民知情权,有助于减少和避免网民发表非理性言论或是进行情绪性宣泄,使网民的言论表达建立在基本事实上,舒缓政府和公众之间的情绪对立,增强彼此之间的理性沟通和信任。罗伯特·达尔曾言,"多种信息来源"(知情权)与"表达意见的自由"(表达权)是民主政治的两项必要条件。知情权和表达权相互依存,一方面,保障知情权有助于规范表达权;另一方面,表达权并非一项绝对权利,应当依法行使。"权利"具有自主性和法律保障的特点,公民表达受到法律的制约和保护,在法律允许范围内的表达受到法律保护,排斥任何外在的干扰和侵犯,且违背法律规定的表达受到其他权力(权利)的限制。公民依法规范行使表达权,以避免广大人民群众被虚假信息所欺骗,被仇恨、极端主义言论所误导,保障公众知情权,推进民主政治的发展。

(二)只有保障公众的知情权和表达权,公民才能切实履行监督权和参与权

第一,知情权是公民行使监督权的前提条件。只有实现知情权,才能启动监督权。所谓监督,是指公众用法律标准衡量公权力运行是否合法合规,其要旨是熟悉法律法规和公权力运行情况。其中,公权力运行情况需要政府部门积极配合,按照相关法律法规的规定,主动公开公权力运行信息,让公众对其"评头论足"。公众知情权的实现除了需要法律保护,还需要政府部门主动积极的配合,否则,保障知情权将形同一纸空文。从这个角度说,启动监督权必须要保障和落实知情权。一是因为知情权的实现有助于规范政府公权力,顺利实现监督权。网络监督权的行使是为了对公权力进行制约,在近年来查处的多起官员腐败案中,政府相关部门为了满足和回应网民知情权,对涉事官员进行调查,将贪腐官员绳之以法,进而平息了网络舆论。二是因为保障网络知情权能够更好地促进网络监督权的行使。在南京儿童医院"徐宝宝事件"中,为了回应网民对首次调查结果的质疑,不仅成立了由"第三方"参与的调查组彻查真相,而且采纳了网民意见对笔记本电脑、医院监控录像等进行取证。[①] 这就促进了普通网民对调查工作的监督,通过保障网络知情权,提升了网络监督权行使的效果。如若政府无法保障知情权,舆论对政府的正常监督则往往异化为对政府官员的攻击或是对

---

① 参见曹劲松:《政府网络传播》,江苏人民出版社2010年版,第166页。

政府执政能力的质疑,从而激化官民之间的矛盾,演化为舆论危机事件。长此以往,政府的形象以及公信力将受到严重影响,无法获得公众的支持。总之,在信息网络环境下,只有网络知情权得到充分的保障和实现,网民的监督权利才能得到实质性的保障。

第二,知情权是公民参与权实现的前提,有利于提升参与的效力。只有保障知情权,才能促进公民有序参与。公民若想参与国家政治生活,一个重要前提是政府部门的信息公开。政府掌握的信息处于不公开状态,就会造成政府机关闭门作业,透明度不高,公民参与的盲目性就会增大,实效性就会减弱。[①] 也就是说,只有充分促进政府信息公开,保障公众获得政治决策相关的信息,才能增强公民参与的针对性,提升实效性。近年来,伴随电子政务的发展,越来越多公民参与网络问政,信息网络技术的发展不仅拓宽了公众参与的范围,而且为政府官员与公众实现实时的、便捷的在线交流提供了技术支撑。政民借助不同的网络平台围绕不同议题,进行互动对话,帮助公众及时了解相关行政信息,有利于避免公众盲目、非理性的参与,实现公民的主动、有序参与。

第三,表达权是实现公民参与权的权利基础。参与权是公民进行公共事务管理的重要途径。发展全过程人民民主,就要求在全过程民主条件下,形成公民对公共事务、公共决策的多种渠道的参与机制。而在互联网时代,公众在行使网络表达权过程中发表意见和看法,进而形成网络舆论,影响政治行为和政治决策,正是当前公民行使参与权的重要方式之一。从这个角度看,表达权是公民行使参与权的前提,是实现公民参与权的权利基础。公民表达权的行使不仅关系到公民个体的意见表达,而且有助于提高公民参与权行使的效果,保障政府的科学决策。公民行使表达权能够促进信息的自由传播,保障民意的畅通,让政府相关管理部门聆听到最大多数人的表达意见和了解公众的利益诉求,及时发现社会存在的重大问题,使政府的公共决策的制定和调整真实反映公众的意愿,形成真正意义上的"民意决定"。公众亦通过行使表达权,培养参与的意识,不仅能提高自身参与的积极性,而且能在此过程中学会表达,提高理性表达的能力,避免使政府错误地将非理性言论当成民意,误导公共政策的制定和执行。同时,公众往往更加乐意接受建立在自身积极主动参与基础之上的公共政策。基于此,公民借助表达权参与决策,从而真正拥有并实践参与权。

[①] 参见王雅琴:《公民参与权及其保障思路》,载《理论探索》2011年第6期。

(三) 公民参与权和监督权的实现,有利于保障公众的知情权

公民参与权和监督权的实现,有利于规范政府行为,倒逼政府信息公开,提升政府公信力,进而保障公众知情权。第一,公民行使网络参与权和监督权更加便捷,倒逼政府部门信息公开。网络社会的信息流动从金字塔结构向网络结构转化,每一个网民都是网络中的一个节点,都可以接收、发送信息。这打破了传统媒体往往被社会"精英"掌握话语权的现象,为普通公民开拓了话语权领域,包括困难群体在内的不同群体有了较平等的发言平台。① 公众利用网络、手机终端等应用能够更加便捷地行使参与权和监督权,通过生产、传播网络信息内容,形成强大的舆论压力。政府部门若以简单的方式(如删、堵、封)治理网络舆论,尤其针对当前官员腐败、社会不公等触发的网络热点事件,缺乏必要的信息公开,往往加剧舆论发酵,引发更为严重的舆论危机。这就倒逼政府部门做好政务信息公开工作,快速、准确、直接、明确地回应公众,满足公众需求。在此意义上,公民参与权、监督权的行使防止了政府官员隐瞒、封锁信息,限制公众知情权,最大化地保障了公众知情权。第二,网民的监督权极易因网络的虚拟性以及网民的数字素养不足而产生非理性监督行为。尤其是在社会转型期,社会不公、贫富差距等社会问题一定程度的存在,助长了网民的社会焦虑情绪。网民对政府官员形成刻板印象,产生偏见甚至对抗、仇视感,不负责任地进行网络宣泄,发布指责言论,造成网络谣言的大面积传播。为及时对不实谣言引发的舆论进行澄清,政府势必以信息公开的方式,有效引导舆论,通过完整、充分、及时的信息公开,以理服人,回应公众质疑。例如,在新冠疫情期间,湖北省红十字会物资分配问题引发民众对政府应急处置、管理工作的质疑和不满,面对负面舆论甚嚣尘上,湖北省红十字会及时整改、规范各界捐赠的款物的接收使用工作并做好信息公开工作,就公众关心的口罩分配、红十字会内部管理问题向媒体和网民做出说明。由此可见,网民监督权的行使有利于进一步督促政府信息公开工作的规范化,加强政府信息公开体系建设,有效保障了公众知情权。

(四) 保障公民"四权",有助于实现全过程人民民主的完整性

《在庆祝中国共产党成立 100 周年大会上的讲话》中,习近平总书记强调要"发展全过程人民民主"。"全过程民主提出多环节的连续性。全过程民主体现为民主选举、民主决策、民主协商、民主管理、民主监督等环节的互动和并举,并

---

① 参见周亚越:《网络问责:公民问责的范式转换与价值考量》,载《江汉论坛》2012 年第 1 期。

通过这样的'五大民主链条',形成了全过程民主的完整实践体系。在这里,民主的每一个环节都是非常重要的,既独立存在,又相互勾连,缺少其中哪一个环节都有可能使全过程民主的完整性受到影响。"[1]在信息网络社会,政府应当适应新的社会条件的发展变化,切实为公民的表达权、知情权、参与权、监督权的实现提供渠道,构建机制,帮助公众真正参与到民主的每一个环节之中,保证公众在民主协商、决策、管理、监督等方面的权利,实现全过程民主。具体而言,在民主表达上,提升智能传播环境下公众的媒介素养,培育公众的算法素养,帮助公众通过合理、理性的方式进行利益表达,避免极端化、情绪化宣泄行为,同时针对当前困难群体的负面情绪相对集中的情形,应给其宣泄的出口和空间,同时安抚其情绪,以获得其情感支持和认同;在民主回应上,进一步明确政府的明确义务,构建快速、精准、便捷的回应机制,同时考虑受众的实际感受,提升政府官员的主动性,增强政府对公众需求的回应力;在民主参与上,政府积极构建线上线下相互衔接的公民参与机制,拓宽制度化参与渠道,保障公众按照程序依法依规参与;在民主监督上,利用数字技术主动接受群众监督,降低监督成本,提高监督效率,同时完善公众监督政府的程序,最大程度地帮助公众监督政府,遏制官员腐败的发生,提升政府决策的民主化、科学化水平。公民"四权"相互关联,任何权利行使受到阻碍,都将影响全过程人民民主的完整性。唯有政府积极承担起保障公民"四权"的责任,公众才能真正参与到治理、监督的政治环节之中,并在公民民主实践中提升政治素养和权利行使的能力、水平,维护自身权益,保证民主的广泛性和有效性,促进全过程民主的各项法律实践和制度安排日益完善,形成全过程民主的完整实践体系,推进民主法治建设,提升国家治理现代化水平。

三、媒体与知情权、参与权、表达权、监督权

通过上一节内容,可以了解到知情权、参与权、表达权、监督权四个权利之间的关联。本节主要讲述媒体作用与四个权利的关系,以及对于媒体与四个权利间可能出现的问题和解决方式进行概括式梳理,为其他章节重点阐述媒体与四个权利的关系作铺垫。

---

[1] 桑玉成:《拓展全过程民主的发展空间》,载《探索与争鸣》2020年第12期。

(一) 媒体与知情权

媒体通过促进信息流通方式,更好地协调公众与政府的关系。随着技术的不断发展,公众获取新闻、信息的方式越来越多。倘若主流媒体没有及时为公众提供新闻和信息,公众就会寻找其他可能渠道,而其中很可能出现虚假新闻和信息,并且也会对相关政府部门产生不利影响,疏远公众和政府之间的关系。媒体发挥自身优势,不仅拓宽了公众获取新闻、了解事件的渠道,保障公众知情的权利,而且在政府信息公开的主渠道中起到了关键作用,帮助广大群众还原、了解事件真相,更进一步协调了公众和政府之间的关系。

但不可否认,媒体对于公众知情权来说也会存在以下问题:一是传统媒体"把关"限制公众知情权。在传统媒体时代,传授给公众的是经过专业新闻机构筛选后的信息和新闻。媒体"把关"是一个有组织且设计多环节的过程,其"把关"结果在总体上能够体现整个新闻机构的立场。换句话说,媒体报道的信息和新闻并不是客观与中立的,其中会受到政治、经济、文化、社会环境以及媒体发展的战略目标、受众需求等多方面的影响。从这个角度来说,传统媒体其实无法使广大群众获知全部信息和新闻,公众处在新闻机构制造的"拟态环境"中,这限制了公众知情所有事件的权利。二是技术动因下网络虚假信息传播侵蚀公众知情权。互联网时代,公众有获得接近媒体的机会,人人都握有"麦克风",能够进行自由表达。在这种环境下,虽然人人都可以发声,但也存在信息质量参差不齐的问题。由于信息量的激增,网络传播平台没有办法即时核查所有信息的真实性,这极有可能会使得其他公众在网络中无法获得真实的信息源和新闻源,侵犯公众了解真相的权利。三是利益驱动下算法技术加剧侵蚀用户知情权。算法是人工智能技术的关键,其核心要素在于数据和算力。数据在新闻中的使用逐渐常态化,通过数据能够让用户看到更直观的信息和新闻,不仅更具有说服力,同时也可以挖掘出更深层内容。但是,一些媒体在新闻中引用数据时,由于对数据认识不到位或专业性不足,抑或是制造了虚假数据,很容易出现数据使用不当、新闻不真实的情况。[①] 本应该为用户呈现真实直观的新闻,却侵蚀了公众获取真实新闻的权利。而算力主要应用在信息分发环节,通过追踪用户行为,以用户兴趣为导向进行智能推荐,虽然其十分符合目的合理性载体,手段的有效性可以做到精确、量化,达到功利性、利益最大化,但是工具理性、技术理性最受诟病的就

---

① 参见许向东、郑雪婧:《新闻传播中数据使用的价值、问题与规约》,载《新闻爱好者》2020年第4期。

是其目的至上,本身就被当作谋利谋权的工具,而忽略了价值理性中的信念。①例如,算法存在"黑箱"问题,平台为了谋求利益,会推荐虚假新闻或观点类信息,助长用户的情绪化表达,削弱用户理性思考能力,这无疑加剧侵蚀用户的知情权。

对于存在的问题,相关部门应该最大程度地避免。一是进一步完善专业新闻机构制度,增强政府部门信息公开与发布制度的建设;二是明确网络平台信息审查法律义务,增强网民表达权的法律规范;三是规避智能技术风险,保障公众的知情权。

(二) 媒体与参与权

媒体作为公众与国家的"桥梁",一方面扩宽公众参与形式,另一方面使公众和国家实现良性互动。参与权是指公民依照法律的规定参与国家公共生活的管理与决策,主要有选举、投票、协商、批评、建议等多种参与形式。传统媒体时代,公众能够通过主流媒体即时获取公共新闻内容,线下参与公共事务的讨论与决策。网络技术出现后,用户利用互联网平台参与并讨论国家政务,从线下转移到线上活动,第一时间了解国家的公共事务,并参与其中,这无疑扩宽了公众的参与方式。此外,主流媒体往往通过议程设置,将政策信息传播给公众,让公众广泛知晓政府信息,进而参与到决策中去,缩小信息鸿沟和参与差距,给予公民平等的参与权。它利用关键词搜索技术广泛收集评论,将公众的利益诉求反馈给决策者,让决策者在充分吸纳公众意见的基础上进行决策调整、实施和追踪,使决策更加科学化、合理化。这样做不但实现了公众的多元化参与,而且为相关部门构建公共网络领域提供了充分条件。

但是,媒体对于参与权而言同样存在问题。一是非理性参与对参与权的异化。所谓参与应该是公众在理性情况下讨论和决策公共事务的行为,但技术发展后,公众的很多参与行为是在网络空间中进行。由于网络空间庞杂,一些网民会利用网络匿名化特点,散播虚假不实信息或发表情绪性观点,这些都是非理性参与的表现。本该是理性的公众,却将网络空间当作个人随意制造谣言、宣泄情绪的平台,这是对公众理性参与权的异化。此外,越来越多情绪化观点和不实信息充斥在网络空间中,很容易激化社会矛盾。二是技术发展加剧数字鸿沟,削弱公众的参与权。数字鸿沟是信息和通信技术发展过程中造成的国家内部或国家

---

① 参见陈昌凤、石泽:《技术与价值的理性交往:人工智能时代信息传播——算法推荐中工具理性与价值理性的思考》,载《新闻战线》2017 年第 17 期。

之间不同群体在获取信息技术的机会和应用互联网的能力上的差距。① 客观存在的数字鸿沟导致公民无法平等地行使参与权。例如,在一些经济相对落后的国家或城市,公民获取资源和接近媒体的机会有限,很难平等地参与公共讨论和决策,无法真正获得参与权利。智能技术又进一步加剧了这一问题,有学者指出:"只有那些能够使用机器、数据库和掌握算法的人才能拥有与大数据挖掘相关的各种能力。"② 而不了解智能技术的普通人就会与他们产生鸿沟,没有办法融入智能社会中。例如,在疫情期间,公众出行需要利用智能手机提供健康码等相关证明,但一部分老年人由于没有智能手机,很可能就会被限制出行。这也从侧面反映了智能传播时代,老年人"数字鸿沟"问题更加凸显,老年人的参与权利将进一步被侵蚀。

对于以上的问题,首先要激发公众的参与热情,加强参与深度。其次要加强对互联网平台的规制,减少不实信息的传播,增强公众参与的依法性。最后要加强基础设施建设和对智能技术的规制与完善,缩小掌握技术的专业人士与普通大众之间的鸿沟。

(三) 媒体与表达权

传统媒体时代,公民接触媒体机会有限,主流媒体是实现公民表达权的重要载体。西方新闻传播理论称传统媒体肩负着为公众监督环境的神圣使命,由于其独特地位,作为公众的"瞭望者",其往往先于公众得知信息、发现问题,让公众知情并为其发声。在中国,传统媒体尤其是以传递党的路线、方针、政策为主具有强势地位的党委与政府的机关报、电台、电视台的主流媒体,是重大事件、社会热点问题的核心传播者和公共政策的权威解读者。可以说,传统媒体第一时间获得新闻源,是公众表达的代表,在某种程度上保障了公众的表达权利。互联网时代,表达权的核心转移以用户为中心。一方面,传统主流媒体依然承担着"瞭望者"角色,集中反映民意,代替公众发声。另一方面,每一位网民都可以借助网络,随时随地表达观点或意见。智能传播时代,用户表达更加精准化。如果说互联网时代实现了公民表达的自由,那么智能技术的发展使得用户的表达形式更加多元化,且观点表达更加准确与理性。算法技术通过静态与动态画像,将用户感兴趣的内容准确传送到用户,用户不再只接收单一新闻;在点击一篇文章后,

---

① 参见储成君:《当代中国网络公共领域的现实境遇与发展思路》,载《安庆师范大学学报(社会科学版)》2017年第1期。
② 〔澳〕马克·安德烈赫维奇:《对大数据鸿沟几个相关问题的思考》,张岩松、蔡润芳译,载《国外社会科学前沿》2020年第4期。

算法根据用户需求不断推送相关信息,让用户可以了解新闻背后更深层的内容,充分了解事件的全过程。在这种情况下,用户将减少情绪性表达,观点更趋于理性化。与此同时,交流手段也变得更加多元,逐渐从文字书写转为视频语言。"在书写文字为主的时代,社交媒介上虽然内容很多,但是95%的内容都是由3%~5%的人撰写和发出的,其他人其实就是'打酱油',或者仅是看客身份转发、点赞。"①智能技术使得视频飞速发展,人们拿起手机就能够随拍随剪随发,势必将成为智能传播时代公众表达的新形式。

然而,媒体作为公众表达的载体也面临权利是否能够真正实现的挑战。首先,传统媒体集中反映的民意是否可以代表每一位公民的表达需求?传统媒体中的市场化媒体,其终极目标是盈利,它最先考虑的可能并不是普通公众真正需求的内容,而是为了自己的经济利益,选取一些博得公众眼球的新闻或信息,无法真正表达公众欲发表的观点或看法。其次,在信息化网络社会中,由于信息的海量与繁杂,网民往往无法在短时间内获得全部事件信息,有些网民急于表达观点和意见,很有可能会出现很多非理性和情绪性的表达,这些信息倘若被其他网民看到,很可能激起大规模的社会冲突与矛盾。最后,算法技术是否公平公正,能否保护用户个人信息?算法其实并不中立,其作为全新传播者创造出新的"拟态环境",但隐藏着歧视风险。算法做出的决策并不能保证公平公正,反而可能会固化社会中本就存在的歧视,加剧社会的不公。同时,用户在使用智能传播平台时需要向平台提供个人信息,提供的信息也不是一次性的,随着用户使用次数的不断增多,储存在平台中的信息也愈来愈多。智能传播平台对每一位用户的信息加以分析与重构,存储在自身数据库中,这种情况下很容易出现智能传播平台售卖用户信息以获得更大商业利益的现象,或是智能传播平台的数据库遭到破坏、个人信息被泄露的问题。

因此,为了更好地保障公民的表达权,一是需要市场化媒体兼顾经济利益的同时平衡公共利益;二是需要对赋予中央和市新闻单位网站新闻登载的特许权和为综合性非新闻单位网络媒体提供新闻信息服务行为的网络表达工具进行合理的规制,使其在政策规定下稳定有序地发展;三是需要防范基于算法表达的风险,充分保护用户个人信息。

(四)媒体与监督权

传统媒体是社会监督的主要阵地,担负监督社会工作及引领社会意识的重

---

① 喻国明:《5G:一项深刻改变传播与社会的革命性技术》,载《新闻战线》2019年第15期。

要使命。中宣部在1993年宣传工作安排中提出加强新闻评论,就一些热点问题进行讨论的要求。根据这个要求,中央电视台新闻评论部创办了《东方时空》《焦点时刻》《焦点访谈》等一系列节目。《焦点访谈》播出后,立刻受到公众的广泛好评与喜爱。《焦点访谈》"坚持用'事实说话',挖掘独家题材深度报道解读,出色发挥自身的新闻舆论导向作用,创造了新闻舆论监督的艺术化样板,创下了中国新闻界舆论监督的一个'奇迹'"①。它通过深度调查、隐性采访等多种形式实现电视新闻节目舆论监督功能,同时为公众揭露社会各方面提供重要渠道。互联网更成为公众监督的重要载体,监督强度进一步加强。传统媒体报道的新闻需要经过把关与筛选,且由于报纸版面和电视时长等条件的限制,只能部分或有选择性地进行社会报道与监督。而互联网时代,公众在网络中发声,直接参与社会的舆论监督。与此同时,网民之间可以进行相互交流与沟通,意见不断聚合后形成合意,群体的智慧也能够对国家各级机关、政府官员的不法行为进行审查,不仅能增强社会监督强度,而且能更好地规范公权力的运行。

但媒体在行使监督权时也往往会与其他权力(利)发生冲突。首先是媒体监督权与审判权冲突。近年来,"媒体审判"一词被越来越多的人提及与关注。那么,无论是主流媒体还是新型媒体,是否可以为公众发声,影响司法等相关部门的判决呢?其实,媒体经常用"监测+督察"的方式解决问题。例如,媒体曝光"冠生园"用过期的月饼馅做月饼后,虽然揭开了"冠生园"食品企业安全的内幕,但也连累了同品牌或同名的其他月饼。② 其实,无论是媒体还是普通公众,都并不了解事件发展的全过程,也没有系统学习过专业知识,不应该以媒体审判来代替司法等相关部门的判决。其次是媒体监督权与隐私权冲突。传统主流媒体主要监督公众人物的行为,作为公众人物需要接受社会的监督,并让渡部分权利,其中就包括隐私权。但媒体在监督时,很可能过度报道公众人物的私人信息和生活,侵犯其隐私权。智能传播时代,技术使得"监视"个人生活变得更容易,成本更低廉,同时也更有用。技术代替传统主流媒体"监视"用户的一举一动,除了公众人物,个人隐私也将遭受此前未有的威胁和挑战。最后是媒体监督权与名誉权冲突。一些媒体在进行社会监督时,很容易出现误报的情况,而媒体广泛传播的特性,很可能严重影响一些人的名誉权:一是对被监督人进行夸大报道,如使用侮辱和诽谤性话语,侵犯被监督人的名誉权;二是为了深入挖掘、还原事件

---

① 李霞:《多屏时代,电视新闻的热度、锐度和深度——谈〈焦点访谈〉的创新思路》,载《新闻战线》2014年第10期。

② 参见陈力丹:《新闻理论十讲》,复旦大学出版社2008年版,第153—154页。

全貌,有时会使其他人被卷入新闻报道中,侵犯他人的名誉权。

对于存在的冲突与矛盾,其一,法院或相关部门应当主动接受舆论监督,适时适当向社会公开信息,同时新闻媒体在进行监督报道时应合理合法,避免越界。其二,新闻媒体机构要注意对公众人物、普通用户隐私权的保护。其三,寻找舆论监督权与个体名誉权之间的平衡点,将对公民个人权益的侵害控制在最小范围内。

第二章 知 情 权

知情权又称信息权或了解权,是现代法治、民主国家规定的公民享有的基本权利之一,是现代政治民主化过程中的重要成果。知情权的概念有广义与狭义之分。广义知情权是指知悉、获取信息的自由与权利,包括从官方或非官方知悉、获取相关信息。狭义知情权仅指知悉、获取官方信息的自由与权利。

一、知情权的历史溯源

1945年1月,"知情权"一词作为一种权利主张,由美国编辑肯特·库珀(Kent Copper)在一次讲演中首次提出。基于当时美国政府权力不断膨胀的现象,他呼吁官方尊重公众的"知情权",并建议将知情权写入宪法,作为公民的一项基本宪法权利。公民的知情权作为抑制国家权力的产物,它的最大威胁始终是来自国家权力的过度膨胀。

(一) 中华人民共和国成立后的知情权历史

1. 知情权发展的历史进程

我国知情权的发展历经理念引入、发展、勃兴、完善等不同时期。历史上,我国公众的知情权受到很大限制。然而,伴随着网络信息技术的快速发展以及全球范围内政府信息公开日益获得重视,公众知情权行使范围不断拓宽,我国对公众知情权保障的法律制度也在历史进程中逐步完善。

一是知情权的引入阶段。知情权的理念是由西方引入中国,初入中国是通过学界对知情权译介的方式,由托马斯·埃默森著、朱文英翻译的文章《论当代社会人民的了解权》(《法学译丛》1979年第2期)中阐述了知情权的重要性。之后,通过官方媒体报道的形式开创了中国的知情权历史;1986年11月7日,《人民日报》刊登了华新所著的文章——《读者的"知情权"》,这是官方报纸首次在文章中正式使用"知情权"这个词,不仅代表了官方的态度,而且开创了知情权在中

第二章 知情权

国的历史。文章指出:"信息是民主政治的润滑油,公民知政方能参政。人民当家作主的政权没有理由不让公民知情。而新闻媒介是信息量最多、辐射面最广的载体,有责任让读者迅速地知情、广泛地知情,以增加国家政治生活、经济生活和社会生活的'透明度'。"1978年12月,党的十一届三中全会召开,重新确定了中国共产党的正确思想路线,改革开放推动了我国形成开明的政治风气,加之吸收、借鉴域外先进的制度,这都推动了我国对政府信息公开工作的重视,促进了知情权的发展。知情权理念引入阶段的标志性事件是党的十三大报告。十三大的指导思想反映了广大人民群众对党和国家机关的知情要求。在十三大精神的推动下,伴随着各地政府探索政务公开制度,以公开办事、接受群众监督为重点的"两公开一监督"活动全面开展,村务公开活动全面推行,各级党和国家机关逐步重视信息公开问题。

二是知情权的发展阶段。20世纪90年代起,因市场经济以及信息社会的快速发展,人们对知情权的关注度显著提升。1997年,党的十五大报告提出,直接涉及群众切身利益的部门要实行公开办事制度;1998年,《中共中央办公厅、国务院办公厅关于在农村普遍实行村务公开和民主管理制度的通知》《中华人民共和国村民委员会组织法》发布,村务公开法制化促进政府权力在阳光下运行;之后,检务公开、警务公开、审判公开等行政公开措施相继实施。国家信息主管部门自1999年起在全国启动"政府上网工程"后,到2000年已有80%的国家部委和地方政府在互联网上设立网站,北京市率先于1999年9月底基本实现了市级国家机关全部上网。[①] 这些举措有效加强了民主管理制度和公开办事制度的完善,为知情权提供了有力的制度依托。

三是知情权的勃兴阶段。"非典"之后,政府深刻反思了信息不畅通的弊端,及时总结了信息公开过程中的经验教训,尤其对突发公共事件报道中的推动政府信息公开、保障公众知情权予以关注。2003年,国家突发事件信息发布制度确立。同时,各省市相继确立了政府信息公开及保护公众知情权的法律制度,广州、上海、北京等地相继制定了政府信息公开法律规定。在党的十六大报告"认真推行政务公开制度"的推动下,2004年3月,国务院颁布《全面推进依法行政实施纲要》,确立依法行政、建设法治政府的目标,规定公众享有政府事务的充分知情权。2005年3月24日,中共中央办公厅和国务院办公厅联合发布《关于进一步推行政务公开的意见》。2007年,知情权被首次写入党的十七大报告这一权威性的文件。

四是知情权的完善阶段。2007年,《中华人民共和国政府信息公开条例》

---

① 参见李步云主编:《信息公开制度研究》,湖南大学出版社2002年版,第52页。

(以下简称《政府信息公开条例》)颁布,这是我国知情权保障具有标志性意义的法律文件。2011年施行的《最高人民法院关于审理政府信息公开行政案件若干问题的规定》以司法解释的形式,指导实践中对公众知情权的司法保护,增强了对知情权的法律救济以及对知情权的法律保障力度。2019年5月15日,修订后的《政府信息公开条例》开始施行。新修订的《政府信息公开条例》坚持"公开为常态、不公开为例外"的原则,取消了"三需要"的限定条件,降低了公民获取政府信息的门槛,扩大了政府信息主动公开的范围和深度。

伴随互联网技术的深入发展,信息传播环境发生深刻变化,信息高度自由化和共享化,公众知情需要显著提升。党中央及时回应,通过党的十八大、十九大、二十大报告指导政府信息公开制度建设。我国对公众知情权的保护日益完善,形成了党的政策文件与《政府信息公开条例》《中华人民共和国行政处罚法》《中华人民共和国行政许可法》《中华人民共和国行政复议法》等专门法律法规保护,突发事件信息公开制度、新闻发言人制度等具体保障较为完善的制度体系。

2. 党的文件推动政府信息公开制度建设

我国通过党的报告逐步确认知情权。党的十二大报告指出"保障公民正当的自由和权利",党的十三大报告提出"要提高领导机关的开放程度,重大情况让人民知道,重大问题经人民讨论",反映出广大人民群众对党和国家机关知情的要求。党的十四大报告提到政治体制改革,包含党和国家机关的信息向公众公开的内容。党的十五大报告指出"扩大社会主义民主,要求基层实行政务和财务公开"。党的十六大报告中首次提出公众知情权概念,但是仅限于"对干部选拔任用的知情方面"。[①] 2007年,知情权被写入党的十七大报告,这是知情权第一次被写入党的权威文件,标志着党中央对知情权的重视,知情权第一次作为保障公民实现民主政治需要的权利被党中央提出。2012年,党的十八大报告强调"保障人民知情权、参与权、表达权、监督权,是权力运行的重要保证。推进权力运行公开化、完善党务公开、政务公开、司法公开和各领域办事公开制度,让人民监督权力,让权力在阳光下运行"。党的十九大提出巩固基层政权,完善基层民主制度,保障人民知情权、参与权、表达权、监督权。党的二十大提出发展全过程人民民主,强调加强人民当家作主制度保障,再次明确了执政党对公民权利的保障以及对健全人民当家作主制度体系的重视。知情权的实现是人民参与国家决策、管理国家事务的前提,唯有保障知情权,人民才能真正成为国家的主人。由

---

① 参见王伟亮:《"十七大"语境下的知情权、"审判公开"与新闻舆论监督——以"审判公开"新进展为出发点》,中国传媒大学第二届全国新闻学与传播学博士生学术研讨会论文集,2008年。

此可见,随着中国社会主义进入新时代,执政党始终如一地尊重、保障民众的知情权,中国共产党对公民实现知情权的制度程序的探索与实践从未停止。这亦是执政党保障人民当家作主,对我国民主发展进入新的历史时期的有力回应。总之,从知情权最初通过译介方式进入公众视野,到知情权成为一项深入人心的公民民主政治权利,知情权保障的信息公开法律制度的形成、完善,背后是作为执政党的中国共产党的主导,中国共产党通过制定党的路线方针政策予以推动和保障知情权的实现。中国共产党推动知情权的发展是适应执政环境变迁、加强党的执政能力建设的需要。伴随着市场经济的发展,我国社会环境发生了巨大变化,公民权利意识显著提升,中国共产党作为执政党,必须及时适应执政环境的变化,满足公众诉求、回应公众需要,以不断汲取深厚的执政资源,增强执政党的政治合法性。近年来,党中央高层不断深化对知情权地位、内容的认识,通过党最高、最具权威性文件的规定,不断拓展对公民知情权保障的范围,增强对知情权的保障力度,以满足新时期公民权利保障的需求,增强公众的政治认同。

3. 公众知情权法律制度建设的完善

一是从政府信息公开视角出发。一方面,以相关法律制度为基础保障公民的知情权。在 2007 年之前,我国虽然没有关于知情权的统一立法,但知情权已有一些相关的立法保障,如 2003 年 5 月 9 日公布、实施的《突发公共卫生事件应急条例》,"《行政复议法》当中规定的利益相对人的咨询权制度、法院系统公布的院务公开制度、检察系统的检务公开制度、立法机关的立法听证制度,公安系统警务公开制度等"[①]。另一方面,政府信息公开专门法律制度的确立,使知情权具有明确的法律渊源。2002 年 11 月 6 日,广州市人民政府出台国内首部政府信息公开规定——《广州市政府信息公开规定》,规范政府信息公开行为。到 2004 年,"在内地 31 个省、直辖市和自治区中,已有 11 个地区的 17 个地方政府制定了政府信息公开规定或办法"[②]。在地方政府根据实际情况制定地方性法规之后,政府信息公开制度开始由地方性法规向全国范围内的专门信息公开法律规定演变。《政府信息公开条例》的颁布,以行政法规的形式建立了我国政府信息公开制度,是全国范围内立法层面对知情权的正式确立。从地方到中央层面政府信息公开法律制度的完善,确立了公众知情权保护的法律原则。

二是从新闻媒体视角出发,新闻媒体是现代社会公众获得信息的主要信息源之一,是公众知情权实现的基础、前提和重要渠道。知情权最早提出是在美国

---

① 赵奇、刘飞宇:《知情权相关问题初探》,载《北京行政学院学报》2001 年第 2 期。
② 高俊宽:《国内政府信息公开立法现状分析》,载《档案管理》2005 年第 5 期。

新闻界,之后在世界范围内发展,亦是从新闻自由保护的原则逐渐转变为一项公民个人权利。知情权和新闻媒体联系紧密,法律对新闻媒体权利的制度保障直接关系到公民知情权的实现程度。近年来,由于党和政府对新闻自由的重新肯定和媒体角色定位的调整,新闻媒体改革的法律制度建设不断推进,加之我国政府持续加强新媒体领域新闻报道、网民信息传播的立法工作,充实了新媒体环境下法治建设的适应性规定。首先,政府信息公开法律制度的完善是新闻媒体行使知情权的重要支撑,给媒体在传统媒介环境和新媒体传播环境中的宣传、报道提供了明确的法律依据。一方面,媒体能够最大程度地收集、传播公共信息;另一方面,媒体的新闻报道逐步纳入法治化轨道,媒体在新闻自由的实现过程中满足了公众的知情需要。其次,在传统新闻媒体法律制度上,在根本法层面,虽然我国宪法没有直接规定新闻自由,但是规定了公民和社会组织有言论、出版的自由,这是新闻自由的宪法渊源,为媒体知情权提供了强有力的法律保护。在法律层面,虽然我国没有一部统一的新闻法,但是并不意味着我国没有对新闻从业人员、新闻报道规范做出法律规定。《中华人民共和国刑法》(以下简称《刑法》)、《中华人民共和国民法典》(以下简称《民法典》)、《中华人民共和国著作权法》《中华人民共和国国家安全法》《中华人民共和国保守国家秘密法》《中华人民共和国广告法》等法律以及行政法规、地方性法规、行业自律规范性文件都规定了新闻媒体管理和新闻传播的内容,对媒体新闻报道中的法律权利与义务进行了规定,初步建立起具有中国特色的新闻媒介法规体系。最后,在网络法律法规方面,网络为知情权的行使提供了技术支撑。

然而,知情权并非是一项绝对权,我国法律不断加强对网络传播过程中各类主体的规制,提升网络内容治理法治化的水平,以保护公众网络知情权的实现。习近平总书记在中共中央政治局第十二次集体学习时提出,要"深刻认识全媒体时代的挑战和机遇""正能量是总要求,管得住是硬道理,用得好是真本事"。[①]新时代,与时俱进增强网络内容治理法治化水平具有必要性和迫切性。近年来,伴随《中华人民共和国网络安全法》(以下简称《网络安全法》)出台、《互联网新闻信息服务管理规定》修订、《互联网直播服务管理规定》《互联网信息搜索服务管理规定》发布,网络法律法规的制定限制了网络空间有害信息的传播,净化了网络空间,有助于公众获取网络正能量信息,促进公众知情权的实现。

---

① 资料来源:余俊杰、白瀛:《在通向网络强国的征程上稳步前进——写在中央网络安全和信息化委员会成立一周年之际》,http://politics.people.com.cn/GB/n1/2019/0320/c1001-30986648.html,2020年5月21日访问。

（二）中西方知情权的比较

1. 知情权法律权利的认可方式之比较

知情权的法源是指知情权作为一项法定权利而存在，法律以明确的形式规定公民知情权，为其保护提供明确的法律来源和依据。中西方在知情权法律权利的认可方式上存在不同。

一是知情权作为宪法权利的确认方式不同。《德意志联邦共和国基本法》在宪法中规定了知情权内容，其第 5 条第 1 款规定："人人有以口头、书面和图画的形式自由表达和传播自己的观点，以及自由地从一般可允许的来源获得消息的权利。出版自由和通过广播和电影进行报道的自由受保障。不建立新闻检查制度。"《瑞典宪法条例》第 2 章第 1 条规定："在社会关系方面，保障每一公民下列权利……2. 获得和接受情报的情报权。"[①]《保加利亚宪法》第 41 条规定："（一）每个人有权寻找获得和传播信息。（二）公民有权从国家机构和机关获得与其法律利益相关的信息。"这些国家都在宪法中直接规定了知情权的权利内容，进而对知情权提供了法律保护。我国并没有在宪法中直接规定知情权的权利内容，但是有学者认为，知情权是可以通过宪法解释的方法推理出来的权利。[②] 还有学者提出，《宪法》第 35、41 条的规定实际上包含知情权内容。[③] 也就是说，知情权在我国具有明确的宪法渊源，不同于部分西方国家对知情权权利内容的直接规定，我国是通过间接的方式解释或推定出知情权。

二是知情权作为法定权利的确立形式不同。瑞典《出版自由法》《表达自由法》、英国《信息自由法》、美国《信息自由法》都通过专门立法的模式制定了政府信息公开的法律，构建了知情权保护的法律制度。我国制定了《政府信息公开条例》，确立了政府信息公开的法律制度，顺应了世界范围内以专门立法形式明确保护知情权的趋势。然而，不同于西方国家制定法律的形式，《政府信息公开条例》在我国的法律位阶是行政法规，法律层次较低，法律效力较弱。目前，我国知情权保护的最高法律依据是中央政策文件，主要以党的十七大、十八大报告等形式明确承认和保护公民知情权。党的报告作为党的政策文件虽然不是法律，却具有政治上的权威性和稳定性，为公众知情权的保护提供了明确的法源。另外，在作为知情权实现的重要手段——新闻自由的法律保障上，由于我国宪法没有

[①] 陈维松：《论知情权》，http://article.chinalawinfo.com/ArticleHtml/Article_915.shtml，2020 年 5 月 26 日访问。

[②] 参见刘飞宇：《论知情权的请求权能》，载《国家行政学院学报》2004 年第 6 期。

[③] 参见方跃平：《知情权、新闻自由及立法》，载《中国矿业大学学报（社会科学版）》2005 年第 2 期。

直接规定新闻自由,也没有一部专门的新闻法,因此媒体知情权是基于公民知情权而间接推导出来的权利。

2. 知情权保障的法律制度之比较

中西方知情权不仅法律认可的形式不同,而且法律保障的完善程度也不同。知情权保护的法律制度建设与知情权发展的历史、国家经济社会发展、政府社会治理能力密不可分。西方国家利用经济发展的先发优势,基于现实社会发展需求,不断深化对知情权内容和法律保护原则的认识,大多数国家都建立了较为完善的政府信息公开的法律制度;同时,在政府信息公开法之外,保密法、隐私权法等相关法律法规也较为完善。1766年,瑞典最早在世界上制定了《出版自由法》,其中规定:"为了出版,公众有阅览公文书的权利。"①瑞典通过法律明确规定了行政信息公开的内容,进而保障公众行使知情权。美国通过《信息自由法》《阳光下的政府法》《隐私权法》保护知情权。据统计,至2002年,世界上已经有近50个国家建立了政府信息公开制度。② 伴随《政府信息公开条例》的出台,我国知情权法律体系建设不断推进,但是知情权保障的法律体系尚不完善,政府信息公开法律规定与保密法、隐私权保护规定以及信息传播法等法律法规之间的制度衔接亟待加强,以增强信息公开法律制度与其他法律制度的协调性。

3. 知情权保护理念差异所产生的制度实践效果之比较

知情权保护理念与新闻自由观念、公众的民主意识紧密联系,并对政府信息公开等知情权法律保障制度的制定及其实践效果产生不同的作用与影响。

首先,新闻自由是知情权实现的重要途径,充分的新闻自由有助于激发公众的知情意识,决定公众能否从传媒获得信息,满足公众的信息需求。从西方国家新闻自由的理论视角以及知情权发源的文化背景来看,西方国家通过一系列制度为媒体新闻报道活动提供保障,实现公众的知情权。西方国家认为媒体是第四权力,在新闻媒体的法律保障上,许多国家通过宪法保障新闻自由这一项基本权利。西方国家强调媒体的自主性,认为报刊独立于政府,强调新闻自治。媒体在西方国家的地位、作用及其较为完善的法律保障制度有助于媒体更好行使新闻自由所涉的各项权利内容,促进了现代意义上知情权概念的产生。1945年1月,知情权由美国记者肯特·库柏第一次提出,意思是民众享有通过新闻媒介了解政府工作情况的法定权利。③ 之后,美国新闻界在捍卫新闻自由的过程中推

---

① 方跃平:《知情权、新闻自由及立法》,载《中国矿业大学学报(社会科学版)》2005年第2期。
② 参见高俊宽:《国内政府信息公开立法现状分析》,载《档案管理》2005年第5期。
③ 参见闵政:《知情权的认定与保护——外国新闻界的经验》,载《新闻与传播》2003年第5期。

动了"知情权运动"并出台《信息自由法》,最终保护知情权成为人们的共识,并获得了相应的制度支撑。

其次,知情权的产生与国家的信息公开、政治、民主自由紧密联系。西方国家中如德国、英国、美国等拥有较文明的宪政文化。自由、民主思想在国民心中扎根,民主化程度较高,法律对公众知情权保护的强度亦较高。以美国为例,美国一直以来追求自由,强调对个人权利的法律保护。美国作为知情权保护的典范,通过法律实现了知情权由仅仅促进行政信息公开向真正保护公民基本权利的转变。美国《信息自由法》用创始的"知的权利"标准取代以往信息公开制度中"知的需求"标准,并将拒绝信息公开的举证责任从相对弱势的个人转移到强势的政府部门,实现对公民知情权的有力保障,这一转型被誉为"信息自由立法的伟大创新"。[①] 1976年,美国制定了《电子信息自由法》,开启了对网络时代知情权法律保护的序幕。美国的法律设计将知情权视为一项对全体公民具有普遍意义的权利,排除了任何以信息的有用性等事由拒绝公开的不当行为,明确了政府信息公开的义务,增强了对公民知情权的保护。

相较于西方发达国家,我国在新闻媒体知情权的保护上处于弱势。一是我国奉行"媒体喉舌论"。历史上,媒体在国家政治生活中,是作为党政机关的一部分存在。现实中,媒体接受上级政府的管理,往往死守宣传政策底线,倾向于对上负责而忽视公众的利益,这导致媒体报道的重点、传播的目的和效果与西方国家不同,习惯于报喜不报忧,甚至信息报道时常受到限制,新闻传播环境和报道方式限制了公众的知情权。随着市场经济的发展,我国媒体属性发生改变,媒体逐渐实行企业化管理,新闻观念也随之改变。但是,"政治家办报"传统的延续性,加之传媒倾向性地认为自身不同于具有知情权的普通公民,缺乏主动贯彻政府信息公开条例规定的法治意识,媒体报道行为存在过度宣传化的问题,同时政府部门对新闻报道权利限制过多而保护过少,侵蚀知情权的现象屡见不鲜。在对新闻自由的法律规定上,我国宪法未明确规定新闻自由,也没有一部统一的新闻法,对传统新闻媒体及其从业人员的新闻报道活动缺乏权威性、系统化的法律规定,对媒体新闻自由的保障和监督机制不健全,新闻运行机制未纳入法治化轨道。新媒体新闻报道过程中,知情权与国家秘密、隐私权等其他公民人格权、社会公共利益之间缺乏法律的协调性、明确性规定,对网络视频的规制、网络服务商法律责任的明确等都有待进一步完善,进而无法厘清公众知情权行使的边界。

---

① 参见蒋红珍:《从"知的需要"到"知的权利":政府信息依申请公开制度的困境及其超越》,载《政法论坛》2012年第6期。

由此,传统媒体和新媒体都还无法获得完善的制度保障,来充分发挥新闻报道的功能,最大程度满足公众知情权。

二是我国知情权的确立较晚,知情权制度处于后发之列。国民是否具备自由、民主思想,以及国家的民主政治水平、实践程度,直接关系到一国知情权制度的发展水平,影响公众知情权行使的范围。从中华人民共和国成立到改革开放,二十余年的时间里,对西方敌对情绪的存在,也减缓了西方民主理论对中国现实的冲击;中国传统的忠、仁等与现代政治理念相悖的观念不恰当地存在于主流官方话语中,更延缓了中国知情权制度的建立。① 人民对民主政治理解的深化和民主需求的提升需要时间,这限制了新的权利根基的形成。实践中,个别政府部门对应当公开的信息设限,对抗公众和媒体知情权的情形时有发生。修订后的《政府信息公开条例》删除了"自身特殊需要","所有人(不区分信息对个人有用性)享有获取信息的权利,这就回归到以'知情权'为架构的信息制度"②。然而,修订后的《政府信息公开条例》并没有明确提出知情权的概念,相关配套政策法规、司法解释能否及时跟进,行政部门能否严格执法,建立完善、协调的信息公开机制,产生实质运行的结果,真正从公民基本权利的高度而非停留于"知的需要"层面对公众知情权进行保护,尚待时间的检验。

二、知情权的特征

(一) 内涵

根据知情权的客体不同,学界对知情权存在狭义和广义两种不同的理解。有学者提出,狭义的知情权指的是对官方情报的知情,不包括非官方的情报信息;广义的知情权包含公民应当知悉的一切情况,无论是来源于官方还是非官方。③ 也有学者认为,狭义的知情权是指公民、法人及其他组织依法对国家机关要求公开某些信息的权利,和不受妨害地获得国家机关公开的信息的自由;④广义知情权是指人们有了解应该知道的事情的权利,其对象范围很广,如有关个人的信息,政府官员的道德品质、财产状况,社会上出现的新事物,国家的政治、经

---

① 参见纪建文:《知情权:从制度到社会控制》,法律出版社2012年版,第96页。
② 蒋红珍:《面向"知情权"的主观权利客观化体系建构:解读〈政府信息公开条例〉修改》,载《行政法学研究》2019年第4期。
③ 参见方跃平:《知情权、新闻自由及立法》,载《中国矿业大学学报(社会科学版)》2005年第2期。
④ 参见刘杰:《知情权与信息公开法》,清华大学出版社2005年版,第48、51页。

济的发展状况,等等,对于这些事务,人们都有了解的权利。①

学界不仅从广义和狭义视角认识知情权的内涵,还有学者从媒介、大众与当权者的关系视角提出知情权的含义。知情权有两个含义:一是从媒介与当权者的关系出发,主张媒介有从当权者处获知各种公共信息的权利;二是从大众与当权者的关系出发,主张大众有从当权者处获知各种公共信息的权利。② 学者徐耀奎则从媒介作为知情权的实现方式的角度出发,认为"知情权是民众享有通过新闻媒介了解政府工作情况的法定权利"③。段京肃提出:"知晓权实际上就是新闻传播中所说的采访权,即传播者有权接近他们认为有必要接近的消息来源,有权进入新闻事件发生地,有权采访与事实有关的各方面人士,有权要求有关人士和有关方面为他们提供真实可靠的信息。"④

笔者认为,知情权是公民对政务信息、社会公共信息以及其他与公共利益相关信息获取、了解的权利。本书主要研究媒体与知情权,从媒体视角关注公众对国家机关所掌握的信息的知情权问题。媒体要负担起保障公民(受众)知情权的责任,首先必须自身享有知情权,即媒体知情权。⑤ 现实社会中,公民主要在媒体知情权的基础上享有获取、选择信息的自由。基于此,笔者认为,知情权是公民通过新闻媒体或者其他网络平台等信息传播渠道知悉、获取各类政府所掌握的关系到公共利益的信息的自由和权利。

对于媒体知情权与公民知情权的关系,一方面,新闻媒体与公民一样具有知情权。人民与媒介是一体的,其间没有边界,知情权是"我们"的知情权。⑥ 另一方面,公民的知情权是媒体生存的基础,作为公民知情权表现形式的新闻媒体采访权,是知情权的延伸,并不是新闻媒体的特权,新闻媒体有以采访权等形式保障公众获得政府信息的义务。此外,新闻媒体的知情权是社会权力,"比之公民单个地行使权利,其影响力、支配力和社会强制力要大得多"⑦,旨在让全体公民共同享有,而非为了满足某一个体的特殊需求,建立在实现公共利益的基础之上。

---

① 参见王利明、杨立新主编:《人格权与新闻侵权》,中国方正出版社1995年版,第423页。
② 参见张国良:《传播学原理》,复旦大学出版社2009年版,第114页。
③ 徐耀奎主编:《西方新闻理论评析》,新华出版社1998年版,第186页。
④ 段京肃、罗锐:《基础传播学》,兰州大学出版社1996年版,第144页。
⑤ 参见顾理平:《新闻法学》,中国广播电视出版社1999年版,第104页。
⑥ 参见谢静:《协商知情权:新闻专业的权威构建——从媒介的"知情权"话语分析媒介自我批评的功能与效果》,载上海市社会科学界联合会编:《当代中国:发展·安全·价值》(下),上海人民出版社2004年版。
⑦ 郭道晖:《新闻媒体的公权利与社会权力》,载《河北法学》2012年第1期。

(二) 特征

1. 知情权是基础性权利

第一,知情权是其他民主权利行使的前提。一方面,信息技术的进步极大地推动了民主社会的发展,知情权是信息技术支撑下现代社会发展的必然结果,现代社会的信息化发展催生公民不断实现知情权,以满足个体的利益需求。另一方面,在民主社会,政府不断建立公民选举、决策、监督等民主治理制度,而知情权是公民参与民主治理过程中行使表达权、参与权、监督权等其他权利的基础。"如果一个人没有思想、言论要表达,那么即使有说话的权利也没有什么用途,因此,重要的前提是其获得信息,作为行使表达自由权利的基础。"① 因为只有知情,才能保持畅通的信息,避免谣言泛滥,公众才能根据真实的信息形成自己的判断,理性发声;只有知情,才能及时发现公权力运行过程中的问题,实现民主价值,维护公共利益。

第二,从基本人权角度出发理解知情权。知情权是当今社会的一项基本人权,依法知悉和获取信息,是人按其本质应享有且并不容侵犯的一项基本权利与自由。诸多国际性人权法律文件对知情权作为一项基本人权进行了确认,《世界人权宣言》《公民权利和政治权利国际公约》《德黑兰宣言》《欧洲人权公约》都将知情权视为一项基本人权。我国还是《公民权利和政治权利国际公约》的缔约国,这就使保护包括知情权在内的各项基本人权成为承担的国际条约义务的一部分。② 同时,我国《国家人权行动计划(2016—2020年)》明确指出,实施行动计划的目标是健全社会主义民主政治,畅通、创新渠道,促进公民知情权、参与权、表达权和监督权充分实现;依法保障新闻机构和从业人员的知情权、采访权。③ 显然,知情权作为一项基本人权已经得到国际社会的认可,具有国际法的基础,我国也通过重要人权文件的形式明确将知情权视为当代社会人权保障的重要内容。

第三,知情权是宪法性权利。一方面,知情权是一项在国际社会被广泛认可的基本人权,具有普遍性和重要的宪政价值。另一方面,许多国家的宪法对知情权的权利内容或是将其视为从基本权利言论自由引申出的次级权利,或是直接

---

① Thomas I. Emerson, Legal Foundations of the Right to Know, *Washington University Law Quarterly*, Vol. 1976, No. 1, 1976.

② 参见张宝泉:《完善政府信息公开法律制度进一步保障公民知情权》,载《山东省青年管理干部学院学报》2008年第3期。

③ 资料来源:《国家人权行动计划(2016—2020年)》,http://www.xinhuanet.com//politics/2016-09/29/c_129305934_8.htm,2020年5月22日访问。

进行明晰的规定。在宪法层面,通过对全球74个国家的宪法条文统计分析发现,也存在两种类型:一种仅规定了表达权,有33个国家和地区规定了言论出版自由或类似寻求、接受和传递信息的自由;另一种则规定了知情权,有41个国家和地区明确规定了获取公共机构信息的自由。[1] 这些国家宪法对知情权内容的直接规定,体现了知情权是作为一种基础性权利而存在的。即使有的国家没有通过宪法直接规定知情权,仍然能够依据宪法对表达权等其他权利的保障而认定知情权是一项隐含权利,具有明确的宪法渊源,我国宪法对知情权的法律保障则属于此种情形。

2. 知情权是普遍性权利

第一,权利主体的普遍性。根据人民主权理论,从根本上说,公共信息是属于全体人民的。知情权不以个人的需求、信息的有用性以及信息与申请者的利害关系为权利实现的正当性基础,而是一项对全体公民都具有普遍意义的权利。[2] 也就是说,任何自然人、法人和其他组织都有获取公共信息的权利,权利主体具有广泛性,不能够随意对其进行限制。同时,知情权的权利主体具有平等性,不因国籍、种族或是其他利害关系而存在权利行使的差异。

第二,权利对象的普遍性。学者张新宝认为,知情权包括知政权、社会知情权和个人信息知情权。[3] 由此可见,知情权指向的对象非常广泛,既包括与国家事务相关的政治信息,又包括社会信息以及与公民自身相关的其他信息。即使从狭义角度认识知情权,权利对象是政府信息,涵盖面也非常广泛。知情权不仅局限于知道和了解国家的法律法规以及执政党的大政方针,还应当包括国家机关所掌握的一切关系到公民权利和利益、公民个人想了解或者应当让公民个人了解的各种信息。[4] 虽然理论上公民获取的政府信息具有广泛性,但是在传统媒介环境下,主流媒体是公民知情权实现的重要途径,政府信息供给主要依靠主流新闻媒体,由于信息公开的主动权由主流媒体掌握,公民所能够了解的信息不可能是无限的,而是基于主流媒体筛选基础上的有限供给。网络技术的发展催生了各类网络平台,传播渠道的多元化促使普通网民能够获取更多的信息资源,网民的数量不断增加,网民的知情需求也在技术的助推下显著提升,如在重大突发性事件中政府部门的决策、官员的任免以及事件的真相等,都成为公众关注的焦点。从这个角度说,公民希望了解和能够了解的信息更加广泛,公众知情权的

---

[1] 参见黄建友:《表达权还是知情权:信息自由概念的内涵变迁》,载《国际新闻界》2018年第9期。
[2] 参见林凌、夏梦颖:《网络舆论引导法律规制研究》,安徽人民出版社2016年版,第138页。
[3] 参见张新宝:《中国侵权行为法》,中国社会科学出版社1995年版,第387页。
[4] 参见李春光:《知情权及其法律保护》,载《西南政法大学学报》2004年第2期。

对象因网络技术的发展而在实质上获得了拓展。

第三,权利获取前提的普遍性。知情权不是个别性的政府信息获取权利,不以个人的需求和信息的有用性为权利取得的正当性基础,而是一项普遍性权利,不需要考虑信息与申请者的利害关系。知情权要求公共信息从一开始就公之于众,政府只有在公民请求公开的信息危及公共安全、商业秘密、个人隐私等重要利益时,才能暂时性地不予以公开。对于知情权的权利本质,在许多国家立法中予以明确体现。美国立法甚至特别说明:"任何人有权不以特定利益为基础向政府提供公开信息申请。"①对"知的权利"标准的认可,除了美国,英国法上强调信息获取作为"一般性权利",日本法上用"任何人"开篇来阐述信息获取权的主体。对权利获取前提的普遍性的认识是对知情权作为一项公民权利的本质认识的深化,极大地拓展了知情权保护的广度和深度。

3. 知情权的自主性

知情权的自主性是指权利主体按照自身意愿获取、了解公共权力运行过程中的各类信息。一是公民能够基于自由意志获取知悉各类信息,只要该信息不涉及他人的利益就不应当被干涉。约翰·密尔在其《论自由》一书中指出:迫使一个意见不能发表是一种"特殊罪恶",因为"假如那意见是对的,那么他们是被剥夺了以错误换真理的机会。假如那意见是错的,那么他们是失掉了一个差不多同样大的利益,那就是从真理与错误冲突中产生出来的对于真理的更加清楚的认识和更加生动的印象"②。"思想自由市场"是现代社会知情权制度构建的理论基础,约翰·密尔相信人类理性的能力,主张思想自由,认为真理是在思想的交流中实现的。因此,应当承认公民具有思想自由,能够对自身利益进行理性判断和认知,允许各类政府信息在思想市场的流动,满足公众自由获取政府信息的需求,在信息不涉及他人以及公共利益的前提下都不应当被干涉,这有助于广泛听取不同观点,在思想的交流、对话中探寻真理。西方民主社会的新闻自由建立在"思想自由市场"理论的基础之上,强调新闻媒体的自由和独立,不受特定利益集团的操纵和控制,新闻自由是知情权的体现和重要实现途径,对新闻自由的重视反映了对公众知情权的尊重,政府不能垄断媒体,媒体也应当承担社会责任,以保障公众知情权的行使。二是网络传播的功能进一步优化了公民知情权实现的目标导向,提升了权利实现的充分度。网络媒体尤其是自媒体的迅猛发展,促使知情权的实现途径和保障方式由传统媒体向自媒体转移,普通公众实现

---

① Pub. L. No. 104-13, 109 Stat. 163 (1995).
② 〔英〕约翰·密尔:《论自由》,许宝骙译,商务印书馆2019年版,第19—20页。

知情权具有更多的自主性。传统媒介环境下,政府和主流媒体掌握着信息资源,信息公开的内容、方式往往由其决定,公众处于被动接受地位。在网络传播环境下,信息公开的自主权转移到普通公民手中,对网络知情权的权利对象,公众实质上获得了主动选择的能力,优化了知情权实现的目标导向。加之公众可以借助网络传播的功能特点,寻求信息支持,低成本地收集、获取信息,在此基础上对政府信息公开的内容、方式、渠道等提出要求,使知情权实现的充分度进一步提高。

(三)政治价值

1. 监督政府(公共权力)的有效手段

根据新制度经济学家诺斯提出的"诺斯悖论",国家治理肩负双重任务,一是国家构建,即强调国家治理的有效性;二是国家治理,即国家治理的有限性十分必要。通过建设、完善公共事务管理制度,国家治理现代化一方面实现国家治理的有效,另一方面实现国家权力的有限,防止政府公共权力的扩张。任何权力都有扩张性,要想限制公共权力的扩张,就要增强公众对政府权力的监督,将政府各项工作置于公众的监督之下,规范公共权力的运行,提高政府的管理水平,防止政府腐败以及政府对公共权力的滥用。美国宪法《第一修正案》赋予公民信息自由权的目的在于实现民主自治,并把公民参与和获得信息视为对政府权力扩张的一种制衡原则:保障公众知情权,将政府工作等公共信息对公众公开,避免政府的"暗箱操作",进而更好地监督政府。传统媒介环境下,公众的知情权主要借助媒体来实现,通过新闻媒体的采访、报道,对政府和公众人物进行舆论监督,提高政府执政透明度,公众借助媒体实现对政府公共权力监督和制约的功能。值得关注的是,"权力需要监督,由知情权而带来的媒介权力也不能例外"[1]。从这个角度说,维护公众知情权,不仅需要监督政府权力,还需要监督媒介权力,预防媒介腐败、有偿新闻、虚假报道等现象,以规范媒体的新闻报道行为,保障公众知情权的实现。在网络环境下,网络知情权能够提升公民行使知情权的主动性,帮助公民更加自由、直接、全面了解政府信息,在网络平台上交流思想、形成网络舆论,从而发挥网络舆论的监督功能,及时揭露行政机关存在的问题,有效遏制公共权力运行过程中的腐败现象,实现制约和控权的目的。政府有义务接受

---

[1] 谢静:《协商知情权:新闻专业的权威构建——从媒介的"知情权"话语分析媒介自我批评的功能与效果》,载上海市社会科学界联合会编:《当代中国:发展·安全·价值》(下),上海人民出版社2004年版,第261页。

网民的监督,以保障网络时代公众知情权的实现。

2. 保障公民的利益

知情权能够帮助公民及时获取公共信息,做出有利于自身各项权益的判断,进而有效地对关系到自身权益的各项事宜加以主张和保障。若情况不明、信息缺位,人民群众就很难做出保障其利益最大化的选择与决策。①

一方面,保障知情权意味着公民具有了解、接受公共信息的权利,政府有依法公开的义务,政府不得限制公民获取各类公共信息的自由。因此,一个现代化的媒体系统与对普通公众知情权的完整保护就至关重要。② 新闻媒体作为知情权的重要实现方式,应当从公民权利、公共利益角度出发,履行传媒职责和义务,传播公共信息;而为保障公众知情权,政府不应当对媒体信息披露的权利进行限制。只有保障公民充分了解事关自身利益的信息和公共决策,才能真正实现公民在自觉选择和判断基础上接受公共信息的权利和自由,进而帮助公民促进自身发展,更好地维护自身利益。

另一方面,应对知情的积极自由给予保障。日本著名宪法学家芦部信喜教授指出:"作为言论、表达自由的现代形态的知情权,其最大的特色在于其不仅仅囿于'接受'信息这类消极性权利一个方面,其还是对信息源(毫无疑问,是指向不特定多数人提供信息,并且在技术方面也是适合的信息源,说到底就是指公权力机关)提出获得信息'要求'的积极性权利。"③政府必须积极回应公民直接要求政府提供行政信息的请求,及时公开相关信息,维护公民利益。当前民主的危机在于,公民对于民主制度幻想破灭,政府漠视公民参与,也不愿意聆听和回应民意,从而导致公民的无力感和缺乏效能感,最终造成公民犬儒主义盛行。④ 实践中,可能因政府的回应力较弱而无法有效保障公民的利益。对知情权的积极自由给予保障意味着,一方面,政府具有提供自由、开放社会环境的责任,政府应当积极构建公共领域,为公民权利的实现构建制度化平台,不断提升公民请求公开信息的积极性、主动性以及理性判断的能力,避免公民被动等待政府信息披露的情形发生;另一方面,政府还具有积极回应公民的义务,防止政府在应对公民

---

① 参见喻国明:《保障人民的知情权是建构国家信息安全体制的根本原则——从广东"非典型性肺炎"风波所想到的》,载《郑州大学学报(哲学社会科学版)》2003年第4期。

② 资料来源:周国文:《公民自由、传媒知情权与政府》,http://www.tyfw.net/dispnews.asp?id=202,2020年5月23日访问。

③ 转引自朱芒:《开放型政府的法律理念和实践(上)——日本信息公开制度》,载《环球法律评论》2002年第3期。

④ 参见李辉:《监督式民主仍需公民积极参与政治——评迈克尔·舒德森〈知情权的兴起:美国政治与透明文化(1945—1975)〉》,载《国际新闻界》2019年第4期。

知情诉求时,有回应不及时、不准确甚至封锁信息、不回应情形的发生。尤其是网络时代,信息传播的迅捷性更要求政府保持信息发布的及时性以及与公民沟通渠道的畅通,积极发挥媒体对民意的表达作用,在此基础上增强政府的回应能力,最大化地保障公共利益。

3. 民主政治建设的本质要求

首先,政府信息公开是现代社会民主政治的基本要求。根据人民主权理论,民众是国家的主权者,有权了解政府工作的情况。知情权是一项政治权利,普通公民主要通过新闻媒体全面掌握政治信息。公民行使知情权,不断培养参与公共事务的热情与规则意识,提升参与技能,影响公共政策,同时加深对政府相关行为以及公共政策的理解,增强政治认同,提升政治合法性。政府则通过保障新闻媒体权利的方式,发布政府信息,畅通信息公开的渠道,保障公众知情权的实现,同时积极听取公众的意见,回应公众诉求,使公共决策趋向科学化、民主化、法治化,完善公共政策,增进公民对政府的信任,推进国家的民主政治建设。

其次,民主是人们的价值追求,反映了现代社会个体渴望参与公共生活的诉求,而民主价值的实现需要具体的制度支撑。知情权不仅寄托了人们追求民主价值的美好愿望和理想,而且是促进政府与公民广泛交流、平等对话,实现公民参与的一项基础性权利,是将民主理想变为现实的重要制度支撑。如果说民主政治是现代人满足政治参与的基本保障,那么知情权就是民主政治的具体形式。知情权是民主的具体表现形式之一,就是为实现共同的政治目标,赋予人民最充分的知情权和表达自由。①

最后,当前民主政治建设的目标——国家治理体系现代化要求保障知情权。西方政治学家提出了治理概念,在全球崇尚治理的时代,各国民主政治建设亦从治理视角进行探索,加强民主政治建设的目标被确定为实现国家治理体系现代化。学者俞可平认为国家治理的理想状态是善治,其中善治的基本要素之一是透明性,"它指的是政治信息的公开性。每一个公民都有权获得与自己的利益相关的政府政策的信息。透明程度越高,善治的程度也愈高"②。因此,政府通过传媒帮助公民及时了解各类政治信息,增强政治信息的公开性,有助于提升政府的透明性和善治水平,促进现代国家治国理政的过程中各项制度、程序、法律法规的完善。以善治为目标,保障公众知情权,有助于健全国家治理体制机制,完善我

---

① 资料来源:秦前红:《宪政是民主的最基本方式》,http://www.ttadd.com/lunwen/HTML/20329.html,2020年5月23日访问。
② 俞可平:《治理和善治:一种新的政治分析框架》,载《南京社会科学》2001年第9期。

国的民主政治体制,从而进一步释放强大的政治能力,加强我国民主政治建设。

三、媒体与知情权

(一) 媒体以实现新闻自由、促进信息流通的方式行使知情权,协调公众与政府的关系

知情权的行使要求媒体实现新闻自由,促进信息流通,为公众提供信息。学者陈岳芬提出,媒体具有"监视"、教育民众以及反馈民意的功能。①

1. "监视"功能帮助公众了解事件真相

发挥媒体在政府信息公开中的主渠道作用,这要求媒体及时向政府获取信息源,通过新闻报道第一时间向民众发布事件的发生以及进展的真实情况。"知情权并非是一种完全的内部规范,要求媒介满足人民的知情权更是要求新闻媒介更大的报道空间和活动空间,而这些空间又并非政府或社会机构自愿给出的,它需要媒介为此进行斗争。"②现实生活中,媒体的信息发布并非一帆风顺,时常受到政府封锁信息、阻挠采访或是干预报道等行为的影响,从而抑制了媒体"监视"功能的实现。保障媒体的新闻传播活动,不仅保障了公众知情权的实现,而且有助于抑制谣言传播。如果民众的知情权从政府、媒体的正常渠道得不到满足,那么他们就会从其他一些非主流渠道获取信息,但这些信息难免不准确、不真实,以致话语表达也容易产生偏差。③ 因此,发挥媒体的监视功能,帮助公众及时了解事件的真相,有助于增强公众对政府的信任,提升政府的公信力,同时也确保了政府、传媒获取真实的民意。

2. 教育民众功能有助于公民理性认知

告知公众公共事件发生的意义,疏导公众情绪,帮助公众理性看待事件,起到社会减压阀的作用。媒体对公众的教育功能主要是通过引导公众理性看待公共事件,客观认识事件发生的意义角度来实现。这就需要避免媒体通过负面报道甚至以声援弱者、助推民粹主义的方式,煽动、利用公众的非理性情绪,引发群体极化,倒逼政府迫于舆论压力平息事件。即使传媒借此取得"胜利"也不是法治化、制度化的解决方式,并没有通过寻求与政府的合作,发挥媒体的新闻传播、

---

① 参见陈岳芬:《风险社会危机信息的传播博弈》,载《当代传播》2009年第3期。
② 谢静:《协商知情权:新闻专业的权威构建——从媒介的"知情权"话语分析媒介自我批评的功能与效果》,载上海市社会科学界联合会编:《当代中国:发展·安全·价值》(下),上海人民出版社2004年版。
③ 参见张明、靖鸣:《政府新闻发布与民众知情权、话语权冲突与协调——以松花江污染事件为例》,载《新闻大学》2006年第1期。

舆论引导的教育功能,实现教育、启发、警示公民的目标,反而制造和扩大了传媒、政府与社会公众之间的认知鸿沟,甚至导致政府与公众之间的对立。面对网络技术发展支撑下更加复杂的舆论环境,新闻媒体更应当注重培育公民理性和法治精神。一方面,在通过新闻报道传播事实真相的过程中,坚持正确的政治方向,积极维护主流意识形态,彰显主流价值观,让正面信息占领新媒体新闻报道的制高点。另一方面,积极发挥媒体社会黏合剂的作用,利用媒介影响力培育公民理性以及法治精神,避免煽动公众极端情绪引起媒介审判和破坏政府形象的现象发生,促进政府、新闻媒体以及公众的对话,增强政府、媒体与公众之间的信任度,提升社会凝聚力。"以四川凉山大火事故的报道为例,在网络信息仍以伤亡人数、事故原因和致敬英雄为主基调时,新华社瞭望智库等功能性媒体在协助政府维持舆论稳态方面发挥了重要作用。专业的报道策划与深度阐释正是媒体剖析问题并促进有关主体解决问题的关键,也是5G时代专业新闻重塑的关键切入点。"[1]

3. 反馈民意功能促进政府公开信息

媒体是协调政府与公众关系的平台,通过及时反馈民意给政府,促进政治讨论,形成公共舆论,增强政府与公众之间的沟通,加强民众对政府的监督,帮助政府协调矛盾和利益,调整优化社会利益格局,"而且这个平台必须为反对意见预留空间"[2]。媒体应当处理好正面报道与舆论监督之间的关系,及时反馈公众的批评性声音,借助新闻报道挖掘事件真相,监督丑恶现象,发现政府公权力运行过程中的问题,将公众的真实性需求反馈至政府机关,同时搭建公共话语平台,增强政府与公众之间的沟通。政府则应当畅通公众利益表达渠道,在尊重民意的基础上,不仅发挥传声筒的作用,而且积极整合民意,通过主动公开相关信息回应民意,促进公共事件的制度性解决。伴随网络信息技术的发展,公民能够借助网络自主传播信息,生成舆论,甚至与主流舆论形成对抗,这就倒逼传统媒体以及政府机构更加重视民意,督促政府公开信息,回应民意,从而保障公众知情权的实现。

(二) 知情权的实现、存在问题及法律对策

1. 知情权在不同媒介环境下的发展与变化

在传统媒介环境下,普通公民难以从实质上掌握知情权,主要通过新闻媒

---

[1] 蔡雯、翁之颢:《专业新闻的回归与重塑——兼论5G时代新型主流媒体建设的具体策略》,载《编辑之友》2019年第7期。
[2] 〔英〕布赖恩·麦克奈尔:《政治传播学引论》(第2版),新华出版社2005年版,第19、21页。

体,以采访权的形式实现新闻自由,促进知情权的实现,互联网的迅猛发展促使网民个体获得知情权,伴随5G、智能传播技术的发展,公众知情权因媒介的发展而出现不同的变化。

(1) 传统媒介环境下,新闻媒体以采访权形式实现新闻自由,促进知情权的实现

对于采访权的定义,魏永征教授认为,"在新闻工作者的权利中,采访权即搜集新闻信息的权利"①。这是将采访权的权利主体限定在新闻媒体。而有学者认为,采访权的权利主体是公民,"是公民行使知情权的权力集合体"②。人民采访的权利和自由源自于知情权,即获取信息的权利。目前,学界更倾向于认定采访权是基于新闻记者的一项权利。然而,权利主体的特殊性、专业性并非意味着采访权是一项新闻记者掌握的特权。正如魏永征教授所说:"记者知道,是为了让公众知道,所以记者有权知道的,也就是公众应当知道的,公众不应当知道的,记者也无权知道,记者不应当有比公众更多的特权。"③采访权和知情权的关系是:知情权是媒体采访权行使的法律依据,采访权基于公众的知情权,是知情权的延伸。采访权是新闻记者履行职责、帮助公众实现知情权的重要方式,是新闻报道权的基础部分,媒体行使采访权的目的是促进信息的传播,保障公众的知情权。

在传统媒介环境下,新闻媒体主要通过行使采制新闻、编辑新闻、发表新闻等新闻自由的权利内容行使知情权,主要表现在重大突发事件、揭丑事件等公共事件中。传统新闻媒体利用自身资源优势,通过合法渠道,由专业记者接近事件,获得真实信息,进行采访、报道,以帮助社会公众及时了解公共事件的相关情况。另外,新闻媒体运用采访权利的特殊属性、特征,代表、维护公共利益,进而保障公众知情权的实现。对于采访权的性质,学界普遍认为采访权是社会权利,具有公众权利的特征,采访权在行使过程中代表公共利益,以监督政府行为,维护公众利益为目标。媒体拥有的社会权力具有社会强制力,即以舆论资源去影响、支配、迫使相对人服膺其所代表的人民大众的意志,或进行社会动员。④ 也就是说,媒体不仅收集、采写、传播新闻信息,满足公众知情需求,更重要的是借助采访权进行舆论引导,监督政府公权力运行,推动政府进一步公开信息,提升传媒新闻报道的权威性和真实性,维护公众利益。

---

① 魏永征:《中国新闻传播法纲要》,上海社会科学院出版社1999年版,第65页。
② 陈欣:《新闻报道权研究》,吉林大学2006年博士学位论文。
③ 魏永征:《新闻传播法教程》,中国人民大学出版社2002年版,第54页。
④ 参见郭道晖:《新闻媒体的公权利与社会权力》,载《河北法学》2012年第1期。

（2）信息技术的发展促进多维视角下知情权自主性和充分度的提高

一是主体维度，公民主体性的提升促进知情权自主性和充分度的提高。

首先，知情权的自主性表现为网民真正成为知情权的主人，基于自由意志决定知情权的对象，网民知情权的行使不易受体制性、利益性掣肘。网络技术尤其是自媒体的发展，为普通网民获得新闻信息来源，自由、便捷地进行信息采写和传播提供了技术支撑。在"表哥"杨达才事件、郭美美等网络事件中，我们看到网民真正成为知情权的主人，自主地对知情权的对象涉及的内容，包括网民对谁、什么事件进行选择以及背后的原因进行探究。传统媒介环境下，公民获取知情权主要依赖外在因素，表现为公民被动接受政府信息公开，权利实现时常受到制约，甚至在利益性因素干涉下权利实现落空。网络知情权在彰显自主性的同时极大地提升了公民知情权实现的充分度。当大众传播媒体倾向于遮蔽和过滤地方性的社会抗争议题，从而可能封锁"中介公共性"启动时，公民记者透过公民媒体的信息扩散，自下而上地推动大众媒体予以关注，使议题开始进入更为广泛的"能见的空间"。[1] 网民基于网络技术保障，能够自下而上地掀起强大的网络舆论，影响政府的公共决策。例如，在涉及官员腐败的网络舆论事件中，网民能够借助网络互动传播功能，自主搜集、挖掘、交流、整理涉事官员信息，给政府相关部门形成舆论压力，从而推进政府对公共事件的调查和信息公开工作。网络传播解构科层体制可能设置的信息公开障碍，将各种有用信息纳入知情权实现的需求架构中，形成基于知情权实现的信息链，最大限度地弥补政府信息公开供给不足。[2]

其次，知情权的自主性还表现为基于网络技术的支持，公民的即时新闻生产可弥补官方新闻的缺位。在重大突发事件的现场，公民作为事件的亲历者，利用微博、微信等自媒体能够第一时间发布信息，如"7·23"甬温线特大铁路交通事故中的第一条求救信息就是由微博客以图文形式发出。[3] 网络短视频的发展使来自突发事件现场的即时新闻生产越来越普及，成为传统媒体新闻供给的重要补充。以2017年哈大高速重大交通事故为例，由于前往新闻现场的交通路线完全封闭，新华社果断与快手合作，事故现场的快手用户短时间内发来超过100条视频信息，编辑部在核查地理信息和用户数据是否可靠后迅速推送，避免了关键

---

[1] 参见陈楚洁:《公民媒体的构建与使用：传播赋权与公民行动——以台湾PeoPo公民新闻平台为例》，载《公共管理学报》2010年第4期。

[2] 参见林凌、夏梦颖:《网络舆论引导法律规制研究》，安徽人民出版社2016年版，第142页。

[3] 参见周建青:《新媒体影像传播的伦理冲突及其影响因素研究》，载《现代传播（中国传媒大学学报）》2012年第8期。

时刻官方新闻的缺位。① 传统媒介环境下,专业的新闻媒体是公民知情权实现的重要途径;网络环境下,网民借助信息传播技术能够自主获得新闻信息来源,弥补了官方新闻的缺位,建构起新的满足用户信息需求和知情权实现的路径。从这个角度说,伴随网络技术的更新与发展,网络用户信息传播的自主性提升,极大地促进了知情权自主性的提升和充分度的实现。

二是内容维度,网络技术的发展,尤其是 5G 带来的内容革命,拓展了公众信息获取的渠道和能力,全方位提升了知情权实现的充分度。

一方面,4G 移动互联网的引入催生了短视频的出现,新闻的主要叙事模式由图文转向影音,网络短视频的时效性、直观性极大地拓展了用户获取信息的广度,在许多突发性新闻事件报道中,网络短视频报道逐渐成为首选的表达方式并获得用户的广泛关注,进而扩容了用户的知情内容。根据中国互联网络信息中心(CNNIC)发布的第 51 次《中国互联网络发展状况统计报告》,截至 2022 年 12 月,我国短视频用户规模达 10.12 亿,较 2021 年同期增长 7770 万,占网民整体的 94.8%。网络短视频的表达方式因其视频生产形式的优势,相较于传统图文叙事模式不仅具有宏观视角,而且能够传播诸多事件的具体细节。当前,我国进入 5G 时代,高速率、高容量、低延时、低耗能的 5G 网络技术进一步推动媒介生产的视频转向,产生越来越大的社会影响力。5G 网络的出现,使得新闻事件能够被记录的细节越来越丰富,通过关联技术复原并重现新闻现场成为可能。用户不再是局外人,而是新闻事件的现场目击者,甚至可能成为新闻事件的中心,这对新闻真实、全面、客观的属性都是一种重塑。②

另一方面,随着 5G 技术革命的推进以及 VR、全景技术等的发展,信息在传播速率、容量、成本和体验上实现了飞跃,能够适配多样化的场景,增强用户虚拟沉浸体验感。用户不再是新闻事件的观众,而是事件的讲述者,甚至在技术的支持下实现快速的情感代入,"走进"新闻现场,真实感受新闻事件,根据自己的兴趣获得信息反馈并获得参与式创作的机会。2019 年 10 月,《中国青年报》推出沉浸式专访《可盐可甜——世界欠我一个白鹿》,为受众创造了一个"变身"特约记者的身份,赋予其主动权,不仅可以"走进"采访现场,还可以自主选择问题进行互动提问。③ 从这个角度说,技术发展支撑下的沉浸式新闻传播更加贴近用

---

① 参见蔡雯、翁文颢:《专业新闻的回归与重塑——兼论 5G 时代新型主流媒体建设的具体策略》,载《编辑之友》2019 年第 7 期。
② 同上。
③ 曹竞、刘俞希:《5G 时代下的媒体融合发展——中国青年报沉浸式体验新闻的探索与思考》,载《新闻与写作》2020 年第 3 期。

户,内容更加丰富,帮助用户近距离接近事件,提升用户对事件认知的广度和深度。同时,通过参与式传播,使用户的点赞、评论、对事实的补充成为新闻的一部分,极大地促进了用户与新闻媒体之间交互性的提升,进而有效提升公民行使知情权的充分度。

三是功能维度,算法推荐新闻建立在算法对用户行为预测的功能基础之上,实现了用户信息服务的个性化、精准化,有效提高了公民个体利益的实现程度。

大数据时代,算法推荐新闻迅猛发展,以国内的"今日头条"为例,主要基于算法模型,在对用户进行数据收集基础上进行数据画像,进而基于用户的媒介使用行为、使用环境、内容热度等因素对用户感知进行预测,自动为每个用户进行个性化推送。算法本身是动态、持续优化的,加之算力的不断增强,传感技术的进化通过动态追踪、收集个体全新领域的数据,甚至包括个人心理方面的轨迹数据,提升了信息适配的精细度。越来越精准化的新闻推送有效提高了用户个性化服务水平。针对公众对算法造成的信息茧房的质疑,"今日头条"认为是对算法的误解,"因为第一,算法在推荐时,推荐模型是综合性的,除了用户现有的个人兴趣,还会基于使用环境、内容热度、其他用户的兴趣,来给用户协同推荐信息,这些因素能够让推荐内容更加丰富,避免了内容越来越窄;第二,算法本身包括兴趣探索,它能识别出用户最感兴趣的内容和最不感兴趣的内容,由此了解其间那一大块'你可能感兴趣的内容',并通过算法固化为'确定感兴趣的事情'和'确定不感兴趣的事情'的过程"[1]。周葆华也提到算法并不产生信息茧房,"这表明算法推荐类 APP 的使用总体上并未与新闻和公共事务获取信息渠道上的窄化相关联。新闻资讯类算法推荐 APP 对新闻信息的积极处理存在显著的正向影响"[2]。喻国明认为,"在技术层面,算法推荐有着不同的类型、不同的原理。被广泛使用的协同过滤算法,实际上并不会缩减人们的视野,甚至有时能打开更大的世界"[3]。从这个角度说,基于用户本位的算法新闻并不能简单地认为其会产生信息茧房效应,进而限制公众知情权。

在算法内容推荐上,"不但让用户得以获取符合其兴趣与口味的个性化内

---

[1] 陈昌凤、仇筠茜:《"信息茧房"在中国:望文生义的概念与算法的破茧求解》,载《新闻与写作》2020年第1期。

[2] 周葆华:《算法推荐类 APP 的使用及其影响——基于全国受众调查的实证分析》,载《新闻记者》2019年第12期。

[3] 喻国明、杜楠楠:《智能型算法分发的价值迭代:"边界调适"与合法性的提升——以"今日头条"的四次升级迭代为例》,载《新闻记者》2019年第11期。

容,而且让不同细分内容的生产者(包括'长尾'内容)都获得被推荐的机会"①。同时,算法在不断升级与调适中,基于不同算法模型,对用户偏好进行预判,优化用户个性化信息服务,降低网民获取信息的时间成本,满足网民的个体需求。"总的说,算法模型实现了对于海量信息价值的重新评估和有效适配。信息价值不再有统一的标准,不再有绝对的高低之分。"②知情权不仅体现为公众群体的共同利益诉求,而且表现为网民个体的特殊知情需要。从接收信息的获取和适配的角度看,在信息超载的今天,算法新闻使知情权的实现更加符合公民个体的价值和利益,真正将知情权惠及每一个公民,有效提高了公民个体利益的实现程度。

2. 限制公众知情权实现的主要因素及法律原因分析

(1) 主要因素

第一,全能主义政府治理逻辑下行政权对知情权的损害。强调政府主导的全能主义是政府信息监管的传统逻辑,全能主义治理模式的特点是:"政府试图利用信息不对称的狱警式管理来管控社会以及借助突击式综合整治的运动式管理作为政府经常采用的方式。"③全能主义传统监管逻辑依然延续至网络信息治理过程中,表现为政府治理大包大揽,缺乏与网络平台、行业协会的协同治理,依赖运动式治理的方式以及在治理过程中优先追求行政目标,倾向于利用制度设计对利益主体的行为进行限制,对公民权利的保护不足。在实践中,全能主义政府治理逻辑下政府倾向于利用信息不对称的优势,通过行政权限制采访权,损害公众知情权。政府不应当在法律之外对传媒运行进行不当干预,例如前些年屡屡发生的"跨省追捕"记者事件,有些就是地方政府对暴露其不当行为、违法行为的记者的打击报复。④ 在 2020 年河南原阳儿童被土方压埋事件中,多名记者遭到阻拦、殴打。记者还被抢手机、强制刷机,涉事政府官员对记者采访缄口不语或只言"不清楚",对公众含糊其词,损害公众知情权,同时引发舆论危机。在网络空间,公众知情权的实现不仅依赖媒体采访权,基于网络传播技术,也极大地提高了公民知情权行使的自主性和充分度。在突发事件中,普通网民也能够提供新闻报道信息来源、披露信息。而部分政府部门延续传统的治理逻辑,对网民信息的披露习惯于在未经证实的情况下,动辄出于维护社会稳定的考量,以网络

---

① 周葆华:《算法推荐类 APP 的使用及其影响——基于全国受众调查的实证分析》,载《新闻记者》2019 年第 12 期。
② 喻国明等:《推荐算法:信息推送的王者品性与进阶重点》,载《山东社会科学》2018 年第 3 期。
③ 燕继荣:《国家治理及其改革》,北京大学出版社 2015 年版,第 89 页。
④ 参见陈柏峰:《传媒监督的法治》,法律出版社 2018 年版,第 144 页。

谣言之名对网民进行行政拘留等处罚,以限制网民言论自由的方式,侵蚀公众知情权。实践中,全能主义政府治理逻辑还体现在政府网络内容治理过程中,未充分调动网络平台的制度化、规范化管理,而是依赖运动式治理的方式,通过专项整治活动,进行一刀切和事后管理,往往通过关闭网站、封锁公众号、删帖等手段进行治理,不仅造成治理效果的低效,而且缺乏明确法律依据,强制限制信息传播的手段也侵蚀了公众知情权。

传统媒介环境下,由于政府部门掌握信息资源优势甚至处于信息垄断地位,在全能主义政府治理逻辑指引下的政府治理行为尚能取得一定的规制效果。然而,网络信息化时代,全能主义模式中的狱警式、运动式管理方式将使政府部门被动应对信息公开,缺乏寻求多渠道披露信息的主动性和积极性,未及时、准确、完整地回复公众信息需求,甚至选择封锁信息或是以限制网民表达权的方式,对其他公众的知情权构成侵蚀。这往往使得原本就有不满情绪的网民更加愤怒,最终导致网络舆论危机的发生,对政府公信力造成严重影响。

第二,技术动因下网络虚假信息传播侵蚀公众知情权,尤其是网民传播不实的现场内容,易产生严重的社会危害性。移动终端的便携性使得公众获取信息的能力显著提升,公共信息生产的自主权越来越向普通用户倾斜,提升了普通用户网络表达权的同时也扩大了公众知情权。当前,短视频成为重要渠道来源。然而,由于网民自主传播的视频量级不断扩大,大量短视频由用户自主生产,而网络短视频平台在视频内容的审核上面临挑战,致使出现涉及低俗、血腥画面等缺乏人文关怀的暴力信息,产生强大的视觉冲击力,损害公众知情权。加之人工智能技术的发展,深度伪造技术能够实现对视频的生成、修改,视频信息的逼真度提高,将进一步增加人们分辨信息真假的难度。假视频时代开始了,它将摧毁我们对现实的认知。"皮尤研究中心(Pew Research)于 2019 年 6 月发布的一项报告显示,约有 2/3 的美国人表示,篡改视频和图像已成为受众理解时事和基本事实的主要问题。超过 1/3 的受访者表示,'虚假新闻'导致他们减少了接收新闻的数量。"[①]"泛滥的假信息还可能带来人们对真实音视频的冷漠无感"[②],以深度伪造技术对美国大选构成的威胁为例,"民主制度的基础在于选民的知情同意,但在深度伪造技术驱动的假消息泛滥的情况下,选民距离可观察的实情和真相将会越来越远,就可能会造成思维混乱"[③]。知情权之所以是民主政治实现的前提,

---

① 陈昌凤、徐芳依:《智能时代的"深度伪造"信息及其治理方式》,载《新闻与写作》2020 年第 4 期。
② 同上。
③ 龙坤、马钺、朱启超:《深度伪造对国家安全的挑战及应对》,载《信息安全与通信保密》2019 年第 10 期。

是基于知情权的实现有利于公民获得全面、准确、真实的信息。深度伪造技术的滥用通过以假乱真的方式呈现信息，造成网络虚假信息大量充实网络空间，欺诈公众，侵蚀公众知情权，摧毁民主政治的根基。技术的迅猛发展致使信息传播的源头和传播过程中的不确定性因素增加，传播内容更加容易产生变异，虚假信息传播的概率提升，若不加以规制将严重侵蚀公众知情权。

移动终端的便携性，使得公共信息生产特别是新闻内容生产，更多地来自新闻发生的"现场"。其中，用户在新闻现场提供信息的比重会继续上升。[1] 5G支撑下视频的高速率、低延时将进一步促进大量"现场"视频信息的传播。网民的自由传播倘若缺乏规制将严重损害其他公众的知情权，且技术的迭代更新致使网民的自由传播与自身应当承担的社会责任之间的冲突亦日益加剧，甚至产生严重的社会危害性。VR技术的发展就容易干扰网民的理性判断，致使网民自由传播诱发舆论危机的风险增强，极易滋生网络谣言。诸多"现场"信息都与突发事件紧密关联，网民发布的相关视频因公众的兴趣与关注度高，往往在短时间内引发强大的网络舆论。VR技术使用户行为再虚拟化，提高了诱发网络舆论危机的风险。VR技术支撑下沉浸式新闻的发展提升了用户的现场感、参与感，能够实现对新闻现场的全方位拟真还原，逼真地再现新闻现场中当事人的行为轨迹和心理活动，极大地提高了用户的情感联结，也进一步加剧了对公众情感的裹挟，剥夺用户随着事件发展对其进行同步深度思考的机会，抹杀用户独立感知、研究和判断的能力。当用户沉溺在超真实的"超感现场"中，极易受到事件当事人情绪和立场的影响，这种情感的裹挟在一定程度上会影响用户自身对新闻事件作出客观、准确的理性认知和判断。[2] 虽然谣言传播的利益出发点不同，但无一例外都极具情感煽动性。[3] 情感的裹挟加剧了网民转发的非理性行为，从这个角度说，VR技术客观上为网络谣言的滋生和加速传播提供了支撑。正如雷霞指出的，技术提供的虚拟"在场"感，是谣言蛊惑大众最重要的撒手锏。[4] 由于VR技术模糊了网民虚拟与现实之间的界限，形成网络用户行为的再虚拟化，

---

[1] 参见彭兰：《重构的时空——移动互联网新趋向及其影响》，载《汕头大学学报（人文社会科学版）》2017年第3期。

[2] 参见唐铮、王静远：《连接与断裂：5G技术背景下的新闻业思考》，载《新闻与写作》2020年第1期。

[3] 资料来源：林爱珺、林嘉琳：《确保信息公开 防范信息疫情》，http://www.cssn.cn/index/zb/wdyyqfkzjztgqdllzc/202003/t20200324_5104903.shtml？COLLCC=3681493125&，2020年5月24日访问。

[4] 参见雷霞：《虚拟的在场：新媒体时代谣言传播的技术动因》，载《现代传播（中国传媒大学学报）》2015年第3期。

使网民更加容易受到情感的裹挟,干扰网民群体的理性判断,加剧群体的非理性情绪,提高网络舆论危机产生的风险,增加社会的不稳定因素。

另外,伴随深度伪造技术的发展,技术使用的门槛逐渐降低,技术的使用者从专业技术人员逐渐向普通网民转移。如果网民利用深度伪造技术编造突发事件视频,那么伴随其他网民盲目的转发,视频将在很短的时间内产生社会影响,极易引发公众恐慌,对社会秩序的稳定构成威胁。网民在突发事件现场通过短视频的形式提供新闻信息来源的行为属于网民信息传播自由的范畴,是网民的表达权,同时也有助于满足其他公众的知情权,但是由于其传播行为涉及公共领域,因此又具有社会性。因此,如果缺乏规制,违背了公民需要坚守的道德义务和法律底线,极易产生网络谣言,损害公共利益和社会秩序的稳定。当前,亟待法律对网民短视频的传播行为做出限制,以避免网民表达权、知情权的滥用,实现法律在协调保护公民的知情权与治理网络谣言,以及维护公共安全之间的平衡。

第三,利益驱动下算法推荐技术侵蚀受众知情权。算法分发新闻将由传统媒体主导的信息把关权转移至算法技术,算法自动基于用户兴趣进行新闻的选择和推送,旨在促进用户个体获得更多自由,实现新闻传播的客观、公正。然而,实践中算法技术却产生了诸多问题。平台媒体存在推荐假新闻的问题,助长情绪化观点的传播,削弱了用户理性思考的能力,这都在一定程度上侵蚀了用户知情权。究其原因,从表面上看,算法的自动推荐机制对信息治理的辨别、核查、价值判断能力有限,易产生上述问题。实质上,一方面,看似中立的算法本身具有不透明性,存在技术黑箱。在设计之初,算法在数据的选取和甄别阶段就可能因人们的主观性存在偏向性,加之对于算法的模型和原理只有技术公司才能获知,普通用户无从知晓,这就导致算法产生偏见,影响信息的呈现、分发,对用户的信息消费行为构成直接影响。另一方面,技术的背后由于缺乏规制,算法受到资本、政治权力的支配和操控。算法进行内容选择时,因资本逐利性的驱动,会利用自身优势地位对算法技术进行人工干预,例如,平台媒体在算法新闻推送的过程中通过不同测试不断提升召回率。内容召回率代表了鲜明的商业导向和眼球逻辑,并不可避免地带来泛娱乐化风险。[①] 以用户兴趣为导向的算法推荐,不再像传统媒体那样以真实性、客观性作为新闻报道的价值,而是关注用户的注意力,算法推荐下的信息分发行为已然沦为一项经济活动。一位网络广告代理商

[①] 参见翟秀凤:《创意劳动抑或算法规训?——探析智能化传播对网络内容生产者的影响》,载《新闻记者》2019年第10期。

谈道:"热门微博、名人热搜榜、新建搜索词等都可以买,确定好需求随时沟通即可。除此之外,粉丝、点赞、阅读数、讨论人数等也可以买到。"①商业主义的平台特性可能会将新闻算法与盈利相勾连,用虚假新闻建构了人们的意志和对社会的想象。此外,算法把关机制受到政治影响,政党、利益团体等为实现政治目的,利用算法通过过滤部分信息,或是对算法进行人工干预等手段发布具有偏见性的新闻。2016 年,Facebook 前员工揭露,其"Trending Topic"并非完全根据智能算法的结果排列,而是要通过人工编辑的取舍呈现,并且有意打压保守派的新闻,②甚至利用算法决定信息流向,操纵公共舆论。计算宣传被视为"以达到其创造者的特定目标而故意歪曲符号、诉诸情感和偏见、绕过理性思维的传播,一种运用算法技术手段进行创造或传播的宣传"③。近年来,西方计算宣传被广泛运用于各类政治活动,帮助政治家吸引政治关注、提升政治形象、打压政治对手,最终实现自身的政治目的。

随着算法技术的独立性和主体性在新闻分发、信息流向中的作用越来越彰显,而技术背后是政府、利益集团、传媒公司等政治、资本的介入、角逐或是共谋。技术的统治将一切存在者都带入计算行为中,遮蔽了人之人性和物之物性。④这极大地蒙蔽了世界本来的面目。对网络用户而言,算法限制了其基于自主意志获取信息的自由。"在'媒介化'和'后真相'社会,公民个体很难仅凭个人认知能力对外在信息作出理性判断。"⑤虽然数据的预测功能越来越强大,但是即使经过大量的数据分析得出的真相也可能并非真实的客观世界。人们更愿意用主观立场而不是客观事实来判断一个数据预测的真实性,在主观价值介入之后,人们更愿意相信某些数据,而不相信另外一些数据。⑥ "在掩饰了客观性真相之后,能直接满足他们用主观性的立场判断来引导人们的行为。"⑦也就是说,在算法分发技术支撑下实现的数据预测功能进一步限制了个体的认知能力,如果算法被别有用心之人基于特定目的滥用,则将误导公众认知,侵蚀公众知情权。对

---

① 参见翟秀凤:《创意劳动抑或算法规训?——探析智能化传播对网络内容生产者的影响》,载《新闻记者》2019 年第 10 期。
② 参见郭小平、秦艺轩:《解构智能传播的数据神话:算法偏见的成因与风险治理路径》,载《现代传播(中国传媒大学学报)》2020 年第 3 期。
③ Gillian Bolsover and Philip Howard, Computational Propaganda and Political Big Data: Moving Toward a More Critical Research Agenda, *Big Data*, Vol. 5, No. 4, 2017.
④ 参见〔德〕马丁·海德格尔:《林中路》,孙周兴译,上海译文出版社 2014 年版,第 281—293 页。
⑤ 李辉:《监督式民主仍需公民积极参与政治——评迈克尔·舒德森〈知情权的兴起:美国政治与透明文化(1945—1975)〉》,载《国际新闻界》2019 年第 4 期。
⑥ 参见蓝江:《后真相时代意味着客观性的终结吗》,载《探索与争鸣》2017 年第 4 期。
⑦ 同上。

媒体而言,为了实现市场利益,在新闻分发中投其所好成为其目标。过去在专业媒介精英把关之下,帮助、说服公众了解最重要的公共事务逐步转向为经济驱动的活动,媒体对社会公共价值的引导力在特殊利益的驱动下弱化了。倘若传媒的职业理念不再是坚持为公众提供客观、公正的信息,而传播的是片面、过度情绪化甚至虚假的信息,那么这些信息将降低用户理性思考和判断的能力,导致用户产生错误的认知。更为重要的是,媒体作为公共领域,是公民积极行使知情权、形成公共意见、承担公共责任的重要途径,媒体公共性的弱化势必损害公众知情权。

(2) 法律原因分析

第一,政府信息公开、发布以及官员问责制度存在问题。其一,《政府信息公开条例》是我国政府信息公开法律制度中的统领性文件,是公众知情权实现的重要法治保障,同时为媒体采访权的实现提供了强有力的法律支持,为媒体新闻报道提供了更多合法的信息来源。《政府信息公开条例》在2007年颁布之初就被视为"广义的新闻法"[1],"保障了新闻媒体的采访权"[2]。然而,实践中媒体记者却较少通过《政府信息公开条例》申请信息公开。"媒体人知情的法治意识薄弱,没有形成以法治方式获取公共信息的观念"[3],这一定程度上影响了记者申请信息公开的动力。更为重要的是,《政府信息公开条例》修订之前的条款在申请者的身份和申请目的的限制、定密范围的不确定等方面存在不完善之处,致使实践中信息不存在或是涉密成为政府信息不公开的主要理由,降低了媒体人依法获取公共信息的意愿。目前,2019年最新修订的《政府信息公开条例》取消了原来"三需要"的限制条件,对不公开的例外情形进行了细化规定,有效防止了政府机关对此条款滥用进而限制公众知情权的情形,体现了我国政府信息公开法律法规从对公民知的需要到知的权利法治保障的完善。然而,当前《政府信息公开条例》本身仍然存在不尽完善之处。一是虽然《政府信息公开条例》的立法目标从修订之前的"促进依法行政"转向为"建设法治政府",但是侧重于强调满足政府自身建设的法治需要,并没有明确提出知情权,无法满足对公众知情权的法治保障需求。二是《政府信息公开条例》作为行政法规,法律位阶较低。政府信息公开并非是绝对的,受到国家秘密、商业秘密等信息保密的限制,以"保密为原则"的法律位阶明显高于作为行政法规的信息公开法律规定,一旦政府信息公开相

---

[1] 展江、赵金:《〈新闻法〉为何至今悬而未立?》,载《青年记者》2009年第2期。
[2] 陈力丹、陈秀云:《2007年我们关注的话题》,载《新闻与写作》2007年第12期。
[3] 黄建友:《知情的法治意识:媒体人对信息公开法规的认知、态度与依赖度——对20位媒体人的访谈笔记》,载《新闻记者》2018年第12期。

关规定与保密法、档案法等相关法律在适用上产生冲突,如涉及对秘密信息的界定等,必然倾向于信息保密而限缩公众知情权。三是高风险社会和大数据时代加剧了公众的不安和对信息的渴求,"目前国家构建的突发事件信息公开制度仍然以基础数据、应急预案和应对情况等内容为主"①。以 2020 年发生的新冠疫情为例,"专家们已经纷纷呼吁在信息公开基础上开放政府数据,为疫情防控决策提供参考意义,也有利于实现政府数据的社会价值"②。因此,在现有的政府信息公开法律基础上,亟待构建政府数据开放制度,增强政府信息公开与政府数据开放制度的衔接,以适应公众信息公开需求的变化,最大化满足公众知情权的需要。

其二,在突发公共事件中,政府权威以及及时的信息发布一方面是政府回应、处理公共事件,履行领导职责的要求,另一方面是满足媒体知情权,实现公众知情权,维护公众利益的重要保障。政府的信息发布使媒体报道有据可依,有助于减少政府与媒体、公众的信息不对称状态,打击谣言,引导舆论,稳定民心。政府信息发布倚靠的是突发事件相关法律制度是否完善。当前,我国制定了《中华人民共和国突发事件应对法》(以下简称《突发事件应对法》)、《中华人民共和国传染病防治法》(以下简称《传染病防治法》)、《突发公共卫生事件应急条例》等法律法规,初步建立了政府信息发布法律制度体系,但是现实社会中不乏个别政府部门仍存在不公开甚至隐瞒信息的情况。例如,在 2020 年新冠疫情爆发期间,湖北省武汉市政府未采取及时的应急防控措施,在疫情发展的前期未及时、准确地进行信息披露,对公众知情权构成严重侵蚀,这背后与我国在政府信息发布制度上的法律缺陷不无关系。首先,法律对政府作为信息发布源的规定不一致。根据我国《传染病防治法》《突发公共卫生事件应急条例》的相关规定,对于疫情信息的发布权由具有相应职权的政府部门垄断,市、县级人民政府并无信息发布权。而《突发事件应对法》通过预警制度来对可能发生的突发事件予以公告,预警主体是"县级以上地方政府"。③ 这意味着该部法律授予了突发事件(包括公共卫生事件)发生地的县级以上人民政府在突发事件处理过程中的信息发布权限。《传染病防治法》《突发公共卫生事件应急条例》《突发事件应对法》三部法律

---

① 周兰萍:《疫情"特效药"——政府信息公开与公众知情权》,https://www.thepaper.cn/newsDetail_forward_5958050,2020 年 5 月 24 日访问。
② 同上。
③ 资料来源:赵宏:《疫情中的信息公开机制为何"空转"?——基于对〈突发事件应对法〉与〈传染病防治法〉的分析》,http://www.1think.com.cn/chinacomment/default.php?PageNo=37,2020 年 5 月 24 日访问。

法规之间规定的不一致,为个别政府部门以自己并非法律授权的信息传播主体为由,逃避信息公开的法律责任,留下了制度的后窗。其次,法律对信息公开机制的规定不合理。例如,《突发公共卫生事件应急条例》第 25 条规定:"国家建立突发事件的信息发布制度。国务院卫生行政主管部门负责向社会发布突发事件的信息。必要时,可以授权省、自治区、直辖市人民政府卫生行政主管部门向社会发布本行政区域内突发事件的信息。信息发布应当及时、准确、全面。"这容易导致认可所谓"无授权不披露",为个别政府官员在突发事件信息公开中不作为提供了合法庇护。① 最后,在当前高风险社会,突发事件的发生往往让人难以预料,不确定的风险因素增多,法律缺乏适应性的调整。对于超过人类既往认知范畴的疾病信息,政府信息发布的机制需要进一步细化。例如,对于"突发原因不明的传染病",学者赵宏指出,《传染病防治法》只是将对此过程的时间控制诉诸"及时报告"这一不确定概念;对于国务院卫生行政部门接到地方政府卫生行政部门的报告后应如何进行回应,又何时将一种"突发原因不明的传染病"增列为法定传染病,并进行信息公布和预防控制,法律同样未作出明确的期限规定。②

其三,政府官员问责制度的法律缺陷。一方面,政府信息发布法律制度对信息发布主体规定不一致,信息发布机制规定不合理,这为部分官员的信息不公开行为寻求合法庇护提供了可乘之机,导致部分政府官员利用现行法律漏洞,从事信息不公开的行为。另一方面,政府官员法律制度设计的不完善客观上助长了政府官员不及时公开信息。《突发事件应对法》《政府信息公开条例》对违反信息公开情节严重的领导仅仅给予处分,"只规定'责令改正'和'处分'的处理办法不足以解决公众知情权与政府信息公开的对立关系"③。信息公开的法律责任承担依据并不明晰,且一般不需要被问责,加之即使违反信息公开法律义务,法律的处罚也具有轻微性。而信息公开之后的不确定性也具有风险,一旦信息披露不当对社会稳定构成消极影响,官员难以避免地需要承担行政责任。实践中,部分政府官员出于趋利避害的心理,宁愿选择层层上报,拖延信息发布的时间,以转嫁责任,最小化行政风险。这就可能导致信息真空现象的产生,侵蚀公众知情权。

---

① 资料来源:赵宏:《疫情中的信息公开机制为何"空转"?——基于对〈突发事件应对法〉与〈传染病防治法〉的分析》,http://www.1think.com.cn/chinacomment/default.php? PageNo=37,2020 年 5 月 24 日访问。
② 同上。
③ 梁丹妮:《论突发事件中政府信息公开责任》,载《法治论坛》2008 年第 1 期。

第二,网络平台信息审核责任的法律规制问题。当下,微博、微信、今日头条等互联网平台媒体,已深度渗透进人们的日常生活,成为移动阅读、即时社交、在线消费等数字生活不可或缺的基础设施。① 虽然今日头条不生产原创的新闻,但是掌握了新闻和资讯内容的分发渠道,在新闻内容和分发环节决定呈现给公众的信息内容。尤其是伴随抖音、快手等短视频平台的发展,新闻报道形态的视觉化,丰富了媒体传播领域的内容产品和表达手段。目前,短视频逐渐成为新时期新闻表达的重要方式。以今日头条客户端为典型的内容平台的迅猛发展,彰显了移动传播的强大影响力,这类网络平台逐渐超越传统媒体,成为主流新闻舆论场。社交类平台(如新浪微博、微信)、资讯类平台(如今日头条、一点资讯)、短视频平台(如快手、抖音)等,基于海量用户的内容生产越来越具有平台媒体的属性。② 然而,这些平台媒体上同时存在大量低俗、暴力信息、虚假新闻传播的现象以及算法偏见的问题。例如,今日头条客户端曾出现诋毁革命英烈方志敏的文章,今日头条旗下抖音平台曾出现对邱少云不敬的内容,以及"暴走漫画"通过今日头条平台发布含有丑化恶搞革命英烈的视频等,这极大地扰乱了网络传播生态环境,侵蚀受众知情权。

不仅网络平台有害信息侵蚀公众知情权,平台管理者的强制删帖行为也限制了公众的知情权。网络平台对公众接收的内容把关,掌握着删除信息的权限,主要由网络平台依据政府制定的法律法规进行信息审核。我国有严格的内容审核机制,专业媒体又掌控原创内容的采编权,时政新闻内容的新闻选择权掌握在新闻主管部门和专业媒体受众手里,基于互联网平台的内容掌控权主要侧重非时政资讯,而且内容性质裁量的冲突多发生于平台用户与平台管理者之间。③ 例如,2020年3月10日,在新冠疫情期间,《人物》杂志发布《发哨子的人》一文,内容为记者对武汉市中心医院急诊科主任艾芬医生人物专访,艾芬医生结合亲身经历讲述了武汉官方在疫情暴发初期不当的处置措施,却遭到网络平台毫无依据的强制删帖,这反而激化了网民的情绪。随后,网民借助各种不同语言版本在各大网络平台转载该篇帖了,引发舆论持续发酵。这体现了网民对当前网络平台审查制度的不满,反映了网民与网络平台在内容性质裁量方面的激烈冲突。

---

① 参见张志安、冉桢:《互联网平台的运作机制及其对新闻业的影响》,载《新闻与写作》2020年第3期。
② 参见张志安、李霭莹:《变迁与挑战:媒体平台化与平台媒体化——2018中国新闻业年度观察报告》,载《新闻界》2019年第1期。
③ 参见张志安、冉桢:《互联网平台的运作机制及其对新闻业的影响》,载《新闻与写作》2020年第3期。

有网民提出:"人们不管是出于对事件起因的好奇,是出于对个人利益的关注,还是对国家利益与未来长远发展的关切,都有理由了解与这件事相关的更多信息。"①由此可见,网络平台的强制删帖限制了网民了解公共信息,侵犯了网民对于民主的期待,不仅不利于政府的网络舆论管理,而且严重侵蚀公众知情权。

在信息审核方面,网络平台是拥有新闻选择主导权的平台,今日头条等网络平台在创建初期曾声明不承担公共责任,声称信息推送主要依靠以用户兴趣为导向的算法推送机制,而将虚假新闻发布的责任转嫁给用户。因算法技术的有限性造成的虚假、低俗、暴力等信息污染问题以及公众对算法弱化公共性的极大担忧,官方媒体对网络平台进行了猛烈批判,网络平台不得不增强社会责任,具体表现为平台在借助人工智能技术审核的同时不断加强人工干预。字节跳动创始人张一鸣曾表示,强化总编辑责任制,全面纠正算法和机器审核的缺陷,不断强化人工运营和审核,将现有的6000人运营审核队伍扩大到10000人。② 2018年4月,抖音总裁张楠表示其审核团队已有几千人规模;快手也宣布扩充内容审核员,规模可达5000人。③ 明确网络平台法律责任的制度设计是平衡商业利益与内容合法性的重要支撑,然而,当前法律的不完善导致具有媒体属性的网络平台陷入信息审核的困境,不仅无法规制算法的弊端,也无法更好地规范人工审核工作,平台难以把握法律底线,实践中或是放任违法信息传播,或是肆意删帖,侵犯网民知情权。究其法律原因,具体有以下几点:

其一,法律对算法规制的缺陷以及过度强调平台的法律责任,不利于增强平台信息审核的动力。平台自身的商业逻辑弱化了平台的信息审核动力,平台的商业性决定其以经济利益为目标,借助算法技术进行自动分发,实则追求所呈现信息的流量、人气至上,忽视新闻的公共性。平台依据算法进行自动分发,算法看似中立,但大量研究表明,算法存在技术黑箱,网民和具有算法优势的网络平台之间的地位不平等。算法的规则通过网络后台运行,即使是网络内容生产者也无法确保算法数据的公正。算法审查的法律规制存在不完善之处,算法透明的法律保障措施亟待建立,导致实践中人工干预算法的现象频发,部分平台将法律责任转嫁给算法,不利于激发平台审核内容的动力,进而产生虚假流量、算法

---

① 资料来源:《魔幻现实主义"发哨文"打了谁的脸》,http://www.txsl14.com/a/5418.html,2020年5月24日访问。
② 资料来源:张一鸣:《致歉和反思》,http://tech.ifeng.com/a/20180424/44967640_0.shtml,2020年5月24日访问。
③ 参见许洁:《短视频平台生态治理机制优化研究》,载《新闻世界》2019年第7期。

歧视等现象。另外,海量信息给网络平台的信息内容审核工作带来挑战。据QuestMobile《中国移动互联网 2018 半年大报告》的数据统计,2018 年 6 月,快手、抖音两大平台月活跃用户数均已超过 2 亿,因此用户生产的短视频数也必然超过了 1000 万条。① 而我国《网络短视频平台管理规范》《网络短视频内容审核标准细则》要求,平台对网络短视频的审核包括弹幕和评论。显然,网络平台在对以短视频传播为主的信源真实性、有效性的审核方面面临巨大的压力。人工审核增加企业运营的成本,而企业能够投入的成本有限,造成实际投入与海量的内容供应之间的不相匹配。法律对平台内容管理技术措施和内部信息管理制度的规定只重在强调平台作为责任主体的义务,并没有提及技术措施和内部管理制度本身应当如何治理才能使平台内化内容监管责任,形成长效机制,而不仅仅是作为对法律外在强制的被动回应。② 法律制度的设计倾向于施加平台责任,缺乏对各方利益主体参与内容质量的正确的激励,不利于平衡商业利益、用户权利以及信息审核之间的关系。

其二,平台审核义务与法律模糊规定之间的冲突。《互联网新闻信息服务管理规定》《微博客信息服务管理规定》《互联网论坛社区服务管理规定》《网络信息内容生态治理规定》对网络平台的信息审核义务作出法律规定。但是,首先,技术过滤水平的有限性限制了网络平台对信息内容真伪的鉴别和价值判断能力,尤其是视频领域,网络治理技术手段存在滞后和低效的问题,导致虚假、暴力、色情等信息的传播难以避免,而法律上又缺乏对网络平台审查技术边界的明确规定。审查技术标准的模糊化导致要么网络平台以技术能力有限而主张免责,要么法律对网络平台施加过重的法律责任,实践中审查任务无法完成,难以实现法律效果。其次,法律规定的模糊化致使审核义务难以明确界定。人工审核即使有法律规定,但是由于在实务认定过程中内容审查员存在自由裁量空间,"各大平台公司的审核标准也各有不同,没有统一的标准,多位字节跳动的审核员则向南方周末记者介绍,在他们内部,不同的小组也会有不同的审核标准"③,因此审核标准难以统一。加之内容审查员大多没有经过专业培训,往往追求的是阅读数而不是内容本身,客观上助长了有害信息的传播。同时,即使有法律规定,但有些低俗评论涉及的内容内涵模糊,游走于法律与道德的边缘,并没有违背法律规定,人工审核无法对其进行限制。最后,司法、执法中存在问题。在司法实

---

① 参见许洁:《短视频平台生态治理机制优化研究》,载《新闻世界》2019 年第 7 期。
② 参见魏露露:《互联网创新视角下社交平台内容规制责任》,载《东方法学》2020 年第 1 期。
③ 资料来源:王伟凯、吴超:《济南,崛起的新媒体内容审核之都新闻》,http://www.mszsx.com/news/2020-03-12/97031.html,2020 年 5 月 24 日访问。

践中,对网络平台的归责主要依靠红旗原则、避风港原则,如何适时跟进技术的发展,建立与平台管控能力相适应的通知——删除程序履行的标准以及知道规则,以平衡内容性审查和网络创新之间的平衡,则面临着挑战。"避风港"从来不是绝对的,即使在欧美,随着自动化技术和互联网法律自身的发展,超出"避风港"要求的网络服务提供者承担更多的内容合法性责任也形成一种趋势。[①] 法律对信息的规制侧重事后监管,难以调动网络平台自身的检查力度,真正实现监管效果。在执法上,主要通过相关部门约谈负责人进行事后监管,难以实现监管效果。例如,2018 年,广电总局约谈今日头条、快手网站主要负责人下线有害的问题节目;另外,政府还借助专项行动的方式进行监管。此类事后规制的手段往往是事后发现内容不妥被人举报或者引起较大反响,监管部门才介入,但因网络的快速传播及其强大影响力,一旦造成恶劣影响,事后补救已为时已晚。

第三,法律对网民传播虚假信息行为的法律规制问题。其一,法律缺陷致使网络谣言治理与公众知情权保障冲突。"吹哨"是指将发现的违法违规、不端或不正确的信息或者行为,向组织内或外进行披露,从而拉响警报的行为。[②] 基于公共精神披露相关信息的人员时常被称为吹哨人,英国《公共利益披露法》、加拿大《公务员保护披露法》都建立了吹哨人保护的制度。对吹哨人而言,法律保障其表达权和监督权;而对其他公民个体而言,由于所披露的信息事关公共利益,对吹哨人的保护客观效果是打破政府信息垄断,促进信息公开,法律制度保障的是公众知情权。

涉事网民个体基于言论自由权,能够对公共舆论事件自由发表意见。而对网民群体而言,基于维护公共利益的需要,往往极度渴望获得突发事件中的各类信息源。因此,涉事网民表达权的正当行使直接影响到广大公众知情权的实现。突发事件发生之后,极易产生谣言,合理的制度设计有利于依法打击谣言,避免虚假信息混淆视听,从而保障公众知情权。然而,在实践中,立法内容和执法过程中存在的问题导致我国谣言治理不当,时常与公众知情权产生冲突。《中华人民共和国治安管理处罚法》(以下简称《治安管理处罚法》)第 25 条第 1 款、《最高人民法院、最高人民检察院关于办理利用信息网络实施诽谤等刑事案件适用法律若干问题的解释》第 5 条第 2 款以及《网络信息内容生态治理规定》第 6 条第 8 款等,均对谣言治理作出了法律规定。实践中,针对网民散布谣言扰乱公共秩序的一般违法行为,政府部门尤以《治安管理处罚法》为法律依据进行惩治。而《治

---

① 参见魏露露:《互联网创新视角下社交平台内容规制责任》,载《东方法学》2020 年第 1 期。
② 参见彭成义:《国外吹哨人保护制度及启示》,载《政治学研究》2019 年第 4 期。

安管理处罚法》对违法行为构成的认定上,"本行为侵犯的客体是社会公共秩序,而不是一种言论中是否含有虚假成分"①。"法院在网络谣言扰乱公共秩序的司法认定中,秉持'秩序至上主义'的逻辑。"②这意味着政府部门不需要去核实散布的信息是否存在,只需要根据违法的情节和结果判定谣言内容是否对社会公共秩序构成扰乱。而法律对网络空间下公共秩序的侵犯的认定标准并不明晰,既有法律的概括性规定难以为公安机关提供明确的执法依据,对是否违法实际上基于行政自由裁量进行认定。公安机关原本就具有自行决定、行政拘留的权力,法律标准的模糊性进一步扩大了公安机关执法权行使的自由裁量空间。这就导致公安机关可能因维持社会稳定等行政目标的考量,倾向于对任何存在偏差的消息都予以限制,以限制网民表达权的方式,侵蚀公众对突发事件的知情权。例如,2013 年 8 月 26 日,一辆全顺面包与一辆大货车在安徽砀山境内一路段发生相撞,造成 10 人死亡,5 人受伤,大货车驾驶员肇事逃逸。网民"于和玉"利用腾讯个人微博发布信息:"昨天下午,310 国道砀山段发生车祸,死 16 人,婴儿也有。"公安局以违反《治安管理处罚法》第 25 条第 1 款为由,作出治安拘留 5 日的处罚,后因发布信息中整体事实为真,该处罚被公安局主动撤销。③

个别政府部门还可以利用法律漏洞,动辄以网络谣言为名不履行政府信息公开的法律义务,垄断政府信息,甚至滥用执法权对网民的举报等行为进行肆意打击、报复。"网络谣言是公众信息饥渴的盲点。"④法律制度的缺陷易导致执法者能够利用法律的后窗对网络言论的传播者进行不当处罚,不仅侵蚀公民的表达权和其他公众的知情权,而且更为严重的是可能引发寒蝉效应。正如国外吹哨人保护制度的设计旨在培育公民的公共精神,我国缺乏对吹哨人保护的制度设计且在谣言治理制度方面存在缺陷,将弱化公民对公共信息、公共利益关注的意识和热情,继而构成对公众知情权的严重侵蚀。

其二,法律真空致使网民传播虚假信息产生的行为缺乏规制,造成网络表达权对公众知情权的侵蚀。人类进入信息化社会,信息给人们的社会生活带来更加直接的影响,而唯有真实的信息才能有效保障公众知情权的实现。一是"类虚假新闻"充斥网络空间是对公众知情权的侵蚀,法律存在规制盲点。我国目前主要依靠刑法对虚假的"险情、疫情、灾情、警情"与"虚假恐怖信息"等非法信息进

---

① 展江、吴薇主编:《开放与博弈:新媒体语境下的言论界限与司法规制》,北京大学出版社 2013 年版,第 298 页。
② 肖榕:《网络言论在公民基本权利平衡实现中的地位》,载《法学》2012 年第 5 期。
③ 参见廖斌、何显兵:《论网络虚假信息的刑法规制》,载《法律适用》2015 年第 3 期。
④ 魏永征:《略论治理网络谣言的行政处罚》,载《新闻记者》2020 年第 3 期。

行打击。但是,由于网络推手策划、编造的虚假言论并非"虚假恐怖信息",又未达到既有法律规定的"情节严重"的程度,因此无法入罪;还由于其不涉及公共事件和政治事件,传播危害较小,甚至如"深圳最美女孩"等虚假新闻并没有对个体的名誉权益产生实质侵害,因此现行法律无从规制,实践中也很难杜绝此类"类虚假新闻"的传播。① 二是5G的迅猛发展,带来传播技术的迭代更新,造成传播形态的深刻变革。与此同时,网民借助信息技术手段传播的虚假信息,速度更快、传播范围更广、影响深度更强,不仅侵蚀公众知情权,而且具有严重的社会危害性。我国对网民传播虚假信息产生的严重违法行为主要从刑事犯罪角度予以规制,但新媒体传播环境的特点使得政治性谣言、传输网络恐怖主义信息等极端非法信息的传播能在短时间内产生严重的社会危害性,甚至对公共安全、国家安全、政治制度构成冲击,刑法对网络服务提供商在对相关信息的监管责任与严重的危害性不相协调,不能满足实践中打击虚假信息传播犯罪行为的需要。三是针对网民滥用新型技术如深度伪造传播虚假信息的行为,法律亟待适应性规定。目前,对于深度伪造传播虚假视频的行为难以预防,近年来,《网络信息内容生态治理规定》《网络音视频治理服务信息管理规定》《数据安全管理办法(征求意见稿)》等法律规定都对深度伪造的披露以及对不法使用行为作出了限制。然而,考虑到实践中深度伪造传播虚假视频的行为难以预防,一旦传播又可能产生严重的危害性,既有法律亟待进一步调整,以及时将技术发展产生的新问题纳入法律规制的轨道。从网络平台层面进行规制,明确网络平台审核信息内容的法律责任,将既有强制披露的法律规定落到实处,在此基础上,建立与深度伪造的严重社会危害性相协调的网民制作者、网络服务商法律责任体系。四是重大突发性事件中网络平台对网络谣言治理法律责任亟待强化。在重大突发性事件中,由于网民渴望了解更多信息,一旦信息供给与需求不平衡,就极易滋生谣言,并借助网络的传播速度的实时性以及传播范围的广泛性产生严重危害,因此应当增强重大突发性事件中网络平台内容治理的法律责任。

3. 加强媒体知情权法治建设

(1) 增强政府信息公开和发布制度建设,促进公众知情权的实现

其一,增强政府信息公开法律制度建设。《政府信息公开条例》是作为公众知情权实现渠道的媒体权利的重要保障,它保证政府依法积极主动地向媒体公开相关信息,媒体从而以此为准,及时发布准确的信息给社会公众。基于此,首先,《政府信息公开条例》的制定目标仅是"保障公民、法人和其他组织依法获取

---

① 参见黄金、张娜:《网络策划新闻乱象及治理对策》,载《传媒》2014年第12期。

政府信息，提高政府工作的透明度，建设法治政府，充分发挥政府信息对人民群众生产、生活和经济社会活动的服务作用"，亟须通过修改《政府信息公开条例》或者更高位阶的法律对公民知情权予以直接明确的规定，从更高的站位，以人民为中心，增强公众知情权的法律保障力度。甚至有学者提出："由于我国政府信息公开制度是以行政法规形式出现的，可以考虑在新《政府信息公开条例》的基础上制定"中华人民共和国政务公开法"，这样即可效仿其他部门法在法律条文中直接引入知情权，以加大对公民基本权利的法律保障力度。"① 其次，应当加强配套规范性文件的制定和修订，调整司法解释《最高人民法院关于审理政府信息公开行政案件若干问题的规定》，以适应新修订的《政府信息公开条例》，完善知情权的司法救济制度，从实质上发挥司法部门督促政府信息公开的作用，划定知情权司法保障的底线。最后，应当增强与信息公开紧密联系的信息保密制度的衔接，防止以不明确的禁止性法律规范侵蚀公众知情权，同时建立政府数据开放制度。2019 年，上海市政府出台了《上海市公共数据开放暂行办法》；2022 年，《上海市公共数据开放实施细则》开始施行。其他各城市也应当逐步通过法律法规，明确政府数据采集的范围，以及数据开放的范围、类别，增强数据开放和利用，最大化地保障信息化社会公众的知情权。

其二，完善政府信息发布制度。政府披露客观、真实的信息是新闻媒体进行监督、实现舆论引导的主动权，以及遏制谣言传播的前提和基础，尤其在重大突发事件面前，政府具有信息发布的法律义务。坚持公开透明的原则，完善信息发布制度，有助于保障媒体的新闻报道权，提升舆论引导能力，保障公众的知情权。可喜的是，全国人大常委会日前已经启动《突发事件应对法》的修改工作，进一步增强法律的完整性、可操作性。当前，完善政府信息发布制度重点应着眼于以下几方面：一是明确下移政府信息发布主体的权限。突发事件发生之后往往形成强大的网络舆论，借助互联网迅速传播，为适应网络信息社会知情权保护的需要，应当不断提升政府突发事件处置的应急能力，缩短信息发布的时间，通过法律法规明确下移部分信息的政府信息公开权限。例如，将公共卫生、环境污染等突发事件的信息公开权限主体明确规定为县市级人民政府，以有效避免政府公布主体级别过高，不能快速发布、高效回应的问题，及时满足公众知情权。二是完善信息发布机制建设，加强信息发布程序性规定。对上级部门授予才能披露的法律规定作出合理调整，对信息上报以及上级部门信息反馈的时间等具体细

---

① 杨大越：《我国政府信息公开申请法律保障之探究——以〈中华人民共和国政府信息公开条例〉第十三条修改为视角》，载《行政法研究》2020 年第 2 期。

节作出明确规定,借助法律明晰的规定,防止既有法律成为部分政府官员规避信息公开责任的后窗。同时,明确信息发布原则,强调及时优先。如果信息公开的过程中一味追求准确性、权威性,则可能延误信息发布的时机。2016 年 11 月,国务院办公厅在《〈关于全面推进政务公开工作的意见〉实施细则》中明确要求重大突发事件后要最迟在 5 小时内发布权威信息,在 24 小时内举行新闻发布会,并根据工作进展情况,持续发布权威信息。[1] 有学者指出,必须在强化的风险跟踪意识之中,持续将不断确定的信息公布,减少以往发布的信息的不确定性,甚至自我纠正过去发布的错误信息[2],并建立网络新闻发言人信息发布联动机制。我国应当打破不同部门的信源壁垒,加强政府各部门新闻发言人之间的协调应对能力,增进彼此之间在突发网络舆论事件中的信息共享和信息资源流通,确保当网络舆论危机事件发生时,政府能够在第一时间发布事实,并持续、动态、深入地披露如事件发生的具体原因等网民关注的敏感性信息,以提高政府信息公开的科学性和有效性,充分保障网民的知情权。随着微博、微信等自媒体的发展和普及,公民参政诉求提高,各级政府行政机关应当充分发挥新媒体的即时发布功能、互动交流功能、深度链接功能,加强信息发布平台建设。同时,在充分利用现有的微博、微信等平台的基础上,积极推进政府信息发布平台朝着高效、协同的信息发布平台方向发展,探索与民间组织、社会团体、企业的协作,拓展信息公开的渠道。三是增强政府官员突发事件发生后的应急预演能力,明确官员风险防范、预警等法律责任,加强官员信息不公开问责机制建设,区分不同主体的法律责任,构建多样化的归责体系,促进信息公开主体责任的合理化、制度化,并加大责任处罚力度。对此,有学者提出了具体建议:"应该将政府及其有关工作人员违反信息公开责任而导致突发事件的发生以及恶化造成公众利益的损害纳入行政诉讼的范围。"[3]

(2) 增强对网民表达权的法律规范,以保障其他公众知情权

一方面,保障公民的言论自由,进而满足其他公众的知情需求。限制政府在缺乏明确法律依据的情况下利用行政权对传媒进行不当干预,对记者进行打击报复,保障记者的传媒权利。新媒体环境下,要增强法律对网民表达权的保障。

---

[1] 参见聂静虹、马梦婕:《突发公共卫生事件中的谣言传播与治理》,载《新闻与写作》2020 年第 4 期。

[2] 资料来源:赵宏:《疫情中的信息公开机制为何"空转"?——基于对〈突发事件应对法〉与〈传染病防治法〉的分析》,http://www.1think.com.cn/chinacomment/default.php?PageNo=37,2020 年 5 月 24 日访问。

[3] 梁丹妮:《论突发事件中政府信息公开责任》,载《法治论坛》2008 年第 1 期。

应当增强对言论自由的保护性法律规范的制定,规范公安机关对造谣行为的行政处罚权,禁止随意通过人身处罚手段干涉的网民言论自由。为防止行政机关滥用《治安管理处罚法》,进一步明确行政处罚权的执法标准,严格对涉案人客观行为、主观故意以及危害结果的综合认定。例如,"此次疫情初起,有行为人在特定群体内传递的信息与事实或有出入,但既不是向不特定多数人传播(散布),又不具有'扰乱社会秩序,破坏社会稳定'的目的和性质,行为人还要求他人不要外传,那就不具备应受处罚的行政违法行为的构成,不应受到查处"[①]。"在部分案件中对网络谣言和公共秩序的扩大解释构成对公民言论自由的过度限制"[②],应当进一步借助司法解释的形式,明晰法律规定,防止行政权扩张限制网民表达权,侵蚀公众知情权。

另一方面,法律对网民表达权的行使设置底线,通过法律授权,增强网络平台对用户的自律管理。《网络安全法》和国家网信办制定的一些规章中明确要求网络平台应对其发现的法律、法规禁止传输的信息采取消除等处置措施,并要求其建立信息发布者信用等级管理体系,提供与信用等级挂钩的管理和服务,并且还要求其建立黑名单管理制度。[③] 同时,为适应新媒体传播环境的变化,应增强法律对技术动因下虚假信息传播的规制,以防止虚假信息的传播侵害公众知情权。

其一,法律对深度伪造传播虚假信息的适应性规定。2018年12月,美国国会定义了"深度伪造"概念,并通过《禁止恶意深度伪造法令》。[④] 在联邦层面,《2019年深伪技术报告法案》(The Deepfake Report Act of 2019)等文件要求国土安全部和国家情报局落实对深伪技术的监管责任。美国国会当前针对深度伪造的立法探索就主要集中在对美国国家安全和政治选举的影响中。例如,美国加州已经提出法律草案,禁止在投票选举前60日内传播明知是伪造或合成的候选人视频,除非包含视频属于伪造的免责声明。[⑤] 在得克萨斯州,政府也从保障选举的视角,通过了规制深伪视频的相关法案。美国法律对深度伪造虚假视频的规制,体现了平衡人工智能产业利益与保障网民权利、公共利益之间的关系。2022年11月,我国互联网信息办公室、工业和信息化部、公安部联合颁布《互联

---

① 魏永征:《略论治理网络谣言的行政处罚》,载《新闻记者》2020年第3期。
② 孟凡壮:《网络谣言扰乱公共秩序的认定——以我国〈治安管理处罚法〉第25条第1项的适用为中心》,载《政治与法律》2020年第4期。
③ 参见周学峰、李平主编:《网络平台治理与法律责任》,中国法制出版社2018年版,第383页。
④ 参见苗争鸣:《可怕的"深度伪造"技术》,载《世界知识》2019年第22期。
⑤ 参见曹建峰、方龄曼:《"深度伪造"的风险及对策研究》,载《信息安全与通信保密》2020年第2期。

网信息服务深度合成管理规定》,明确了网络平台的信息安全主体责任,标志着我国监管部门对深度伪造这一技术风险的防范与应对。在此基础上,我国法律应当进一步根据信息类型对深度伪造内容做出限制,对涉及国家安全、公共安全领域的虚假信息进行严格限制。同时,适当增强网络服务商对相关信息监管的职责,如建立防范危机扩散的责任,网络服务商既有及时告知监管机构以及用户的义务,也有积极采取补救措施的义务,故意或者重大过失情况下网络服务商需要承担与损害相匹配的法律责任。另外,针对深度伪造内容,进一步明确网络平台内容审核的法律责任,通过分类、细化的法律规定,提升法律的有效性。提高平台的注意义务,完善平台规制"深度伪造"行为的技术性法律规定,增强要求平台应用信息识别技术的法律规定。"如果网络平台看到与道德有关的深度伪造内容在短时间内热度飙升,则应该对其进行标记并进入人工审查通道,降低其热度排名,阻止其进入其他媒体平台内传播;如果网络平台看到可能引发暴力事件、危害公共安全或者与当选官员或机构相关的深度伪造内容,应当对其进行标记并强制下线审核。"①专家提出了一些有针对性的建议,包括从源头对视频进行认证、要求平台删除虚假视频、分流不同的虚假视频并对开始流行的视频进行优先排序等。② 建议通过完善平台规制"深度伪造"的合规机制,加强平台"软法"建设的方式,将实践中成熟且有效的"软法"适时转化为"硬法",增强法律对新兴技术带来的社会风险的回应性,进而发挥法律规制的实效性。

其二,重大突发性事件中网络平台法律责任的增强。在重大突发性事件中,如新型冠状病毒感染疫情中,国外社交媒体平台积极推进疫情谣言治理。推特2020年1月30日宣布已启动搜索提示,当用户在推特平台上搜索"新型冠状病毒"时,将会出现"了解事实",这样用户首先能获得可靠的、权威的信息;抖音海外平台 TikTok 也表示,将删除与疫情事实不符的短视频。③ 国外平台治理实践为我国网络平台提供了内容治理的经验;应当进一步明确重大突发性事件中网络平台的法律责任,比如要求网络平台实施关键词屏蔽、截图审查等基本措施,适当增设网络平台传播安全提示、最新官方消息等正能量消息的义务,以避免谣言泛滥干扰政府数据的传播,扩大公众恐慌。

其三,借助刑事手段,增强对虚假信息传播的打击力度。为增强对严重危害国家安全和社会公共利益的网络虚假信息传播的防控,应调整我国刑法相关规

---

① 曹建峰、方龄曼:《"深度伪造"的风险及对策研究》,载《信息安全与通信保密》2020年第2期。
② 参见陈昌凤、徐芳依:《智能时代的"深度伪造"信息及其治理方式》,载《新闻与写作》2020年第4期。
③ 参见聂静虹、马梦婕:《突发公共卫生事件中的谣言传播与治理》,载《新闻与写作》2020年第4期。

定,以增强刑事打击力度,保障公众知情权。通过明确网络服务商的刑事法律责任,防止虚假信息的传播,以增强对其他公众知情权的保障。对于网络服务商,"应当通过司法解释进一步明确网络服务商在清除和控制政治性谣言、传输网络恐怖主义信息、严重危害青少年身心健康,违背社会公序良俗等极端非法信息方面的刑事法律责任"①。

(3) 明确网络平台信息审查的法律义务

一是明确网络平台的法律定位。出于对网络平台商业利益以及公民言论自由的保护,各国法律一般并不赋予其对违法信息的一般性的审查义务。然而,目前各国考虑到智能传播时代网络平台的媒体属性及其传播影响力,亦通过法律不断强化网络平台的责任。我国2019年出台的《网络信息内容生态治理规定》第11条鼓励网络信息内容服务平台坚持主流价值导向,优化信息推荐机制,加强版面页面生态管理。该法条体现了法律要求网络平台承担部分出版者责任的趋势。正如刘文杰所指出,在算法推荐中对正能量内容人为地赋予一定权重,大概是一种较为稳妥的做法,就这部分人为设置内容,算法平台恐怕要承担一定的出版者责任。② 当然,我们应当考虑平台的成本和技术上的难题,以防止克以网络平台过重的法律责任,限制产业发展。法律的制定应当与平台的技术能力相匹配,平衡商业利益和用户权利以及内容合法性之间的关系。

二是调整法律责任原则。第一,增强网络平台信息审查的技术性法律规范。网络平台不仅具有事后排除非法信息的义务,而且应当强化技术保障措施,增强事前防控义务。平台建立主流价值导向的算法推荐模型,如短视频平台借此积极推荐优质内容。设法"利用更先进的侵权内容识别技术更有效地发现和制止侵权"③,平台的管控能力和管控措施"应随着技术进步而不断提升"④。2016年美国总统大选后,Facebook饱受传播虚假新闻的指责,不得不采取设置虚假新闻标签、升级智能甄别系统、加强与事实核查机构的合作、与第三方平台联动、完善算法推荐机制、断绝虚假新闻发布者的获利来源、倾听专业媒体和记者的意见

---

① 林凌、夏梦颖:《网络舆论引导法律规制研究》,安徽人民出版社2016年版,第130页。
② 参见刘文杰:《算法推荐新闻的法律透视》,载《新闻记者》2019年第2期。
③ 魏露露:《网络平台责任的理论与实践——兼议与我国电子商务平台责任制度的对接》,载《北京航空航天大学学报(社会科学版)》2018年第6期。
④ 全国人大财经委员会电子商务法起草组编著:《中华人民共和国电子商务法条文释义》,法律出版社2018年版,第118页。

等一系列举措,展开针对性的治理工作。① 如果某项安全措施已经为本领域的领导者所采用,那么一般来说,行业内的其他成员也应该进行效仿。② 通过强制采取行业内普遍认可的技术保障措施并及时将成熟的措施转化为技术性法律规范,以更好地规范网络平台承担相应的审查责任。第二,健全违法信息审查机制。首先,明确审查标准。对网上信息的合法性的判断,往往涉及很多相互冲突的利益的协调和平衡,这对作为私法主体的网络平台来说有很大困难③,要积极发挥行业协会的作用,出台行业自律规范。例如,中国网络视听节目服务协会发布《网络短视频平台管理规范》及《网络短视频内容审核标准细则》,进一步完善了内容审核管理制度,对短视频内容给予了较为明确的引导。其次,对重点领域加强审核和防控。对于视频内容的审核,应采取更严厉的审核措施,将视频传播色情、仇恨言论的作为法律重点防控的对象。再次,明确技术审查的边界。算法平台主要采取人工和技术双重干预机制,明确技术审查的边界能够进一步明确网络平台的法律责任。例如,对无实质侵害的色情言论,应当有相关的过滤审查技术、机制,在标准之外的,网络平台能够主张免责。最后,完善信息审查机制的法律程序。完善通知—删除规则,对通知—移除的具体流程、处理权限、行为判断等进一步细化。司法实践中应区分不同类型网络平台的合理注意义务,进一步明晰"知道"的含义,建立网络平台合理的责任承担体系。在此基础上,遵循程序正义标准,防止侵蚀用户权利。为规制平台私权力,无论是制定规则还是实施具体管控措施,平台都应遵循基本的程序正义标准。④ 平台应明确封杀相关用户权利的依据,禁止随意删帖,进一步完善异议解决途径。只有在上述不同利益相互冲突、确实无法并存的情况下,才能采取封号、下架视频、断开链接等措施。但同时应当将相关措施和理由及时通知利害关系人,以保障相关用户的知情权,避免造成二次伤害。⑤ 第三,法律增强算法透明度。平台算法透明度的提升,能够使用户监督和检验算法新闻的运作过程,建构用户与智能媒体之间的平衡关

---

① 资料来源:《小扎要发动吃瓜群众事实核查》,http://news.qq.com/original/dujiabianyi/facebookxinjucuo.html,2020年5月26日访问。
② 参见刘文杰:《算法推荐新闻的法律透视》,载《新闻记者》2019年第2期。
③ 资料来源:李洪雷:《平台治理和平台责任对行政法原理的挑战》,http://xueshu.blogchina.com/499021344.html,2020年5月24日访问。
④ 参见刘权:《网络平台的公共性及其实现——以电商平台的法律规制为视角》,载《法学研究》2020年第2期。
⑤ 参见李幸幸:《抖音涉及的法律问题研究》,载《齐齐哈尔大学学报(哲学社会科学版)》2019年第3期。

系。① 实践中,今日头条已经公开推荐算法原理,但仅仅依靠平台的自律显然不足以进行算法治理。在立法方面,欧盟已经就用户的算法反对权、解释权做出立法探索。我国也应当积极寻求对算法的法律规制手段。我国的算法治理实际上镶嵌于平台治理框架之下,通过以平台为抓手,赋权用户在具体场景下享有知情权、选择权和退出权,以实现治理目的。② 美国 2017 年公布了算法治理七项原则:知情原则、访问和救济原则、可问责原则、解释原则、数据来源处理原则、可审计原则、检验和测试原则。③ 虽然这七项原则并非具有强制约束力的法律规定,但是值得我国立法以及行业自律规范的借鉴,建立算法透明度审查、监督、问责机制。例如,要明确规定平台算法排序的价值要素不能与公共利益相悖,严格限制人为的算法操纵。平台需要优先显示赞助商的信息时,应主动公开标注广告,避免误导用户的认知。④ 通过积极推动算法监管体系的完善,应对算法危机。

四、知情权与隐私权、司法权、媒体报道权的冲突与平衡

在法治传播过程中,如若网民行使知情权的信息传播行为不当,极易与公民的隐私权产生冲突。社交媒体环境下,平台还面临知情权和信息隐私权的冲突。此外,知情权行使的失范,易侵蚀司法的公平、公正。同时,媒体报道权与知情权冲突加剧,亟待增强媒体的舆论引导能力,保障的公众知情权。

(一) 知情权与隐私权的平衡

1. 知情权与隐私权权利冲突的本质

知情权是公民的法律权利,指的是公民对于关涉公共利益的信息知悉和了解的权利。隐私权是为了防止公民的私生活秘密以及私人领域受到他人非法干涉和侵入。隐私权与知情权冲突的根源在于,一方面,人类需要保留只属于自己内心世界的安宁,不愿意自己的私人信息被他人侵入、刺探、公开和传播;另一方面,人类极具有好奇心,希望知道自己不知道但又应当知悉的一切,要求社会多

---

① 参见郭小平、秦艺轩:《解构智能传播的数据神话:算法偏见的成因与风险治理路径》,载《现代传播(中国传媒大学学报)》2019 年第 9 期。
② 参见张欣:《从算法危机到算法信任:算法治理的多元方案和本土化路径》,载《华东政法大学学报》2019 年第 6 期。
③ 参见沈伟伟:《算法透明原则的迷思——算法规制理论的批判》,载《环球法律评论》2019 年第 6 期。
④ 参见郭小平、秦艺轩:《解构智能传播的数据神话:算法偏见的成因与风险治理路径》,载《现代传播(中国传媒大学学报)》2019 年第 9 期。

一些公开性,增强一些透明度,以满足其知悉的要求和精神需求。① 新闻自由是知情权实现的重要途径,而隐私权属于公民的基本人格权利,两者在本质属性上是公共利益和个人利益的不同。新闻自由与隐私权的冲突实质是两者在本质属性上的差异。

2. 知情权与隐私权冲突的表现形式以及法律原因

传统媒介环境下,知情权与隐私权的冲突主要表现为记者在新闻报道过程中有可能与个人私事,尤其是公众人物的隐私权相冲突。伴随信息传播技术的迅猛发展,不仅是新闻媒体,自媒体网民、网络平台的窥私能力也显著提升,社会知情与隐私保护的冲突主要源于公共领域和私人空间的交融以及公共活动与私人生活的交叠。② 网络传播环境下公私领域的日益模糊化,加剧了知情权和隐私权的冲突。

一是自媒体网民人肉搜索行为产生知情权与隐私权的冲突。其一,网民人肉搜索行为不区别不同的知情对象。网民为实现知情权而行使人肉搜索行为并不区分不同的知情对象,不同主体隐私权保护的标准的不同,导致知情权与隐私权产生冲突。首先,对于公众人物的隐私保护标准,应当坚持公众人物原则。"所谓公众人物原则,就是指为了平衡大众知情权和公民个人隐私权之间的冲突,对于一些具有社会影响力的公众人物,对其隐私权的保护要受到公众知情权的限制,也即为了满足公众知情权,要限制公众人物的隐私权,对于公众人物的隐私不能像一般公民的隐私那样进行严格保护,以便在公众知情权和公民个人隐私权之间达成大致平衡,这就是公众人物原则的主要内容。"③ 例如,在近年来频发的网络反腐案件中,网民对涉案官员的人肉搜索,基于公众人物原则,难以用隐私权对抗网民的知情权。然而,这并不意味着网民对涉案官员的窥私无底线,如果网民搜索、获取的信息官员并没有发布在公共空间,则关涉其人格尊严的私人信息仍然属于隐私权范畴。涉事官员家人的隐私权的让渡也是有限的,只有当所披露的隐私与公共生活、公共利益有关联,如家庭财产等,才是法律允许的。如未征得涉事主体的同意,擅自在网络上发布、传播"被牵连"官员家属、子女的全部私人信息,那么将承担侵犯用户隐私权的法律责任,从这个角度看,用户知情权受到相关涉事主体隐私权的限制。其次,公众人物按照其自愿性和

---

① 参见翁国民、汪成红:《论隐私权与知情权的冲突》,载《浙江大学学报(人文社会科学版)》2002年第2期。
② 参见卢家银:《论隐私自治:数据迁移权的起源、挑战与利益平衡》,载《新闻与传播研究》2019年第8期。
③ 于淼、杨燕川:《论新闻报道中的公众人物原则》,载《当代传播》2006年第5期。

非自愿性原则来看又有所区分。自愿性公众人物具有较高知名度,获得媒体和公众关注是其所期待的,而且往往能从关注中获取物质或精神利益,网民基于其与公共利益的关联性,传播其部分私人信息并不侵犯其隐私权。而对偶然卷入其中成为公众人物的非自愿性公众人物,如山东辱母案、江歌案的当事人,网民借助人肉搜索曝光其全部私人信息,侵扰生活安宁,则是损害了其隐私权。最后,对于未成年人的隐私权,法律给予了更高的保护标准,即使是未成年公众人物,也应当依法予以保护。对于已经公开的未成年公众人物的私人信息中的敏感信息,应当以尊重未成年人人格尊严为底线的标准,以适当方式进行传播,避免造成对未成年人隐私权的二次损害。① 网络传播环境下,网民针对知情对象的人肉搜索行为往往无法根据隐私主体的身份、影响力、民事行为能力等因素区分行使,致使知情权与隐私权失衡,损害隐私主体利益。

其二,技术动因下隐私风险提升,网络暴力升级,加剧知情权与隐私权的冲突。一方面,智能传播环境下隐私风险加剧。网络短视频平台的发展使用户信息发布更加便捷,甚至实现了涉私信息的即拍即传。伴随万物皆媒,信息传播量、质、速的指数级增强,将促使网民第一时间,从更大空间和维度获得、解读涉私信息,扩大涉私信息传播的范围和影响力。用户不仅对风险无感,而且乐于分享个人信息以获得更好的信息服务,一旦传播的是不当的涉私信息,将加剧用户隐私风险。虽然部分信息是隐私主体同意公开且不属于隐私权保护的内容,但是信息一旦披露,即使是碎片化的信息,借助大数据技术收集、结构化功能,也能够挖掘以及披露其他没有让渡的隐私信息,包括涉及人格尊严极为隐秘的个人信息。即使对隐私信息进行匿名化处理,相关信息的整合依然能够经过关联产生一条隐私信息数据链,产生披露隐私的结果,甚至披露的是权利主体自身都无法获知的个人隐私信息。更何况,个人隐私信息的披露无法逆转,信息主体难以通过删除方式重新返回私人领域。另一方面,算法、VR等智能传播技术的发展一定程度上提升了网络暴力的风险和危害。算法分发新闻易产生"回声室"效应,甚至引发群体极化现象,往往易诱发网络暴力。同时,机器新闻和个性化分发新闻都呈现流量至上,一味追求用户注意力的问题,加剧了现实社会中新闻与经济、政治利益的勾连,某一事件的热度背后往往有人为干预的痕迹。"个体面对海量的信息,很难具备有效处理和筛选的能力,因而会自发地将自己关注的主

---

① 参见林凌、夏梦颖:《网络舆论引导法律规制研究》,安徽人民出版社2016年版,第186页。

题与内容向一部分具有专业话语权、有影响力的人或组织靠近。"①这给网络营销公司或是别有用心之人操纵舆论,继而持续披露涉事主体不当隐私信息或是煽动网民进行人肉搜索提供了可乘之机。而VR技术的发展、媒体社交属性的增强以及表达内容的视频化,进一步刺激网民群体的情绪化表达,网民往往打着满足公众知情权的旗号,对隐私主体进行人肉搜索或是多维表现形式的非常态化解读。算法推荐易产生虚假新闻,加速传播过程中的"内容"变异,最终将使隐私主体的人格利益受到严重的二次伤害。在这一过程中的其他涉事主体虽然并不是公众人物,但也可能因与事件的紧密联系遭到网民的"扒粪"。

二是网络平台中知情权和信息性隐私权的冲突。美国著名学者阿兰·威斯汀对信息性隐私权作出了明确界定:"所谓隐私权,是指个人、群体或机构所享有的决定何时、用什么样的方式以及在何种程度上将其信息对别人公开的权利。"②以今日头条为代表的网络平台的传播影响力日益彰显,成为新时期公众获取信息服务、实现知情权的重要渠道,然而网络平台满足用户个性化信息需求的同时也导致公私领域日益模糊化。算法通过用户的微博等私密性空间中提供个性化服务的方式满足用户信息需求,这就给网络服务商进入私人领域获取私密信息提供了机会。也就是说,社交平台和生活服务平台上的数字化信息已经进入公共传播领域,更容易被访问和收集,我们实际上可能并不知道谁已经获知或者以何种手段记录了这些信息。③ 甚至个别平台在算法新闻推送过程中直接提取用户通讯录等,这部分私密信息如果遭受泄露,势必损害用户隐私权。而网络平台对用户的信息,包括个人敏感信息时常是在用户无意识、不知情的情形下采集的,隐私主体往往没有防范个人数据信息被收集的能力,也并不知道信息收集的范围、用途以及控制传播走向,进而无法控制信息传播所造成的隐私风险。伴随物联网、人脸识别等技术的发展,网络平台以促进用户知情权的最大化实现为由,借助算法不仅能够海量存储更多个人数据,还能够重组、分析、结构化一般信息,披露个人敏感隐私,对个人信息性隐私权构成侵害,而且提取的信息可能产生如宗教、种族等算法歧视,损害隐私主体的人格尊严。用户难以预料关涉自身的单个信息、行为产生的隐私风险。例如,一个在脸书上喜欢(或不喜欢)"扭

---

① 蔡雯、翁之颢:《专业新闻的回归与重塑——兼论5G时代新型主流媒体建设的具体策略》,载《新闻与传播》2019年第7期。
② Alan F. Westin, *Privacy and Freedom*, Athenum, 1967, p.7.
③ 参见莫雅娴:《算法推荐新闻与个人信息保护的冲突和平衡》,载《编辑学刊》2019年第5期。

扭薯条"的人可能不会料到,这一点竟然成为对智力的预测。① 隐私损害后果的不确定性和滞后性削弱了人们的信息自决能力。

从社会发展角度认识网络平台中知情权和个人信息性隐私权的冲突的根源是人工智能产业利益发展与新时期隐私权保护之间的冲突。网络平台想要实现精准化的信息服务就需要精确化地采集用户信息,以更好地推送符合信息主体需求的信息,最大程度地满足公众知情权,而平台往往出于追逐商业利益或是政治合谋的需要,不断扩张和垄断算法权力。斯科特·拉什(Scott Lash)指出:"在一个媒体和代码无处不在的社会,权力越来越存在于算法之中。"② 这意味着个人隐私开始遭遇技术霸权与权力霸权的侵害。③ 网络平台缺乏规制,对个人信息不加限制地采集、跟踪记录、整合,加剧了用户的隐私风险,极易造成个人信息性隐私权受损。由此,卢家银提出:"隐私权的数据自治不再囿于传统意义上的私密保护,开始更多指向隐私的个人信息自决维度。"④ "保持对自己的信息的控制,使之不会受制于他人,以使自己免于被重塑、被物化的危险。这既是个人自治的体现,又是为人的尊严这一终极目的服务。"⑤ 人工智能产业利益的发展固然重要,但是在促进信息流通、实现数据红利的同时,也应基于对人格尊严的尊重,加强隐私保护的需要,强调信息自决权。

三是公民隐私权的法律缺陷加剧冲突。其一,我国传统法律对公民隐私权的保护不尽完善。一开始,《中华人民共和国民法通则》通过对名誉权的保护对隐私权提供间接保护。正如王利明教授所言:"严格来讲,我们现在采用的还是德国的概念,就是人格权的概念。隐私只不过是人格权的一种形式。"⑥ 之后,《最高人民法院关于确定民事侵权精神损害赔偿责任若干问题的解释》《中华人民共和国侵权责任法》将隐私权视为一项独立权利,增强了对隐私权的保护。然而,我国对公众人物隐私权的法律规制并不完善。2003 年 2 月,《民法典》草案建议稿首次提交九届全国人大常委会第三十一次会议审议时,"侵权行为法编"中的"公众人物"被删除。⑦ 传统法律对公众人物的界定、隐私权保护的标准缺

---

① 资料来源:《人工智能时代,不仅隐私被掏空,还要忍受算法歧视?》,https://www.sohu.com/a/249728101_648381,2020 年 3 月 31 日访问。
② 转引自郭小平、秦艺轩:《解构智能传播的数据神话:算法偏见的成因与风险治理路径》,载《现代传播(中国传媒大学学报)》2019 年第 9 期。
③ 参见曾振华:《机器新闻写作带来的数据伦理问题》,载《新闻与写作》2017 年第 12 期。
④ 卢家银:《论隐私自治:数据迁移权的起源、挑战与利益平衡》,载《新闻与传播研究》2019 年第 8 期。
⑤ 李兵:《IT 时代隐私观念与隐私权保护研究》,世界图书出版公司 2016 年版,第 97 页。
⑥ 王利明:《美国隐私权制度的发展及其对我国立法的启示》,http://www.jcrb.com/xueshu/zt/200806/t20080613_22802.html,2020 年 3 月 31 日访问。
⑦ 参见陈堂发:《10 年:媒体侵权诉讼的"公众人物"理念》,载《新闻记者》2009 年第 12 期。

乏法律的明确界定,加剧了实践中网民知情权与公众隐私权的冲突。其二,智能传播环境下对隐私权的保护存在法律缺陷。伴随人工智能技术的迅猛发展,智能传播时代加剧了用户隐私受到侵害的风险,技术的发展因缺乏有效的法律规制,导致媒体公司、利益集团等为实现商业利益、政治利益最大化地收集、处理个人数据,造成个人隐私信息的过度利用及泄露。法律的不完善之处表现为:首先,既有法律未建立健全一般信息和敏感信息的区分化保护制度,对敏感信息的认定缺乏明确标准,基于隐私主体知情同意的信息处理规则难以在智能传播环境下对用户隐私权提供有效保护。其次,亟待进一步明确网络平台隐私保护责任,作出法律的底线规定,增强技术性法律规范,加强对个人敏感信息的风险预防,提高网络平台的注意义务,及时防范用户新技术滥用给隐私主体带来的法律风险。最后,亟待进一步对网络用户赋权,增强数字删除权的保护,而目前对特殊主体删除权的法治保障尚待完善。

3. 媒体知情权与隐私权冲突的解决

博登海默说过:"每个社会秩序都面临着分配权利、限定权利范围,使一些权利与其他(可能相抵触的)权利相协调的任务。"[1]知情权与隐私权都是公民个体的重要权利,只有通过法律进一步增强对公民隐私权的保护,一方面对公众人物隐私权标准进行明确,另一方面增强智能传播环境下隐私权保护的法律适应性规定,才能为知情权与隐私权的平衡提供明确的法律依据和完善的制度支撑。

一是明确公众人物隐私权标准。处理隐私权与知情权的关系通常可依据三个原则:社会政治及公共利益原则,权利协调原则,人格尊严原则。[2] 面对网络环境下网民的人肉搜索与公众人物隐私权的冲突日益加剧,一方面为了公共利益,依据我国法律,限制知情权针对的应是涉及公共利益的隐私部分;另一方面应当坚持权利协调原则,知情权的行使不得以伤害隐私主体的人格尊严为目的,不牵连无关人士。公共利益才是"公众人物"原则确立的核心目的。无视公共利益,只关乎公众兴趣,再高调也不过是"话题人物"。[3] 要结合公众人物的不同类型,以公共利益为原则,划定知情权和隐私权之间的界限。同时,要对官员隐私权予以适当限制。学者张新宝、任彦认为,要适当偏重反腐,以社会公共利益为目的,对反腐中相关人员的隐私权进行限制,但同时强调这并不代表对其隐私权

---

[1] 〔美〕E.博登海默:《法理学:法律哲学与法律方法》,邓正来译,中国政法大学出版社2004年版,第324页。

[2] 参见杨立新:《人格权法》,中国法制出版社2006年版,第312页。

[3] 参见展江、吴薇主编:《开放与博弈:新媒体语境下的言论界限与司法规制》,北京大学出版社2013年版,第282页。

的彻底剥夺,给予涉及腐败案件相关人员的人格尊严最起码的尊重。① 通过网络反腐弥补制度反腐的短板,有助于满足我国严峻的反腐形势的需要,有利于在实践中揭露官民腐败行为,维护公共利益,即使部分涉私信息涉及官员的人格尊严,但基于公共利益,并不能以隐私权限制知情权。对此,陈堂发提出:"对于包含'权力交易'成分的性关系,任何一方当事人包括第三方,出于检举行为的公开揭露,都不应视为隐私侵权行为。"② 对官员隐私权的限制必须严格坚守公共利益原则,网民发布官员涉私信息,若损害其人格尊严,而与公共利益无关,或是涉及官员家人的涉私信息,而又与官员腐败、谋取不当利益无关,则构成对其隐私权的侵犯。即使网民以知情权为由,揭露官员涉私信息,如不雅视频、艳照等,也应当遵循公序良俗,采取必要保护措施,以实现知情权与隐私权的平衡。至于非自愿性公众人物的保护标准,如果与公共利益无关,则自然应当适用普通人的隐私权保护标准,即使因与公共利益的关联性受到限制,但其与从公众关注中获利的文艺界、娱乐界明星等公众人物不同,应当维护其基本隐私和人格尊严。对于未成年人的隐私权,法律则提供特殊保护。对与公共利益无关的未成年人隐私信息应当予以严格保护,法律限制隐私披露的方式和范围。同时,未成年人具有特殊性,在司法实践中,应当以进一步借助司法解释的方式明确监护人同意权的法律限制,以平衡知情权与隐私权的关系。在英国,为维护公共利益对监护人同意权做出限制已有司法实践:英国新闻监管机构独立新闻标准组织裁定,《阿格斯报》可以公布威胁要刺伤同行列车乘客的 15 岁女孩未打马赛克的照片,由于这名女孩是在公共场合做出了威胁举动,因此在未经父母同意的情况下发布其照片是符合公共利益的。

二是完善智能传播环境下隐私保护的法律路径。为更好地保障智能传播环境下的公民隐私权,必须通过法律路径,增强用户对本人信息控制、自决的保障。

其一,增强对个人敏感信息的法律保护。基于数据产业利益的保障,对于一般信息,应当是以促进信息自由和流通为目的;而对于敏感信息,因其包含人格利益,应当给予更高的法律保护标准。首先,突破单一化方式,合理界定个人敏感信息。"以情境和目的作为认定敏感信息的补充,建议结合泄露该信息是否会导致重大伤害、给信息主体带来伤害的几率、社会大多数人对某类信息的敏感度三个考量因素。"③ 在网络企业的实践和司法实践中,要明确敏感信息的保护范

---

① 参见张新宝、任彦:《网络反腐中的隐私权保护》,载《法学研究》2013 年第 6 期。
② 陈堂发:《网络舆论监督行为中的隐私权克减问题》,载《中国广播》2013 年第 6 期。
③ 胡文涛:《我国个人敏感信息界定之构想》,载《中国法学》2018 年第 5 期。

围。在社会常态利用中,除了要让使用者(甚至可设立专门的"数据安全负责人")对作为使用对象的数据或信息审慎判断,尽量不触及个人隐私,还要通过司法裁判者对争议性信息予以司法裁判。① 其次,法律出于满足公众知情权需要,并不限制发布符合公众利益的敏感信息,但这并不意味着不采取相应的保护措施限制披露方式。如果隐私信息基于国家或社会安全的需要一定要利用,比如出于对疫情的考虑,需要掌控并公布一定的信息,那也必须依据法律的明确规定予以使用,且对隐私权的主体要做匿名化处理。② 最后,针对知情同意原则对隐私保护的有效性不足的问题,要依据信息性质及场景的不同,规定不同的知情同意原则,尤其要对敏感信息的告知和同意作出明确、严格的法律规定。张新宝就建议:"适用于比告知同意更严格的标准,如此方能最大限度地保护信息主体的权益。"③

其二,明晰网络服务商的法律责任。首先,基于算法推荐对隐私主体可能产生的难以挽回的严重危害性,应当增强算法平台新闻伦理价值和人文关怀的法治规范,重点对人为操纵算法的行为进行严格限制,避免新闻平台为追逐经济利益而诱发或者助推网络暴力的现象。法律要适当增强平台的注意义务,"对发生严重侵权的特定网络空间,网络服务提供者负有合理期限内的持续注意义务"④。其次,网络平台应当加强技术保护措施,从设计着眼保护隐私制度,增强对当事人隐私设置的前置保护程序,对特定数据处理实施隐私风险评估。平台还应当增强信息的匿名化义务,平台算法要同时兼顾数据主体的可见性与主体性,促进"去身份识别"技术的发展,平衡身份再识别风险与社会效益之间的关系。⑤ 例如,对未成年人作为性暴力受害者等极度敏感的性隐私信息予以特殊保护,技术排除在线标识符,增强信息的匿名化。在此基础上,将行业内普遍使用的技术保护措施适时转化为技术性法律规范。最后,对网络平台作出法律的底线规定。借鉴欧盟法律规定,对大数据背景下的数据画像活动、产生种族民族歧视的特定的数据分析活动,作出严格的法律限制。

其三,保障用户删除权。为应对新时期公众隐私权带来的挑战,需要对用户进行赋权,通过设置删除权,增强公民对个人信息的控制能力,对隐私权实行积

---

① 参见彭诚信:《数据利用的根本矛盾何以消除——基于隐私、信息与数据的法理厘清》,载《探索与争鸣》2020年第2期。
② 同上。
③ 张新宝:《个人信息收集:告知同意原则适用的限制》,载《比较法研究》2019年第6期。
④ 刘文杰:《网络服务提供者的安全保障义务》,载《中外法学》2012年第2期。
⑤ 参见沈向洋、[美]施博德编著:《计算未来——人工智能及其社会角色》,北京大学出版社2018年版,第44页。

极保护,以平衡知情权和隐私权的冲突。目前,删除权在欧盟、美国、日本等许多国家的立法中被广泛引入。我国立法也进行了探索,如在儿童这一特殊义务主体上进行了删除权的规定,增强对儿童隐私权的法律保护。今后,我国法律应当进一步完善删除权的法律规定,以特殊义务主体以及敏感信息保护领域为试点,构建完善的删除权权利体系。例如,在儿童享有删除权之外,明确 14 岁以上未成年人的监护人撤回同意的具体情形;重点明确网络运营商审查删除请求的合理性与可行性,司法实践中不断提升法律的可操作性,为企业制定明确的删除责任和标准。同时,注意以立法平衡公民隐私权和知情权之间的关系,"在适用中必须对普通信息和新闻报道信息进行区分,给新闻报道信息在互联网世界中自由传播留下空间和余地,使得新闻价值获得更好的体现"①。通过具体的制度设计和司法解释的形式,防止在网络反腐案件中官员以主张删除权保护个人隐私为由,从事非法删帖行为,限制公众知情权。日本最高法院在 2017 年 1 月 31 日作出的一起判决中认为,当搜索结果中包含与他人隐私相关信息或者含有此类信息的文章的时候,认定该搜索结果是否非法应当权衡禁止披露该信息的法律利益与允许正常提供搜索结果的法律利益。其中,应当考虑以下因素:(1) 该信息的性质与内容;(2) 该信息被传播的范围,以及当事人因搜索结果的提供而遭受损害的程度;(3) 当事人的社会地位和影响力;(4) 包含有该信息的文章的目的与价值;(5) 文章公开时的社会背景以及随后的变化;(6) 该文章是否需要将此类事实或信息包括在内。② 日本司法判例为我国司法实践提供了有益借鉴,有利于为实现用户删除权和公众知情权的平衡提供更加清晰、明确的法律标准。

(二) 知情权与司法公开的平衡

1. 媒体知情权与司法公开冲突的表现

知情权与司法公开的冲突实际上就是新闻媒体在采访报道的过程中如何保障媒体知情权的规范行使,避免干预司法审判活动。媒体知情权与司法公开冲突的表现为:

第一,司法对传媒的限制。司法信息不公开或公开不当,限制了公众知情权的实现,弱化司法权威和公平性。

其一,司法信息不公开。在 2012 年 7 月美国科罗拉多州一家剧院的血腥枪杀案中,霍姆斯被控杀害 12 人、打伤 58 人,此案涉及公共安全,因而司法过程

---

① 杨紫光:《从"被遗忘权"看隐私权与知情权的冲突平衡》,载《今传媒》2015 年第 7 期。
② 参见周学峰、李平主编:《网络平台治理与法律责任》,中国法制出版社 2018 年版,第 284 页。

中,法官斯威特发出一道对警察、政府官员和律师的"封口令"。斯威特法官认为:"保留公正审判的权利使审判前减少案件当事人的信息的扩散成为必需,尤其是涉及陪审团审判时。"①由此可见,公众知情权的行使并非毫无限制,其受到依法保密的司法信息的限制。然而,实践中或是由于个别司法机关存在司法腐败,有遮蔽违法行为的需要,或是由于司法从业人员无法适应网络时代的发展步伐,未及时转变传统的司法信息保密观念,倾向于设置司法信息壁垒,导致司法信息披露不及时、不充分,限制公众知情权的实现,加剧公众对司法不公的质疑,甚至引起公众对司法黑幕的猜疑,弱化司法的权威和公正性。在刘涌案中,法院使用了"鉴于……本案的具体情况"等很不严密的说法,在接受媒体的采访时,也始终没有从法律的立场给出权威解释。因此,关于刘涌案件的种种猜测就始终未能平息。正是由于信息披露的不充分,客观上损害了公众的知情权,才导致大众传媒和公众对审判公正性的怀疑。②

其二,司法公开不当。媒体审判是西方新闻传播法中的一个概念,伴随网络舆论的发展,又被称为"网络审判"或者"舆论审判"。无论做何定义,其本质上强调的都是"民意"对于司法审判的独立性和公正性所产生的负面影响。伴随自媒体的迅猛发展,普通网民的传播权获得了极大的扩张,如果对律师、法官、新闻记者等特殊传播主体利用自媒体发表涉案言论不加以限制,随意发表的倾向性言论将导致司法信息公开不当的结果,产生舆论审判现象,影响司法公正。在药家鑫案中,张显作为受害人张妙的诉讼代理人,通过微博披露了许多药家的情况,如"药家鑫曾花巨资美容""药父军方背景强大"等。这些消息虽然后来都被证实是虚假的,但无疑在案件审理过程中对于舆论的煽动产生了巨大影响。③对部分特殊内容,如涉案当事人的个人信息、刑事案件侦查期间的案情等敏感信息,依法是不予以披露的。如果媒体或特殊传播主体予以披露,不仅违反法律规定,披露的信息可能侵犯涉案人隐私权、名誉权等权利,而且极易产生谣言,误导公众,引发舆论审判现象,影响司法的公平和正义。

第二,传媒对司法的不当介入。媒体报道的内容应当依据法律程序,尊重法律事实,不能妄加猜测,对公众进行错误引导,从而保障司法公正,亦是规范媒体报道、满足公众知情权的需要。

其一,在报道事实内容方面,媒体为迎合受众心理,对事实的叙述进行夸大

---

① 转引自罗斌:《美国司法与传媒关系动向》,载《人民司法》2014年第19期。
② 参见禹继来:《论传媒监督与司法公正——对黄静案与刘涌案的思考》,载《新闻天地》2008年第2期。
③ 参见肖遥:《舆论对司法审判的影响——以药家鑫案为视角》,载《网友世界》2012年第11期。

或曲解,缺乏法律的规范性。法律的严肃性与专业性要求媒体报道案件时应当符合法律规范,但现实中媒体常常缺乏法治思维,在报道时选择吸引眼球的方式,以牺牲法律事实的方式打动受众,弱化了媒体的公共属性,引发公众对法律的误读,极易引发公众对法院定罪量刑的质疑,削弱司法的权威性和公正性。另外,许多传统媒体新闻报道的素材来源于涉案当事人的微博、微信朋友圈、QQ空间、论坛等社交平台,记者基于这些未经证实的信息进行组织报道,一方面影响了新闻的真实性,另一方面难免因个人立场、观点对素材进行取舍甚至断章取义,而无法完整呈现事件面貌,影响了报道的客观公正性。有时我们还能看到大量的围绕事件展开的微博、微信帖子,补充交代事件的来龙去脉,看似站在全知全能视角对事件进行报道,实则往往是彻头彻尾的虚假信息。[①] 对缺乏法律规范、未经证实、虚假的不当信息的报道极有可能产生强大的网络舆论影响力,致使网络舆论质疑法院判决,误导公众,影响司法公正。

其二,在报道方式上,媒体报道未坚持客观性标准,采用标签化、悲情叙事的方式,煽动公众情绪,导致网民无端质疑司法公正。在报道方式上,媒体以"标签化"的表现形式进行叙事。例如,在"张扣扣案"的相关表述中,将杀死邻居一家三口的凶手张扣扣说成是替母复仇的侠士,严重扭曲了刑事案件中法律的是非因果关系;[②]在药家鑫案中,媒体将药家鑫贴标签为"富二代",使公众基于对"富二代"的刻板印象,对其"预先审判"。媒体报道不仅以贴标签的方式进行,而且存在着强烈的悲情化、情绪化色彩。"悲情叙事"是凸显和建构弱者疾苦的叙事方式,借助语言文字等方式将苦难展示给受众,营造悲悯的气氛,唤起受众情绪。[③] 新闻报道的情绪化表现为媒体站在困难群体或者多数受众一方,以强化受众情感倾向的方式发表意见,伸张正义,此时,公众关注的并非是事件法律层面的解决,而是道德批判并伴随着强烈的情绪宣泄,引发理性与情感的强烈冲突,进而与法律的公正性产生错位。在"邓玉娇案""药家鑫案""江歌案"等报道中,媒体通过悲情叙事手法维护困难群体的权利,不仅加剧了情与法的冲突,而且使公众对困难群体产生同情,忽视案件中的法理因素,对法律误解甚至抵制,

---

[①] 参见陈龙:《民粹化思维与网络空间底层叙事的天然正义性话语修辞》,载《社会科学》2018年第10期。

[②] 参见陈龙:《"借题发挥":一种中国特色的网络舆论话语生成模式》,载《新闻与传播研究》2019年第12期。

[③] 参见王金红、黄振辉:《中国弱势群体的悲情抗争及其理论解释——以农民集体下跪事件为重点的实证分析》,载《中山大学学报(社会科学版)》2012年第1期。

破坏了法治环境。社会判断理论指出,当外部刺激信息与原有认知图式愈加相似时,个体原有的态度愈加不容易改变,而个体的自我参与度极大地强化了这种同化效应。① 在社会转型期,公众的挫折感、焦虑情绪易引发公众强烈的仇官、仇富等情绪。新闻媒体的贴标签、煽情化报道等方式,刺激了公众的身份认同、意识形态对立的个体框架作用的发挥,造成公众群体极化现象加剧,使公众接受偏激甚至违法的观点,最终后果是不仅不能以法治事件为契机,彰显媒体促进公众法律认知和法律素养提升的功能,反而会引发公众的非理性情绪泛滥,致使公众毫无理由地猜疑涉案当事人,质疑司法公正。

其三,在报道程序上,新闻媒体的报道违背法律规定,产生媒体审判,影响司法公正。魏永征认为,"媒体审判"是指新闻媒体报道正在审理中的案件时超越法律规定,影响审判独立和公正,侵犯人权的现象。这种现象多数发生在刑事案件报道中,主要表现为在案件审理前或判决前就在新闻报道中抢先对案件进行确定式报道,对涉案人员做出定性、定罪、量刑等结论。② 国际人权公约和我国刑事诉讼法都确定了无罪推定原则。然而,在实践中,媒体在复杂的、似是而非的事实认定以及法官量刑轻重上抢先以戏谑、夸张的叙事方式对案件实体问题进行讽刺,甚至做出定性结论,如将审判阶段的被告人直接称为罪犯,给涉案人定罪。此类违背法律程序的报道往往产生强大的网络舆论影响力,如果司法判决未达到网民的预期,将引发公众对法院定罪量刑判决的质疑,损害司法的公正性。在蒋艳萍案中,随着开庭日期的临近,某些媒体称蒋艳萍为"犯罪人员",有的"指控"蒋艳萍用肉弹轰炸 40 多个厅级以上领导干部,有的称蒋艳萍为"三湘头号巨贪",有的甚至以"枪毙还少了"为标题……开庭那天,《中国青年报》记者在一家打字店就听到店老板这样议论:"媒体都判了,法院还审什么?"③ 即使法院判决达到舆论的预期,但是我们也无法忽视媒介审判造成的不良后果:人们会怀疑法院的判决受到舆论的影响。"传媒先给嫌犯定罪,不按程序办事,即使法院后来的判决正确无误,人们也会怀疑是媒体影响的结果。"④这无疑将严重削弱司法的独立性。实践中,司法机关在人事、财政方面依赖政府部门,同时受到人大代表监督。因此,人大代表、行政权力具有干涉司法的能力,如果媒体知情权行使不当引发媒体审判,产生强大舆论压力,往往导致人大代表等舆论监督力量、行政力量向司法部门施加压力,影响司法的独立性。正如李兵、展江所言,中

---

① 参见刘涛:《环境传播:话语、修辞与政治》,北京大学出版社 2011 年版,第 176 页。
② 参见魏永征:《新闻传播法教程》(第三版),中国人民大学出版社 2010 年版,第 97 页。
③ 章洁:《媒体监督对司法独立的影响》,载《当代传播》2005 年第 6 期。
④ 陈力丹:《不能再搞"媒介审判"》,载《新闻界》2013 年第 22 期。

国媒体影响司法的基本模式是"媒体影响领导,领导影响法院"①。"司法者的独立程度决定着司法者与法律的接近程度,司法者独立性越强,就越有可能遵从法律的精神和原则;反之,就越有可能远离法律的精神和原则。"②

2. 权利冲突的本质

一是法律真实与新闻真实的区别。新闻真实与法律真实的特性不同,新闻真实是媒介通过提供公共事件的相关信息为受众构筑一个"真相"。新闻报道是主观的,具有倾向性,即使是对真实情况的陈述,也能够因叙事的差异或是只是提供一方当事人的陈述而影响公众对事件的判断。而法律事实是司法审判活动之下理性的产物,具有规范性和严谨性,是在严密的法理推断之下得到法定程序认定的证据事实。法律事实与新闻真实的不同特性决定了法官与记者对事实的态度、判断产生差异,致使新闻真实与法律真实的范围不同。媒体自己采访的这些事实内容,有的是司法机关进行分析、判断后,难以认定其真实性而排除的内容;有的是司法机关认为与案件定性、处理无关的内容,比如犯罪行为人的成长历程、案外人员的说法等;还有的是司法机关遗漏的与案件处理有关的内容。③二是媒体新闻报道与司法审判活动的程序与追求目标的不同。在程序上,媒体报道追求时间快,司法审判活动则强调程序性强。媒体是市场主体,为了追求经济效益而抢先报道,争夺受众注意力。新闻报道追求时间快,这导致对有限信息先行报道,甚至是传播未经核实、虚假信息或是对案件进行炒作。而司法审判活动对事实的认定建立在证据充分的基础上,且需要严格遵循司法程序,进而做出裁决。在追求目标上,新闻报道追求的目标是道德意义上的公正,对于涉法事件的报道极易违背法律理念,用价值判断代替事实判断,由法律探讨演变成道德谴责。"新闻媒体报道的道德立场往往使传媒囿于情感性判断,而较少顾及司法行为技术化、理性化、程序化的运作方式。一旦形成道德意义上的结论,传媒便尽量利用道德优势来表达自己的要求和倾向。"④司法活动必须以事实为依据,以法律为准绳,严格依据证据对犯罪嫌疑人的行为以及相关事实进行认定,在法定程序的指引下进行推理和判断,且虽然司法活动受到舆论监督,但是舆论监督应当有限度,司法机关依法享有独立行使审判的权利,司法人员应当避免受到舆论

---

① 李兵、展江:《"媒体审判"真伪辨》,载《中国地质大学学报》2014年第5期。
② 吴湘韩:《寻找司法独立与媒体报道的平衡点》,载《中国青年报》2002年5月24日。
③ 参见刘金林:《网络传播下的案件报道:新闻真实与法律真实如何消减"冲突"》,载《中国记者》2017年第6期。
④ 张伟:《关于新闻自由与司法公正的制度设计》,载《河南商业高等专科学校学报》2003年第2期。

的不当干扰。若过分追求网络舆论监督所追求的道德意义上的公正,将使司法沦落为道德宣判,这与司法审判活动所追求的审判独立、客观公正是背离的。

3. 司法权对媒体知情权的限制与保护

第一,增强对特殊主体传播权的法律限制。为防止"媒体审判",应当对新闻记者、律师、法官等特殊主体发表的言论以及涉及案件的敏感信息等特殊内容进行限制。

首先,应当将具有媒体从业资格的人员视为特殊主体,使其承担特殊的法律责任。《最高人民法院关于人民法院接受新闻媒体舆论监督的若干规定》中规定,对正在审理的案件报道严重失实或者恶意进行倾向性报道,损害司法权威、影响公正审判的依法追究相应责任,但并未对如何界定媒介审判的程度以及承担的具体责任作出明确规定。[1] 应当借鉴域外法律规定,加强立法,对媒体报道司法的方式、内容、责任承担方式作出明确规定。尤其应当适应自媒体环境的变化,对媒体从业人员的言论发表进行法律规定。基于媒体从业人员具有较大的社会影响力,一旦利用新媒体发表涉案言论,往往能对公众舆论产生引导。因此,承担的言论发表的注意义务应当高于普通人。应当在参照现行《中国新闻工作者职业道德准则》的基础上,制定专门性的法律规定,明确媒体从业人员在不同新媒体平台发表言论的边界,明晰媒体从业人员所承担的法律责任。

其次,对律师以及法官、检察官等司法工作者利用媒体对司法活动进行评价的言论进行法律规制。其一,若对律师在庭外的涉案言论不加以规制,则可能引发舆论审判,或是使法官迫于舆论高压进行审判,损害公正审判,或是判决未达到公众预期,引起公众对司法公正的质疑,降低公众对司法的信任。对此,域外法律、规范性文件对律师庭外涉案言论做出了明确限制。《美国律师协会职业行为示范规则》第3.6条规定,原则上正在参与或者曾经参加关于某事务的调查或者诉讼的律师,如果知道或者合理地应当知道其所作的庭外言论会被公共媒体传播,并对裁判程序有产生严重损害的重大可能,则不得发表这种庭外言论。[2] 当前,律师庭外言论对我国司法审判造成的负面影响在药家鑫案等案件中都得到体现,我国还没有对律师庭外的涉案言论作出完整的规范,《中华人民共和国律师法》(以下简称《律师法》)只规定了"律师对在执业活动中知悉的委托人和其他人不愿泄露的有关情况和信息,应当予以保密",并无律师不得以发布庭外言论影响独立审判的规定;中华全国律师协会《律师执业行为规范》和《律师协会会

---

[1] 参见屈高翔:《后真相时代媒介审判的扩张与规制》,载《文化与传播》2019年第1期。
[2] 参见吕晨:《规范律师言论的域外经验和启示》,载《中国司法》2017年第12期。

员违规行为处分规则(试行)》中,有关律师庭外涉案言论特别是自媒体言论的规则,基本上也是空白。① 因此,应当明确律师言论自由的范围,一方面保障律师依法发表涉案言论,行使辩护权的法定权利,另一方面使律师对涉及案件的言论有更高的注意义务。正如加州大学的沃洛克教授所言:"政府大力管制律师言论,因为律师被看作是法庭上的官员。"②对律师庭外言论的发表划定法律的底线规定,在已有律师规范的法律规定基础上,"明确禁止律师这一特殊主体在自媒体上发表非司法机关认定的事实、法庭辩护意见等与案件审理紧密相关的言论"③,尤其限制刑事司法案件中的律师庭外言论,禁止损害公正审判,以防止律师故意操纵舆论,损害司法的独立性和公信力。其二,对法官、检察官等司法工作者对司法活动进行评价作出法律的底线规定。例如,澳大利亚对法官使用社交媒体发表涉案言论做出了明确的法律限制。针对当前我国法官在应对媒体报道时自我调节能力较弱,尤其在自媒体环境下,法官迫于外界舆论压力,加上相关法律文件缺乏明确规定,而对信息披露无所适从,从而产生不当的庭外言论,影响审判的公平性。域外的政策制定颇具借鉴意义,我国应当进一步完善法官庭外言论的法律规定,对其作出法律底线性规定。

第二,推进司法公开,增强对公众知情权的保障。其一,加强立法和技术保障,推进司法公开,减少媒介质疑。在《最高人民法院关于加强人民法院审判公开工作的若干意见》《中华人民共和国人民法院法庭规则》等法律法规的基础上,进一步明确司法信息公开的范围。完善《刑法》第308条之一的规定,对"司法工作人员、辩护人、诉讼代理人或者其他诉讼参与人,泄露依法不公开审理的案件中不应当公开的信息,造成信息公开传播或者其他严重后果的"规定中的"不应当公开的信息""严重后果"等予以法律的明晰规定,防止司法信息壁垒设置的模糊化,限制了司法信息的公开。同时,增强司法公开的法律保护力度。当前我国司法信息公开的法律规定以司法解释、规范性文件为主,法律位阶较低,法律效力有限。在2014年两会上,全国政协委员汤维建教授已经建议制定"司法公开法"。今后,有必要在此基础上,进一步推动司法公开,如通过利用新兴技术,增强技术保障。"先前工商业社会那些物理时空的阻隔、不可预测的行为和心理、不可预知的事件和状态等等,如今都可以凭借数据分析技术做到清晰可见;原来只能通过墙板告示、纸介媒体、广播电视等进行的平面化信息公开,如今则通过

---

① 参见魏永征:《"李案"余波和律师自媒体涉案言论的边界》,载《新闻记者》2014年第3期。
② Eugene Volokh, *The First Amendment and Related Statutes: Problems, Cases and Policy Arguments (3rd Edition)*, Foundation Press, 2010, p.476.
③ 林凌、夏梦颖:《网络舆论引导法律规制研究》,安徽人民出版社2016年版,第208页。

官网链接、网络直播、网络庭审、在线非讼调解（ODR）等双重空间、即时互动的全新样态,来实现数字化、立体化的全景呈现。"①充分利用互联网的可视化特征,完善庭审直播,使公众在可视分享中近距离了解司法裁判,进而在司法公开中感受司法的公平和正义。其二,加强重大案件披露、异地、延期审理等制度建设,完善重大案件信息披露制度。审判公开是司法公开的核心内容,近年来,最高人民法院出台一系列旨在推进审判公开的司法解释和规范性文件,如《关于加强人民法院审判公开工作的若干意见》《关于司法公开的六项规定》《关于人民法院接受新闻媒体舆论监督的若干规定》《关于人民法院在互联网公布裁判文书的规定》《司法公开示范法院标准》等,完善了我国司法审判公开制度。实践中,司法公开进一步推进。2019年10月,云南省高院将社会关注的孙小果再审案分为公开审理和不公开审理两部分,对寻衅滋事罪部分进行公开审理,允许公众旁听、媒体报道,对涉及被害人隐私的强奸罪、侮辱妇女罪、故意伤害罪进行不公开审理。②但是,对于刘涌案、李昌奎案等引发公众强烈关注的重大刑事案件,司法信息公开却依然不及时、不全面。实际上,对于社会关注度越高的案件,司法部门越是依法及时、主动公开案件相关信息,利用网络平台拓展公开渠道,积极回应公众诉求,消解公众的误解,越有助于增强公众对司法的信任感,避免媒介审判影响司法公正。司法机关应当以保障采访权为基础,建立媒体与司法沟通的渠道,增强司法机关对新闻媒体的回应能力,完善重大案件披露制度,提升审判透明度、公开度,推进司法公开更加务实,保障新闻媒体知情权的实现,进而提升司法的公信力,为司法公正提供保障。一方面,司法公开并不意味着涉案信息公开的范围无限制,增强媒介介入司法的制度建设有助于进一步明确司法公开的底线,平衡司法和媒体的关系。最高人民法院于2009年12月出台的《关于人民法院接受新闻媒体舆论监督的若干规定》中要求,人民法院发现新闻媒体对正在审理的案件进行倾向性报道,可以向新闻主管部门、新闻记者自律组织或者新闻单位等通报情况并提出建议。③该规定在司法审判和媒体报道之间划定了法律界限,其中"可以"的规定体现了法律对媒体知情的宽容以及必要限制的法律原则。今后应当进一步完善媒体监督、知情方面的相关法律法规,坚持媒体监督

---

① 马长山:《数字社会的治理逻辑及其法治化展开》,载《法律科学（西北政法大学学报）》2020年第5期。
② 参见中国传媒大学文化产业管理学院文化法治研究中心:《2019年中国传媒法治发展报告》,载《新闻记者》2020年第1期。
③ 参见翁杨:《新闻立法视域下的舆论审判及其规范原则研究》,载《现代传播（中国传媒大学学报）》2016年第3期。

与司法公开的统一。另一方面,加强异地、延期审理的制度建设有助于避免舆论对司法的干扰,维护审判独立和公正。在美国谢帕德诉麦克斯维尔案中,最高法院指出的解决方案是,当存在一种合理的可能认为审判之前的有偏见的新闻报道会阻碍公正审判时,法官应该在这种威胁减小时继续审判或者将其移送到公共舆论不那么热烈的地区去再做审判。① 我国应当结合国情,完善司法程序设置,加强异地、延期审理制度建设,以减少舆论对司法公正与独立的干扰。我国法律也对异地审理或者延后审理进行了规定,应当进一步完善异地、延期审理和变更管辖等制度,对于舆论影响较大的案件可以进行异地或者延后审理,以阻断不当舆论给法官审判带来先入为主的影响,也防止地方政府机关迫于舆论压力而强压民意于司法部门,干扰司法审判独立、公正的情形的发生。

(三) 知情权与媒体报道权的平衡

1. 媒体报道权与知情权冲突的形式

第一,媒体"失语",致使公众无法实现知情权。媒体基于特殊利益不及时发布信息,甚至封锁信息,对应当公开的信息设限,贻误信息公开的时间,致使公众无法及时获取充分的信息。媒体之所以限制报道权,一是受到政府的压制。中国的新闻业不仅受到商业化运作的影响,也受限于政治因素的制约。② 上级政府或是地方政府基于自身特殊利益需求设置阻碍,政府对媒体信息发布进行不合法、不合理的限制,不让媒体"乱说话",甚至是进行封杀,媒体基于政府的长官意志操纵而"失语"。二是受到利益集团的影响。媒体与利益集团结成同盟,沆瀣一气,传播不当信息,扰乱舆论生态环境。

第二,媒体报道违背真实性原则,限制公众知情权。媒体报道违背真实性原则表现为新闻报道中无法向公众传递真实、完整、准确的信息,进而未有效发挥媒体舆论引导的功能。一方面报喜不报忧,用宣传价值取代新闻价值。2019年10月10日无锡高架桥坍塌事件中,"无锡发布"的新闻发布又引发争议,关于政务媒体代表政务机构利益、遵循宣传主义逻辑与服务公众知情权之间的矛盾冲突引起更多深入思考。③ 另一方面进行不适宜的报道。其一,发布曲解性、误导性信息,消解政府治理的积极效果,甚至引发公众对抗政府。媒体站在弱者一方,借助框架理论,塑造民粹主义心态,加剧公众对政府印象的刻板化,致使新闻

---

① 参见周甲禄:《舆论监督权论——宪政"第四权力"》,武汉大学2004年博士学位论文。
② 参见党生翠:《"公共知识分子"、"传媒知识分子"与"节目专家"——传媒时代知识分子与大众传媒关系探析》,载《当代传播》2006年第1期。
③ 参见中国传媒大学文化产业管理学院文化法治研究中心:《2019年传媒伦理问题研究报告》,载《新闻记者》2020年第1期。

报道偏离事实,歪曲公众认知,激化政府与公众之间的矛盾。其二,发布信息不准确、不完整。近年来,新闻媒体机构虽然能够适应自媒体时代对信息发布速度的要求,及时满足公众的信息需求,但是也存在一味追求信息发布速度,造成关键细节未经充分调查、核实,造成报道不准确、不完整、不一致的情形。在"刺死辱母者"报道中,报道称杜志浩"用极端手段侮辱苏银霞",但对极端手段是什么却并未交代,这一模糊用词引发生殖器猜想并在网上流传。① 媒体回应内容的模糊性致使网民质疑一审判决,激化司法部门和公众的矛盾,且媒体也未尽审核义务,发布了虚假新闻。网络环境的信息共享更加便捷,加之专业媒体日益追求流量,一定程度上弱化了媒体的内容核实责任。就像美国记者奥弗霍尔泽所说的那样:"一旦一则新闻出笼,似乎与之相关的所有新闻都是真实的,报道被一家媒体所决定——被一家报纸或电视台的叙述所决定……部分原因是新闻机构已经被联合在一起,部分原因是电子媒体的报道方式,我们都在一个槽里进食。"②

第三,媒体报道失当(新闻价值取向错位),侵蚀公众知情权。媒体是市场主体,为实现经济利益,必须重视公众兴趣和需求。但是,"新闻媒体在满足受众的兴趣与需求过程中是否符合受众的需要——有益、有用、有趣应当成为信息选择和传播的衡量标准"③,即媒体只有承担社会责任,坚持公众兴趣与公共利益的统一,及时传播满足社会公众合理、健康的兴趣的信息,才能充分实现公众的知情权。当前媒体报道新闻价值取向错位表现为:一是媒体作为经营机构,出于对商业利润的追求,新闻报道更多站在广告主利益一方,而非基于公共利益进行平衡报道;或是为了片面追求受众的阅读、视听兴趣而牺牲媒体应当承担的社会责任,违背传媒伦理,报道低俗、刺激、吸引眼球的风险事件,传播不健康的负面信息,严重侵蚀公众知情权。二是媒体进行煽情报道,报道缺乏审慎、专业、深度和权威性,缺乏平衡、客观性,未对事件进行立体式呈现,加剧公众情绪化,造成公众认知偏差。在复旦大学研究生林某投毒案中,自媒体对案件背后的深层次问题缺乏关注,而大量求情信却在短时间内被公布,煽动公众非理性情绪,影响受众对事件的正确认知。

---

① 参见中国传媒大学文化产业管理学院文化法治研究中心:《2017年传媒伦理问题研究报告》,载《新闻记者》2018年第1期。
② 转引自〔美〕比尔·科瓦奇、汤姆·罗森斯蒂尔:《新闻的十大基本原则》(中译本第二版),刘海龙、连晓东译,北京大学出版社2014年版,第78页。
③ 郑瑜:《公众兴趣与公众利益》,载《当代传播》2006年第6期。

2. 新的媒介生态环境下知情权与媒体报道权的冲突

第一,从新闻行动者角度出发,新闻报道与公众知情权冲突加剧。商业利益导向的平台媒体介入内容生产,侵蚀公众知情权。知情权这一概念可以从两个层次上理解:一方面是作为报道活动前提的知情权,这是为了保障信息传递者的自由,与"采访自由"几乎是同义的;另一方面是信息接受者的自由,即收集、选择信息的自由。① 公民收集、选择信息的自由取决于信息供给池生产的信息内容以及新闻的分发机制,当前微博、微信、今日头条等互联网平台媒体导致内容分发的渠道转移、把关选择权以及审核标准发生改变。其一,对新闻聚合平台而言,学者黄淼认为:"在新闻业的价值标尺中,新闻聚合平台就具有明显的商业利益导向和价值观缺失。"② 新闻聚合平台以算法分发为主要特征,看似中立的算法技术具有明显的商业化特征。与此同时,平台的运行逻辑是借助关键绩效指标等量化指标以及惩罚性措施对内容生产者进行规训和控制。③ 兼为立法者和执法者的平台及其算法代表了一种难以反抗的控制,使内容生产者不得不让渡自身的主体性和创造性,以进入平台所主导的注意力经济逻辑之中。④ "量化指标是商业利益导向的实现工具,但这些指标不仅难以确切衡量媒体产出的深层文化价值,还有可能催生唯数据是从的行业乱象。"⑤ 虽然聚合平台自身并不生产新闻,平台信息源主要来自自媒体、普通网民、传统媒体,但伴随传播影响力日益彰显的聚合平台成为我国当前主要的新闻信息传播形态,平台媒体对传统媒体的收益以及传播影响力能够产生直接影响,导致倚靠平台影响力生存的传统媒体易被平台规训,在新闻报道中追求商业利益和眼球效应。传统新闻机构正在沦为依靠智能算法进行分发的自媒体内容供应商。无论是新生的新闻聚合应用还是大报的新闻编辑室,都在抛弃传统的专业伦理标准,把追求"10万+""100万+"作为内容采编的核心目标。⑥ 在近年来频发的制造、传播虚假新闻背后,无不与新闻机构迎合平台媒体的商业逻辑,一味追求传播效果,忽视新闻选题价值和采写质量有关。一旦传统媒体的报道缺乏新闻的专业性,沦落为自

---

① 参见陈绚:《在公民知情权与信息公开中寻找平衡——兼议新闻发布制度的建立》,载《国际新闻界》2004年第3期。
② 黄淼:《算法推荐平台中新闻聚合的特征与思考》,载《青年记者》2019年第10期。
③ 参见翟秀凤:《创意劳动抑或算法规训?——探析智能化传播对网络内容生产者的影响》,载《新闻记者》2019年第10期。
④ 同上。
⑤ 黄淼:《算法推荐平台中新闻聚合的特征与思考》,载《青年记者》2019年第10期。
⑥ 参见王维佳:《专业主义的挽歌:理解数字化时代的新闻生产变革》,载《新闻记者》2016年第10期。

媒体内容供应商,新闻的舆论引导功能、权力监督功能将难以实现,如产生极端化和民粹化、无法平衡报道、保障困难群体利益、可能遮蔽真相等问题,严重侵蚀公众知情权。其二,对于社交媒体平台而言,以微博、微信等为代表的社交媒体平台已然成为人们获取信息的主要渠道。2016年的社交媒体新闻使用报告显示,62%的美国成年人通过社交媒体来获取新闻,最常使用的社交媒体平台是Facebook、YouTube和Twitter。① 而社交媒体存在过度商业化倾向,将新闻报道行为视为一般市场行为。艾瑞咨询发布的《2017年中国微信公众号刷量专题研究报告》显示,2017年86.2%微信公众号运营者曾有过刷量行为。② 社交媒体为了吸引受众注意力,实现商业利益,往往忽视对事件真相的关注,为制造、推动舆论风波升级,极易产生内容传播的泛娱乐化、低俗化、情绪极化甚至传播虚假信息的问题。陈龙认为,社交媒体空间新闻发帖已完全不同于传统新闻,新闻伦理规范已失去约束力。断章取义、夸大事实的"标题党",耸人听闻的导语,来路不明的引述,简单直接的是非判断,这些构成了社交媒体的新型新闻基模。③

传统媒介环境下,媒体是公众获取信息,实现知情权的重要渠道,专业机构的新闻报道坚持真实、客观、公正的原则,以对公共价值的判断和引导为目标,进而保障公众知情权的实现。而如今以商业利益价值为导向的聚合平台、社交媒体平台成为获取新闻的主要平台,致使一方面依托平台的自媒体、专业机构的内容生产产生泛娱乐化倾向,弱化媒体服务的公共属性,另一方面媒体往往在平台商业变现思维的指引下,不遵循客观公正的报道原则,选择煽动性、情绪化、极端的新闻事件作为炒作对象,致使新闻报道易偏离事实真相,扰乱正常的传播秩序,甚至引发道德审判和公众对政府公共权力运行以及司法公正的质疑,此外还容易产生大量虚假新闻,导致公众产生错误认知。从这个角度看,商业利益导向的平台新闻业加剧了新闻报道与公众知情权之间的冲突。

第二,从新闻受众角度出发,知情权与新闻报道的冲突加剧。一是公众受现实社会情绪焦虑以及虚拟空间传播乱象等因素影响,倾向于相信虚假新闻。在社会转型期,社会矛盾日益凸显,公众的相对剥夺感较强烈,现实社会中长久压抑的民众焦虑、愤怒情绪极易在虚拟社会中呈现和爆发。2019年成都七中食堂

---

① See Gottfried. J & Shearer. E, News Use Across Social Media Platforms 2016, PEW Research Center.
② 资料来源:Keso:《公众号的生态和病态》,https://mp.weixin.qq.com/s/8h5_NfndOPfOflaphaGdA,2018年5月29日访问。
③ 参见陈龙:《"借题发挥":一种中国特色的网络舆论话语生成模式》,载《新闻与传播研究》2019年第12期。

事件就是对食品安全焦虑的典型案例,该事件一度引发全国关注,形成舆论声浪。虽然这起事件发生了反转,最终证实是肇事者故意摆拍制造假新闻引发网络舆情①,但网民先入为主的认知为虚假新闻的制造、传播提供了可乘之机,甚至有企业将其视为商机,编造虚假故事,以赢得点击量,实现商业利益。一方面,贩卖焦虑成为个别媒体的营销手段,加剧了虚假新闻的传播,侵蚀了公众的知情权。另一方面,现实社会的焦虑和虚拟空间的传播乱象致使公众对公共事件的了解建立在负面情绪而非理性思考之上,而"出于寻求情感支持和社会同情的需要,人们更容易大肆分享高度负面的情绪"②,公众的认知越来越偏离事实本身,伴随情绪参与被激发,越来越多的网民偏信虚假新闻并进行转发,进一步加剧虚假新闻的散布和流传,对更多公众造成误导。

二是公众热衷于"真相"叙事,让事件的话语逻辑符合公众的想象,将客观的新闻报道变成主观的话语渲染或是在部分新闻事实基础上续写"真相",表现为自媒体新闻生产的媒介逻辑是宣泄情绪,维护弱者、戏剧化事实,以迎合受众的心理。③ 后真相时代,人们倾向于依据个人情感进行判断,致使情绪极易遮蔽人们对事实真相的探寻,加之社交媒体的煽情手段,社交媒体平台算法机制的流量导向以及虚拟化、视频化成为媒介生产的新形式等传播环境和传播方式的深刻变革,都加剧了情绪化传播,使群体极化现象极易产生,提升网民偏见、错误的认同度,倘若网民的共识达成,甚至回归事件本源的真相反而难以取信于民,限制了公众知情权的实现。

新的媒介生态环境下,自媒体网民无论是偏信虚假新闻进行传播,或是续写真相,他们的叙事框架往往是夸大甚至是偏离真相的,侵蚀了公众知情权,即使真相在报道中反转,但由于损害了媒体的公信力,从长远而言,也损害了公众知情权。另外,舆论中的情绪宣泄并不代表真实的民意,却往往能够依靠积聚的情绪化舆论力量,对公权力形成压力,加剧公众与政府的对立乃至分裂,不利于政府舆情治理目标的实现,"管理部门急于疏导社会情绪而可能对非理性舆论妥协,造成新的社会不公平,为新的情绪激发和传播埋下隐患"④。简而言之,从媒体知情权角度看,自媒体新闻叙事往往无法实现客观、公正的报道,搭建政府与

---

① 参见陈龙:《"借题发挥":一种中国特色的网络舆论话语生成模式》,载《新闻与传播研究》2019年第12期。
② V. Christophe, G. Delelis, P. Antoine, J. Nandrino, Motives for Secondary Social Sharing of E-motions, *Psychological Reports*, Vol. 103, No. 1, 2008.
③ 参见陈龙:《"借题发挥":一种中国特色的网络舆论话语生成模式》,载《新闻与传播研究》2019年第12期。
④ 隋岩、李燕:《论网络语言对个体情绪社会化传播的作用》,载《国际新闻界》2020年第1期。

民众沟通的桥梁,反而加剧政府与公众的矛盾和冲突,侵蚀公众知情权。

3. 知情权与媒体报道权的平衡

第一,彰显主流媒体舆论引导功能。完善主流媒体的信息发布机制、交流对话机制,彰显其舆论引导功能。其一,完善权威信息发布机制,利用大数据等网络技术监控不同类型媒体平台的网络舆论,及时对公共事件做好信息发布工作。尤其充分满足公众重大公共问题的知情权,健全突发公共事件新闻报道机制,媒体应当与司法、行政等不同部门共同做好权威信息披露工作,拓展信息发布渠道,通过微博、微信、移动新闻客户端构建多样化的信息传播平台,防止谣言滋生。其二,媒体不能仅仅是官方信息的传递者,还应当坚持新闻真实性,确保新闻报道的及时准确、公开透明。"'各新闻单位注重研究新闻规律,坚持用事实说话,及时将真实情况告诉群众,增强透明度,引导群众自己去分析、去判断。'这段话两处提及'透明',一是这个时代信息的'透明',一是新闻要主动'透明'"①,"媒体的介入,在很大程度上弥补了地方政府信息搜集方面的力有不逮"②。其三,媒体不仅应当弥补政府信息公开的不足,还应当在突发事件中对官方信息负有注意、核实的义务。在一般情况下,新闻媒体都有深入一线和现场的伦理责任,而在社会可能面临突发公共卫生事件威胁时,新闻媒体就更要承担起对包括官方通报信息在内的各种信息和事实的注意义务。③ 其四,回应群众关切,完善交流对话机制。媒体报道应当坚持公共利益原则,坚持媒介伦理底线标准,拒绝迎合受众的低级趣味和极端负面情绪,以深度报道、正面报道积极回应群众关切,正如习近平总书记指出的:"读者在哪里,受众在哪里,宣传报道的触角就要伸向哪里,宣传思想工作的着力点和落脚点就要放在哪里。"④ 建立交流对话机制,加强对舆论事件的解读,积极培育公民理性,使网民在讨论的过程中增强对政府、国家法律的认同感,以有效预防泛政治化、娱乐化以及虚假信息趁机传播。

第二,坚持新闻的专业性。后真相时代,尤其主流媒体的新闻记者更加应当坚持新闻的专业标准。追求资本的媒体平台并不具备承担揭示真相的能力,这样的职责还是应当由主流媒体承担。"但互联网平台很难客观地、纯粹地完成这

---

① 李泓冰、周玉桥:《"看见"的力量——透视疫情报道与国家治理能力现代化》,载《新闻记者》2020年第2期。
② 同上。
③ 参见胡菡菡:《合理信赖与合理怀疑——从新冠肺炎事件看媒体应如何报道官方通报》,载《新闻记者》2020年第3期。
④ 《坚持军报姓党坚持强军为本坚持创新为要 为实现中国梦强军梦提供思想舆论支持》,载《人民日报》2015年12月27日。

样非营利性的工作"①,以谷歌为例,"今日的'真相',已经是由谷歌搜索排名最靠前的结果来定义的了"②。维护主流媒体新闻的专业性,一方面应当重视情绪在新闻报道中的作用,不能因追求新闻的客观性而忽视公众的情感需求和价值诉求。"正视情绪的客观存在,对情绪唤起事件及时真实地呈现,科学对待情绪唤起的规律,给予情绪涉及的各方以不偏不倚的叙述。"③另一方面应当理性报道新闻。新闻记者在报道中应克服情感偏见,通过专业调查,尊重客观事实,平衡报道各方的情况,对受众进行深度解读,引导受众理性思考。"传递信息和事实只是媒体的社会功能之一,还要寻找事件、现象、趋势背后的共性和原因。即既要回答'是什么',还要回答'为什么',只有这样,我们才能看清事件背后的土壤和形成机制,才能亡羊补牢,避免更多憾事和悲剧。"④此外,应当积极发挥网络意见领袖的作用。柯林斯认为,由于自身资源的差异性,情感能量在社会网络中不是平均分布的。一般来说,各个领域的成功人士通常具有较高的情感能量,柯林斯称之为"能量明星"。⑤ 微博大V等网络意见领袖凭借其影响力,拥有更多情感能量。一方面,应对他们设置比普通网民更高的表达权的底线标准,以防止其误导公众。另一方面,应在舆论事件中积极发挥他们的作用,借助其情感能量,引导公众的态度和情感,启发公众思考,帮助公众理性对话,认识事件背后的公共价值,形成良好的舆论环境。

第三,正确处理传统媒体和网络平台的关系。一是网络平台具有媒体属性,需要以实现公众知情权为着眼点,关注在算法设计上符合新媒介环境的伦理标准。智能化的时代,技术成为人们生活的中心,如何在坚守技术客观性的基础上凸显人的精神,是新环境下新闻业健康发展的关键所在。⑥ 算法新闻分发存在技术黑箱,易产生算法歧视和偏见,致使失衡报道以及虚假新闻的传播更加隐蔽和难以控制。因此,媒介伦理原则应当关注技术的发展变化,防止技术的遮蔽带来算法权力的垄断和扩张,致使谣言、偏见性报道、低俗信息传播等问题加剧。应当强调算法透明,坚持算法新闻分发中对人的尊严保护的底线伦理原则。一

---

① 蔡雯、翁之颢:《专业新闻的回归与重塑——兼论5G时代新型主流媒体建设的具体策略》,载《编辑之友》2019年第7期。
② 陆小华:《增强体系竞争力:媒体融合平台构建的核心目标——新华社全球视频智媒体平台的探索与思考》,载《新闻记者》2019年第3期。
③ 赵云泽、刘珍:《情绪传播:概念、原理及在新闻传播学研究中的地位思考》,载《新闻与传播》2020年第4期。
④ 参见中国传媒大学文化产业管理学院文化法治研究中心:《2019年传媒伦理问题研究报告》,载《新闻记者》2020年第1期。
⑤ 参见隋岩、李燕:《论网络语言对个体情绪社会化传播的作用》,载《国际新闻界》2020年第1期。
⑥ 参见段俏:《浅析算法技术对新闻业的解构与反思》,载《出版广角》2018年第18期。

方面,设定算法透明原则。新闻调查网站 Propublica 副主编奥尔加·皮尔斯和调查报道记者朱丽亚·安格雯认为,人工智能辅助下的新闻生产越来越接近学术工作,新闻产品所涉及的数据和算法都需要严格的核实和说明,这样才能不与新闻伦理规范相冲突。[①] 坚持算法透明原则将有助于提升平台配置内容的能力,"未来的专业工作者的能力表现并不在于他能写什么、他能表达什么,而是对社会信息的表达和配置有更强的平衡能力、更多元的制衡机制"[②],进而帮助公众提高对新闻的理性认知和辨别能力,理解智能技术支撑下的新闻报道。另一方面,坚持人的尊严保护的底线伦理原则。不尊重和伤害已成为破坏媒介伦理最多的道德现象[③],平台媒体化的趋势使得对用户流量的追逐融入传统新闻职业理念。因此,应当避免媒体一味以商业变现思维进行新闻报道,传播低俗内容,扰乱舆论环境。应当通过增强审核技术的创新与应用,强化内容审核责任,坚持平台在信息传播过程中对人的尊严的尊重和保护的底线原则,进而保障公众知情权的实现。

二是传统媒体应当坚持基本的价值观念,避免被平台规训和控制。智能传播技术的发展使传统媒体依赖平台生存,极易受到平台商业价值导向的影响而放弃媒体报道的专业性、客观性,加剧虚假新闻报道和偏见性报道,产生传播伦理失范现象,传统媒介环境下强调的新闻真实、公平、公正的媒介伦理原则受到威胁。新闻生产的技术逻辑不应当弱化媒体对新闻价值的追求。传统媒体仍然是重要的新闻内容生产者,伴随近年来平台的过度追求商业化和公共性弱化问题的日益加剧,一方面,在复杂的媒体生态环境下,传统媒体更应当积极寻找合理、有效的机制,避免新闻报道被平台规训和控制,坚持媒介的公共属性和专业精神;新闻从业者则应当提高社会责任感,通过真实、公正的新闻报道帮助受众了解事件真相,提高人们的新闻判断能力、理性意识和人文关怀理念;另一方面,应当充分利用平台的传播影响力,扩大新闻报道的覆盖范围,以彰显专业媒体的正确舆论导向。

---

① See Brian Greech and Andrew L. Mendelson, Imagining the Journalist of the Future: Technological Visions of Journalism Education and Newswork, *The Communication Review*, Vol. 18, No. 2, 2015.
② 喻国明、姚飞:《试论人工智能技术范式下的传媒变革与发展——一种对于传媒未来技术创新逻辑的探析》,载《新闻界》2017 年第 1 期。
③ 参见李凌:《智能时代媒介伦理原则的嬗变与不变》,载《新闻与写作》2019 年第 4 期。

第三章 参 与 权

参与权是公民平等享有的参与国家和社会事务管理的权利,具有主动性、互动性、开放性、平等性和不平衡性等特点。西方国家对于参与权的探索较早,在古典时期,公民就享有选举权和参政议政的权利,古希腊城邦的公民大会就是代议制的雏形,是直接民主的典型代表。近代意义上的代议制产生于英国,随后被西方国家纷纷效仿,成为间接民主的代表。公民通过选举代表来参与政治,选举是公民行使参与权的最主要形式。我国关于参与权的实践虽然起步较晚,但是中国共产党人从未停止过对参与权的探索,始终坚持发动人民群众参与政治,坚持人民作为国家主人的主体地位,积极发展社会主义民主政治。人民代表大会制度是我国的根本政治制度,全国人民代表大会和地方各级人民代表大会都由民主选举产生,对人民负责,受人民监督。2004年,"参与权"被正式提出,我国公民参政议政的权利进一步得到保障。同时,随着互联网的发展,我国公民参与政府决策和社会治理的热情被进一步激发,开始广泛地通过互联网行使参与权,而媒体也在其中发挥了设置议程、表达民意、引导舆论等关键作用。然而,在公民行使参与权的过程中,参与权难免和其他权利发生冲突。媒体的推波助澜还可能导致非理性参与和过度参与等问题,对社会主义民主政治的发展与社会和谐稳定产生不利影响。所以,公民在行使参与权时应保持理性的态度,媒体在进行新闻报道时也应坚持实事求是的原则,积极发挥沟通协调作用,引导公民依法参与、有序参与、理性参与。

一、参与权的历史溯源

(一)新中国成立后中国共产党对参与权的发展

"参与权"首次被提出是在2004年召开的党的十六届四中全会上,在此之前,这一概念尽管未被正式提出,但中国共产党人关于参与权的理论与实践探索却已延续多年。有学者指出:"一部中国共产党历史就是一部中国共产党政治动员历史,也是一部广大人民群众政治参与史。"①

1. 建国后的初探

建国前夕,毛泽东同志发表《论人民民主专政》,指出要建立一个人民民主专政的政权,人民"团结起来,组成自己的国家,选举自己的政府"②,指明了新中国成立之后民主政治的建设方向。毛泽东同志始终坚持马克思主义的哲学观,认为人民群众是历史的主体,群众路线是毛泽东思想的重要内容。"群众路线的民主实现方式,在于要调动更多的人民群众参与政治生活,要保障的,不仅限于公民的法定权利,而是要确保人民群众权利的实质性实现。"③如何最大程度确保人民群众权利的实现呢? 早在1937年10月,毛泽东在同英国记者贝特兰的谈话中就指出,要采取"民主集中制",人民"一定要能够自由地去支持政府,和有一切机会去影响政府的政策"④。因为只有确保人民群众的参与渠道、最广泛地听取人民群众的意见,政府才能最大程度地获得人民群众的支持和拥护。毛泽东曾在谈到公民权利问题时提出:"最大的权利是管理国家","这是社会主义制度下劳动者最大的权利,最根本的权利"⑤。没有管理国家的权利,其他的权利也就无从保证,而管理国家的权利之实现,则有赖于全体人民的共同参与。只有人民的这项权利得到充分的保障,才最符合社会主义民主的本质特征,也最能体现于1954年就被写入《宪法》的"中华人民共和国的一切权力属于人民"这一宣言。尽管毛泽东没有直接提出"参与权"这一概念,但是他的人民民主思想为人民群众在实质上享有参与国家和社会事务管理的权利开辟了道路。

新中国成立后,百废待兴,在许多部门法缺失的情况下,毛泽东将动员群众参与作为社会治理的重要手段,不仅日常通过组织大型会议来发动群众参与讨论,还开展了若干群众运动。人民群众广泛参与到了"土地改革""三反五反"等运动中,管理国家的权利通过参与各项国家重大事务得到了实现,一些较为急迫的民生问题得到了有效的解决,社会风气也有了显著的改善。"毛泽东坚信,党无论做什么工作,都要广泛动员群众参与;没有群众的广泛参与,任何工作都不

---

① 王立胜、聂家华:《论毛泽东的政治动员和政治参与思想——以〈论持久战〉为中心的思考》,载《山东农业大学学报(社会科学版)》2016年第1期。
② 《毛泽东选集》(第四卷),人民出版社1991年版,第1475页。
③ 曲广娣:《毛泽东法律思想探析》,载《中共云南省委党校学报》2016年第6期。
④ 《毛泽东选集》(第二卷),人民出版社1991年版,第383页。
⑤ 《毛泽东思想形成与发展大事记》,中央文献出版社2011年版,第724页。

可能取得成功。"①我国第一部宪法"五四宪法"的制定就广泛征求了群众的意见。为了实现更广泛的参与,毛泽东还着力推动选举民主和协商民主。一方面,确立人民代表大会制度,赋予人民平等的选举权和被选举权。人民通过选出他们认可的代表来制定国家的法律、参与国家事务的管理,人大代表接受人民群众的监督,参与权通过人民代表大会制度得到了实现,人民作为国家主人的地位得到了保障。另一方面,确立多党合作和政治协商制度,并且积极开展基层协商民主,通过组织广泛的协商和讨论,增强决策的民主性和科学性。1956年2月,毛泽东在同工商界人士的谈话中指出:"我们政府的性格,你们也都摸熟了,是跟人民商量办事的,是跟工人、农民、资本家、民主党派商量办事的,可以叫它是个商量政府。"②人民可以通过协商制度参与到国家和地方政府的决策中,平等、自愿地就关乎切身利益的问题提出意见和建议,不仅有利于实现人民参与国家各项事业管理的权利之实现,也有利于提升决策的合法性与有效性。选举民主和协商民主的发展都为人民参与国家和社会事务的管理创造了条件,从制度上保障了人民进行政治参与的权利。

2. 新阶段的实践

改革开放以后,邓小平同志着力推进社会主义的政治文明建设,把"人民参与"看作改革开放的动力。一方面,把保障人民政治参与的权利作为社会主义民主建设的重要内容。1979年3月,在党的理论工作务虚会上,邓小平明确指出:"没有民主就没有社会主义,就没有社会主义的现代化。"③人民的政治参与是社会主义民主的重要组成部分,只有人民广泛地参与到国家事业和社会事业的管理中来,才能发挥出最大的合力。社会主义民主是社会主义政治文明建设的重要内容,民主与参与密不可分,人民参与的权利得到保障,是其他各项民主权利得到实现的前提。邓小平指出,要"充分发扬人民民主,保证全体人民真正享有通过有效形式管理国家、特别是管理基层地方政权和各项企业事业的权力,享有各项公民权利"④。党的十三大报告也首次提出要"建立社会协商对话制度",以人民为主体进行对话协商,给予人民充分的参政、议政的权利。另一方面,把人民参与作为改革开放和社会主义现代化建设事业成功的必要前提。邓小平指出,"我们的改革有很大的风险,但很有希望成功……关键是两条。第一条就是

---

① 何云峰:《建国初期毛泽东的社会治理思想》,载《湖南科技大学学报(社会科学版)》2018年第5期。
② 《毛泽东文集》(第七卷),人民出版社1999年版,第178页。
③ 《邓小平文选》(第二卷),人民出版社1994年版,第168页。
④ 同上书,第322页。

要同人民一起商量着办事"①,"群众是我们力量的源泉,群众路线和群众观点是我们的传家宝"②。改革开放是我国的强国之路,也是人民群众探索社会主义现代化的实践之路,改革开放的伟大胜利离不开人民群众的广泛参与,改革开放的辉煌成就是由人民群众共同创造的。也正是由于中国共产党始终坚持人民的主体地位,充分发动人民参与其中,尊重人民的自主选择,人民的智慧和力量才得以彰显,人民参与的权利在改革开放的过程中得到了生动的展现。

3. 突破与创新

随着改革开放的不断深入,社会主义市场经济发展迅速,社会主义民主建设不断进步,"公民有序政治参与"这一概念被正式提出。在庆祝中国共产党成立七十周年的大会上,江泽民同志提出,要"切实保障人民群众依法管理国家事务、经济和文化事业、社会事务的权利和其他民主权利"③。党的十五大报告指出:"依法治国,就是广大人民群众在党的领导下,依照宪法和法律规定,通过各种途径和形式管理国家事务,管理经济文化事业,管理社会事务,保证国家各项工作都依法进行,逐步实现社会主义民主的制度化、法律化。"随着社会主义政治文明建设的不断推进,参与权逐渐明晰,被纳入"依法治国"这一基本方略之中。人民是国家的主人,是依法治国的主体,"也只有动员人民、依靠人民、组织人民对国家和社会实行共治和管理,才能从人民民主的本质上实现国家治理现代化"④。社会主义现代化建设是党和国家的根本任务,随着现代化建设的不断推进,人民的主体意识不断增强,参与权的发展成为必然。无序的参与可能导致社会秩序的混乱和参与效率的低下,关键在于理性参与和依法参与。2000 年 10 月,党的十五届五中全会通过《中共中央关于制定国民经济和社会发展第十个五年计划的建议》,首次提出"公民有序政治参与"的概念。党的十六大报告进一步指出,要"健全民主制度,丰富民主形式,扩大公民有序的政治参与"。"有序的政治参与"的提出表明我国的政治文明建设有了新的发展,意味着公民参与要在法律和制度的框架下进行,公民的有序参与成为推动依法治国的关键要素。"发展社会主义民主政治、推进中国政治文化的转型必然要求扩大和深化民生政治参与,但这种扩大化的政治参与不是盲目的、无节制的,这就需要将合法性、适度性、有序性作为民生政治参与不可突破的底线予以坚持。"⑤对"有序"的强调,不仅有利

---

① 《邓小平文选》(第三卷),人民出版社 1993 年版,第 268 页。
② 《邓小平文选》(第二卷),人民出版社 1994 年版,第 368 页。
③ 《江泽民文选》(第一卷),人民出版社 2006 年版,第 158 页。
④ 李林:《依法治国与推进国家治理现代化》,载《法学研究》2014 年第 5 期。
⑤ 张明军、朱玉梅:《民生政治参与与中国政治文化的现代转型》,载《理论探讨》2018 年第 5 期。

于培养公民的法治观念、民主意识和参与能力,而且有利于提高参与的效能,进一步调动公民参与的积极性。

4. "参与权"的正式提出

2004年9月19日,党的十六届四中全会通过《中共中央关于加强党的执政能力建设的决定》,指出要"扩大公民有序的政治参与,保证人民依法实行民主选举、民主决策、民主管理、民主监督""保证基层群众依法行使选举权、知情权、参与权、监督权等民主权利"。2006年10月11日,党的十六届六中全会通过《中共中央关于构建社会主义和谐社会若干重大问题的决定》,指出要"从各个层次扩大公民有序的政治参与,保障人民依法管理国家事务、管理经济和文化事业、管理社会事务。推进决策科学化、民主化,深化政务公开,依法保障公民的知情权、参与权、表达权、监督权"。随着中国共产党对参与的理论和实践认识的不断深化,"参与权"这一概念被正式提出。随着公民有序政治参与的不断扩大,党对公民参与的形式、内容、范围的规定也更加清晰,胡锦涛同志在党的十七大报告中明确指出,要"坚持国家一切权力属于人民,从各个层次、各个领域扩大公民有序政治参与,最广泛地动员和组织人民依法管理国家事务和社会事务、管理经济和文化事业"。党对于参与的广度和深度都提出了更高的要求,参与的范围不限于国家和社会事务,还包含经济和文化事业;人民作为参与的主体,要依法进行参与;政治参与的内容从笼统的参与上层建筑的管理细化为"民主选举、民主决策、民主管理、民主监督"这四个具体的方面,人民的民主权利更加明确。

5. "参与权"的内涵更加丰富

十八大以来,党和国家高度重视公民"参与权"的实现,着重突出了公民在民主法治建设中的主体性地位。党的十八大报告指出,要"保证人民平等参与、平等发展权利""从各层次各领域扩大公民有序政治参与,实现国家各项工作法治化""拓展人民有序参与立法途径""保障人民知情权、参与权、表达权、监督权""充分发挥群众参与社会管理的基础作用",并且首次提出要"落实党员知情权、参与权、选举权、监督权"。2014年,党的十八届四中全会公报明确指出,"健全立法机关主导、社会各方有序参与立法的途径和方式,拓宽公民有序参与立法途径""保障人民群众参与司法,在司法调解、司法听证、涉诉信访等司法活动中保障人民群众参与",以及"健全依法决策机制,把公众参与、专家论证、风险评估、合法性审查、集体讨论决定确定为重大行政决策法定程序",从立法、司法、行政三个方面对公民参与权的落实提出了具体的要求。在庆祝中国人民政治协商会议成立65周年大会上,习近平总书记进一步指出,"人民是否享有民主权利,要看人民是否在选举时有投票的权利,也要看人民在日常政治生活中是否有持续参与的权利;要看人民有没有进行民主选举的权利,也要看人民有没有进行民主决策、民主管理、民主监督的权利。社会主义民主不仅需要完整的制度程序,而且需要完整的参与实践"①,强调了公民参与的持续性、完整性和实践性,要求通过参与实践把社会主义民主落到实处。党的十九大报告提出,要"扩大人民有序政治参与,保证人民依法实行民主选举、民主协商、民主决策、民主管理、民主监督;巩固基层政权,完善基层民主制度,保障人民知情权、参与权、表达权、监督权",进一步强调了"民主协商"的重要性。在新的历史条件下,我国的社会结构发生了急剧的变化,多元利益格局开始形成,要想"实现好、维护好、发展好最广大人民的根本利益",就必须坚持党的领导、人民当家作主与依法治国的有机统一。发展人民民主,就要使民主制度化、法律化,以法治保障人民当家作主的各项权利落到实处。法治国家、法治政府、法治社会的建设都离不开公民的有序参与,对公民参与权的保障,是社会主义政治文明建设的必然要求。

(二)西方参与权的历史演进

公民的参与意识在西方萌芽较早,古典时期的先贤就十分强调公民参与。中世纪出现了等级会议和基层自治,西方议会制度开始萌芽。到了16—17世纪,代议制民主逐渐成为西方各国主要的政权组织形式并发展至今。西方公民较早地开始了政治参与,并且已经发展出一套较为成熟的代议制民主制度,但同时也因其难以掩盖的精英主义倾向而遭到质疑。

1. 古典时期

西方关于参与(权)的理论和实践可以追溯到古希腊时期,最具代表性的就是古代雅典城邦的公民大会,城邦公民通过直接表决的方式进行政治参与,"能否参与政治全在于是否是城邦的公民,公民身份是参与民主的唯一根据"②。这种以公民直接参与投票为主要形式的民主,被认为是直接民主的典型代表。亚里士多德曾经指出,人类在本性上是一个政治动物,"个人只是城邦的组成部分,每一个隔离的个人都不足以自给其生活,必须共同集合于城邦这个整体"③。他认为,人天生就是要进行政治参与。人既有参与政治的权利,也有参与政治的义务,在城邦中,个人利益和城邦利益是紧密相连的,个人只有参与到政治生活中才能保障其利益,而人的特性也只有在参与政治生活的过程中才能发挥出最大

---

① 《习近平谈治国理政》(第二卷),外文出版社2017年版,第292页。
② 马金芳:《批判、继承与发展:柏拉图与亚里士多德民主思想比较》,载《学术交流》2011年第10期。
③ 〔古希腊〕亚里士多德:《政治学》,吴寿彭译,商务印书馆1965年版,第7页。

的效用。亚里士多德还认为,"应该让全体公民大家参与政治;安排好执政者轮流退休"①,"全邦人民轮番为统治者和被统治者"②,参与的范围应该覆盖到全体公民,大家共同参与城邦的管理,每个人都有机会成为统治者和管理者,公民的参与权是普遍的、平等的。亚里士多德还指出,"在制定法律方面,人们可以证明一个民族的集体智慧比即使是最聪明的立法者的智慧更为优越"③,进一步强调了全体公民集体参与立法的重要性。但是,古希腊的参与又有别于今天的参与,因为在当时,只有极少数人具有参与权。"在雅典城邦,全体公民都参与公共事务的管理,但在它的35万居民中,只有2万人是公民","尽管雅典人实行普选制度,但他们的城邦仍然是一个贵族共和国,只有全体贵族才有平等的参政权"。④雅典城邦中,妇女和奴隶是不具有参政权的,只有少数拥有公民身份的人才能通过投票来参与公共事务。所以,尽管亚里士多德强调全体公民都要参与,但因为公民的范围受到了严格的限制,城邦的人们实质上并没有平等地享有参与权。

2. 中世纪

随着西罗马帝国的崩溃,欧洲进入了漫长的中世纪,战乱频繁,封建割据严重,等级制度占据主导,许多国家没有形成统一的政权,教会成为最大封建主,人民无法平等享有参与权,但是参与的实践又并未中断。一方面,为了制约王权,各国普遍建立起等级会议,等级会议成为近现代西方议会制度的渊源。英国最早建立起较为完善的议会制度,大贵族孟福尔为了扩大支持力度,要求各郡选两名骑士、各市选两名市民代表参加议会,使议会第一次成为具有广泛代表性的会议。议会拥有了一系列实际的权力,尤其是下院凭借其拥有广泛的代表性获得了征税权以及同上院平等的立法权,议会议员还获得了在与会期间拥有言论自由和不被逮捕的权利。⑤ 另一方面,城市共和国陆续出现,议会是最高权力机关。意大利就曾出现过威尼斯、佛罗伦萨等一批城市共和国,由全体公民或公民代表组成议会,议会掌握立法权,国家首脑由选举产生,公民通过直接参与表决或者选举代表的方式参与立法和行政,管理自己的国家。民众自己管理自己就意味着必须要让民众享有参与权,因为只有参与权得到保障,自我管理才有实现

---

① 〔古希腊〕亚里士多德:《政治学》,吴寿彭译,商务印书馆1965年版,第45页。
② 同上书,第3页。
③ 〔美〕乔治·霍兰·萨拜因:《政治学说史》(上册),邓正来译,上海人民出版社2015年版,第173页。
④ 参见〔法〕托克维尔:《论美国的民主》(下卷),商务印书馆1988年版,第583页。
⑤ 参见陈文滨:《西方近现代民主政治的中世纪基础》,载《江西社会科学》2006年第5期。

的可能。此外,英国还出现了较为完善的基层自治制度,由村民组成庄园法庭,负责制定村规、选举村干部、审理案件等。村民直接参与到庄园的立法、行政、司法等事宜中去,形成了政治参与的一种基层实践模式。中世纪的参与实践反映了人民主权思想的萌芽,为近现代西方社会的政治参与提供了范式。

3. 近现代

近代以来,西方民主发生了一系列的变化。从16、17世纪开始,代议制民主逐渐成为西方各国主要的政权组织形式。19世纪之后,公民逐渐拥有了普选权,政治参与的范围不断扩大,参与的理论也在不断发展和创新。卢梭完整地提出了人民主权学说,被称为"参与民主理论的卓越代表",他主张直接民主,将公民定义为"主权权威的参与者",指出"在主权的一切行为中,仅就投票这一项权利就是任凭什么都不能剥夺于公民的权利","人民的立法权是不可以转移也不能被剥夺的"。① 卢梭主张的参与不仅包括选举,还包括参与公共决策,参与既是权利,又是义务,公民在参与的过程中得到能力的提升,参与决策也有益于保障个人自由。代议制民主的支持者密尔则指出,"显然能够充分满足社会所要求的唯一政府是全体人民参加的政府;任何参加,即使是参加最小的公共职务也是有益的"②。密尔认为,"代议制政府的目标的一个重要方面就是提供人民参与的机会,提升人民参与的能力"③,参与的教育功能能够培养积极的公共精神,所以参与对于代议制民主来说十分关键。20世纪60年代,参与式民主理论兴起,代表学者卡罗尔·佩特曼认为,真正的民主应该是所有公民直接地、充分地参与公共事务的决策。参与的主要功能就是教育,包括心理方面和民主技能、程序的获得;工业领域应该被看作是政治体系,因为要实现所有人最大程度的参与,民主的社会化或"社会训练"必须在其他领域中进行,而工作场所在集体事务管理上的教育功能是其他领域所没有的。④ 小国寡民下的直接民主已经难以实现,代议制民主有利于扩大参与的范围,但公民的参与往往局限于投票,选举结束后似乎就被排除在了决策之外,导致精英主义盛行,而普通公民陷入"政治冷漠——参与能力欠缺——参与效能低下"的恶性循环,保障公民的参与权对于民主制度的完善至关重要。

---

① 参见〔法〕卢梭:《社会契约论》,何兆武译,商务印书馆2003年版,第133页。
② 〔英〕J. S. 密尔:《代议制政府》,汪瑄译,商务印书馆1982年版,第53页。
③ 转引自徐风:《"参与"与"民主"——亚里士多德、卢梭、密尔的政治参与思想梳理》,载《学理论》2020年第2期。
④ 参见〔美〕卡罗尔·佩特曼:《参与和民主理论》,陈尧译,上海人民出版社2006年版,第39页。

4. 代表性的制度安排和实践路径

(1)《世界人权宣言》

1948年12月10日,联合国大会颁布《世界人权宣言》,主张人人有权享有"主张和发表意见的自由"和"和平集会和结社的自由","人人有直接或通过自由选择的代表参与治理本国的权利","人人有平等机会参加本国公务的权利","人民的意志是政府权力的基础;这一意志应以定期和真正的选举予以表现,而选举应依据普遍和平等的投票权"。① 这一宣言除了彰显了人人平等的原则,还表达了二战后人们对基本人权尤其是政治权利得到保障的强烈愿望。《世界人权宣言》将公民参与本国治理的权利作为一项共同标准提出,要求所有国家努力维护和扩大公民的政治权利。

(2)《公民权利和政治权利国际公约》

联合国大会于1966年12月16日通过《公民权利和政治权利国际公约》,该公约于1976年3月23日生效。公约中明确规定,每个公民都有"直接或通过自由选择的代表参与公共事务的权利""在真正的定期的选举中选举和被选举的权利"以及"在一般的平等的条件下参加本国公务的权利"。②《公民权利和政治权利国际公约》以法律的形式明确了公民参与政治的权利,并且已为大多数国家所接受。

(3) 美国公民参与权的制度安排和实践路径

1791年通过的美国宪法《第一修正案》明确规定,国会不得制定关于下列事项的法律:确立国教或禁止信教自由;剥夺言论自由或出版自由;剥夺人民和平集会和向政府请愿伸冤的权利。③ 宪法在美国有着至高无上的地位,尽管《第一修正案》没有直接提到参与权,但是人民对国家事务发表意见、进行政治活动的自由得到了保障。美国还设立了《联邦行政程序法》《信息自由法》《阳光政府法》《选举权法》等系列法律,确保公众的选举权以及在立法、行政、司法等方面的参与权;各州也制定了自己的法律保障公众的参与权,如威斯康星州《综合规划和精明增长法》要求确保公众参与综合规划全过程,地方政府若不遵守,综合规划将不得生效实施。④

---

① 资料来源:https://www.un.org/zh/documents/treaty/A-RES-2200-XXI-2,2022年9月1日访问。
② 资料来源:https://www.history.com/topics/united-states-constitution/first-amendment,2022年9月1日访问。
③ 资料来源:https://www.law.cornell.edu/wex/first_amendment,2020年9月1日访问。
④ 参见王瑷玲、M. W. Binford、张圣武:《美国公众参与理论与实践及其对中国土地整治的借鉴》,载《地域研究与开发》2017年第6期。

(4) 俄罗斯公民参与权的制度安排和实践路径

《俄罗斯联邦宪法》第 32 条规定,俄罗斯联邦公民有直接或通过自己的代表参加管理国家事务的权利,有选举或被选入国家权力机关和地方自治机关以及参加公决的权利,有进入国家机关的平等机遇,有参与履行司法职能的权利;第 33 条规定,俄罗斯联邦公民有亲自诉诸国家机关和地方自治机关,以及向这些机关发出个人的和集体的呼吁的权利。① 俄罗斯以宪法的形式明确了公民的参与权,公民可以直接或通过国家权力机关和地方自治机关行使自己的权力,参加国家事务的管理,并且在参与权受到侵犯时,还可以得到救济。2006 年 4 月颁布的《俄罗斯联邦公民参与审查程序法》则详细规定了公民参与的主体范围、原则及方式;程序规则及审查机关职责,以及公民参与的审查监督及法律责任等。

(5) 英国公民参与权的制度安排和实践路径

除了现行议会制度,英国公民有着丰富的参与路径。"英国工人较早取得了经济和政治参与权"②,最早建立了工会,通过工人阶级政党——工党表达政治诉求,且善于利用媒体引导舆论,影响政府决策。③ 英国倡导积极的公民参与,非常注重在社区治理中征询公众意见,出台了大量举措以增加参与的人数和参与的机会。2001 年,英国发布了《咨询实务准则》,要求政府在政策制定和行政立法方面广泛地征询公众的意见。④ 2007 年,英国颁布了《可持续社区法》,以促进社区在当地可持续发展战略的制定中的作用;颁布了《地方政府和公众参与卫生法》,以加强对其健康和社会服务有关切的公众的声音。英国《2011 年地方主义法》和《2012 年邻里规划(一般)条例》则明确了邻里规划制度,赋予社区直接权力,通过"邻里开发令"授予社区居民希望看到的开发项目的规划许可。所有的邻里规划均须经独立审查,并由当地社区在公民投票中投票,一旦获得支持,就可以成为法定"发展计划"的一部分。⑤ 2017 年 4 月修订的《谢菲尔德都会

---

① 资料来源:https://www.mid.ru/cn/foreign_policy/founding_document/1750525/? lang=cn,2022 年 10 月 1 日访问。
② 赵祖平:《英国工业化进程中的工人参与权与劳资关系和谐》,载《中国劳动关系学院学报》2008 年第 1 期。
③ 参见常晶、张利华:《英国职工大会的政治参与途径、特点及启示》,载《当代世界与社会主义》2009 年第 5 期。
④ 参见付宇程:《"公众参与"视野下的中国价格听证制度及其困境——引进英国的"书面咨询"制度》,载《北方经济》2010 年第 18 期。
⑤ 资料来源:https://www.gov.uk/government/publications/plain-english-guide-to-the-planning-system/plain-english-guide-to-the-planning-system,2023 年 2 月 1 日访问。

区议会章程》则就公众参与规划许可列举了市民的权利与责任等内容。① 2021年,英国还颁布了《城镇和乡村规划(咨询)(英格兰)指令》,旨在令与英格兰土地有关的规划决策是在当地人民的参与下做出的。根据英格兰的官方统计,在2020/21年度,27%的受访者肯定或倾向于同意他们个人可以影响当地决策。②

(三) 中西方参与权比较

尽管民主在西方有着更为悠久的历史,但是中国共产党在中国探索出了一套适合国情的、行之有效的民主政治制度。亨廷顿在《变化社会中的政治秩序》中指出:"共产党的成就是其在革命后创建的那种立于广泛的大众参政基础上的现代政府。"③新中国成立后,我国逐渐建立和完善了以人民代表大会制度、中国共产党领导的多党合作和政治协商制度、民族区域自治制度和基层群众自治制度为代表的民主政治制度,共同形成了一套建立在大众参政基础上的、真正实现人民当家作主的现代政治治理体系。这一体系的科学性与合理性就在于采用了选举民主和协商民主相结合、直接民主和间接民主相结合的方式,在最大程度上保障了广大人民的参与权。西方资产阶级思想家较早地提出了人民主权学说、分权学说、代议制学说等,积累了丰富的实践经验。但不可否认的是,长期以来西方社会关于直接民主和间接民主的争论一直存在着,代议制民主因其制度缺陷而遭受诸多诟病,"最普遍的现象是选举时漫天许诺、选举后无人过问,党争纷沓、相互倾轧"④,而我国的民主政治模式则在长期的实践中不断进步,体现出了巨大的制度优势。

1. 选举制度

选举制度是从事国家权力分配的政治规则,意味着政治统治是建立在民众意志基础上的,为民众集体表达自己的意志提供了制度化渠道。⑤ "实现普遍选举、平等选举、直接选举和自由选举是现代选举制度发展的基本趋势,也是世界各国民主政治建设的共同价值追求"⑥,中国和西方社会普遍将选举制度作为公

---

① 参见赵丛霞、朱海玄、周鹏光:《英国规划许可中的公众参与——以英国谢菲尔德市为例》,载《北方经济》2010年第18期。
② 资料来源:https://www.gov.uk/government/statistics/community-life-survey-202021-civic-engagement-and-social-action/civic-engagement-and-social-action-community-life-survey-202021,2023年2月1日访问。
③ 〔美〕塞缪尔·P.亨廷顿:《变化社会中的政治秩序》,王冠华、刘为等译,上海人民出版社2008年版,第274页。
④ 杜飞进:《论中国特色政治治理现代化》,载《社会科学研究》2016年第1期。
⑤ 参见汪仕凯:《选举制度与现代国家:一个比较分析》,载《理论探讨》2018年第3期。
⑥ 周昕兰:《当代中国选举制度的历史演进与建设成就》,载《学习与探索》2018年第6期。

民行使参与权的基本路径。中国于 1953 年和 1979 年两次颁布选举法,经过历次修订,逐步确立和完善了人民代表大会选举制度。西方各国则普遍借鉴了发源于英国的议会制度,这是一种典型的代议制民主,只是具体实施方式有所不同。随着 19 世纪以来各国普选权的逐步确立,选举成为公民行使参与权的主要渠道。但是,代议制"认可充满经济不平等和力量悬殊现实的既存现状,并通过一人一票的形式平等将这一不平等现状固定于政治结构中,从而固化了等级秩序"[①],尽管参政议政的代表是通过选举产生的,但是代表绝大部分都是精英阶层的代言人,无法真正代表普通公民的意见,讨论和辩论往往出于党派利益的争夺,而非公民整体利益的追求,代表中的少数群体还会陷入"多数人的暴政",利益诉求无法得到满足。以英国的选举制度为例,"简单多数制"的投票规则往往导致"政党的得票率与所获议席比例严重不一致,结果偏向少数大党,而中小政党在议会中的代表性却被牺牲掉,大部分民意被忽视"[②]。尽管公民行使了参与权,选举了他们的代表进入下议院,但如果这部分代表无法在议会中获得发言权,那么公民让渡出来的权利就沦为了制度的牺牲品,参与权的行使也就无法发挥其应有的作用。我国充分保障公民的选举权和被选举权,人民代表大会制度采取直接选举和间接选举相结合的方式,县、乡两级人大代表都由选民直接选举产生,县级以上人大代表由下一级人民代表大会选举产生,并保证各地区、各民族、各阶层、各方面都有适当数量的代表。我国的人大代表遍布各行各业,既有知识分子,也有工人农民,具有广泛的群众基础和代表性。一方面,人民通过选举和被选举来行使参与权;另一方面,人大代表来自人民,能够较为全面、充分地反映社情民意,极大地调动人民群众参与国家管理和社会治理的积极性、主动性、创造性。

2. 协商制度

为了弥补选举民主的局限性,避免公民进行投票后参与权就进入"休眠期"的情况,我国和西方国家几乎都采取了协商民主的方式来保障公民的参与权。协商民主是人类政治文明发展到一定阶段的产物,是一种主张通过对话、讨论、反思等方式参与理性政治、表达政治主张的民主形式。[③] 协商民主制度的目的

[①] 马一德:《论协商民主在宪法体制与法治中国建设中的作用》,载《中国社会科学》2014 年第 11 期。

[②] 李济时、韩荣卿:《当前英国的选举制度改革:根由、进程与争议》,载《当代世界与社会主义》2018 年第 5 期。

[③] 参见宋连胜、李建:《当代中国协商民主与西方协商民主互动效应分析》,载《理论学刊》2014 年第 8 期。

都在于构建公共平台,通过对话和讨论的方式来促进民主,一方面有利于公民合理表达利益诉求,另一方面也是回应人们参政议政的需要。西方协商民主理论兴起于20世纪80年代,强调不仅所有受到决策影响的人都应该参与进来,而且必须具有平等的权利和机会去表达他们的利益及关注的问题,参与协商的公民不仅在程序上必须是平等的,在实质性上也必须是平等的。① 但实际上,公民的受教育程度、经济状况、社会地位等客观因素导致公民的参与能力和参与条件千差万别,在西方代议民主为主、协商民主为辅的背景下,这种对平等的追求似乎难以实现,因为话语权往往被利益集团所掌握,普通公民难以真正通过协商民主制度有效行使其参与权。"社会主义协商民主是中国共产党和中国人民在民主政治实践中创造性提出的一种民主形式,是对马克思主义民主理论和社会主义民主政治制度的探索与创新"②,具有悠久的实践历史。早在抗日战争时期,中国共产党就在根据地建立了"三三制"政权,广泛地与各民主党派、无党派人士和人民团体进行协商合作,团结一切可以团结的力量以共同抗日。社会主义协商民主发展至今,一直建立在群众路线的基础之上,充分保障人民群众的参与权。它强调在党的领导下,人民内部围绕涉及切身利益的问题进行广泛协商,努力形成共识,能够形成人民群众参与各层次管理和治理的机制,克服人民群众在国家政治生活和社会治理中无法表达、难以参与的问题,是一种"参与民主"。③ "我们国家的重大决策,都是在广泛征求党内外人士以及广大人民群众意见的基础上,经反复协商讨论酝酿而形成的,如改革开放以来多部法律法规的制定与颁布。"④社会主义协商民主在长期的实践中探索出了丰富的参与渠道和参与路径,为人民群众参与权的有效行使提供了现实保障。

二、参与权的内涵、特征及价值

(一) 参与权的内涵

尽管有关参与权的理论与实践可以追溯到古希腊时期,但是至今并没有一

---

① 参见吴晓林、左高山:《西方"协商民主"理论的三重困境——基于政治伦理的分析》,载《人文杂志》2010年第6期。
② 宋连胜、李建:《当代中国协商民主与西方协商民主互动效应分析》,载《理论学刊》2014年第8期。
③ 参见张光辉、翟桂萍:《社会主义民主政治的显著优势和特点》,载《科学社会主义》2019年第6期。
④ 龚群:《中国协商民主与西方协商民主的本质区别》,载《红旗文稿》2011年第8期。

个参与权的"官方定义",大多数国家都通过宪法和其他法律对参与权中的"参与"二字作相关规定,即规定公民的参与行为和参与对象。例如,我国《宪法》第2条规定:"中华人民共和国的一切权力属于人民。人民行使国家权力的机关是全国人民代表大会和地方各级人民代表大会。人民依照法律规定,通过各种途径和形式,管理国家事务,管理经济和文化事业,管理社会事务。"葡萄牙《宪法》第49条"参与公共活动"条款规定,"所有公民有权直接或自由选举产生代表参与政治活动和管理国家公共事务"[①]。由此可见,参与权的内涵在各国不尽相同,但各国普遍将政治参与作为参与权实施的重要内容。我国十分重视公民的政治参与,同时也保障公民在其他领域的参与权。党的十九届四中全会通过的《中共中央关于坚持和完善中国特色社会主义制度 推进国家治理体系和治理能力现代化若干重大问题的决定》强调,"社会治理是国家治理的重要方面",人民既然享有管理国家的权利,那么也就必然享有参与社会事务管理的权利。我国公民除了可以在政治领域发挥作用,进行立法、行政、司法的参与,还可以参与经济、文化事业和社会事务的管理,只要是与国家管理和社会治理相关的公共事业,公民均有权依法参与。所以,参与权应该是公民依法享有的参与国家管理和社会治理的权利,是一项基本权利。我国公民的参与权实现形式十分丰富,在政治上可以通过行使选举权和被选举权来行使参与权;在行政上可以参与听证、提出批评和建议以及信访;在司法上可以行使申诉、控告、检举等权利。除了政治领域,我国公民还可以在经济、文化领域以及基层治理领域进行参与。随着互联网和智能技术的发展,我国公民参与权的行使范围愈加广泛,渠道也更加丰富。

(二) 参与权的特征

参与权是公民参与国家和社会事务管理的权利,不仅需要公民的主动参与这一前提,而且离不开政府等管理机构的积极回应。同时,在法律允许的范围内,公民享有平等地、广泛地行使参与权的权利。所以,参与权具有主动性、互动性、平等性、开放性等多重特点。

1. 主动性

首先,有必要对参与和参与权进行区分。参与是一种行为,参与权是一种权利,公民享有参与权并不代表公民就一定会行使该项权利;而公民的参与行为也并非就具有合法性基础。我国一直强调"公民有序参与",就是强调参与权的行使必须在法律规定的范围之内,即"依法参与"。无序的参与一方面可能导致参

[①] 陈佑武:《政治参与的人权谱系》,载《广州大学学报(社会科学版)》2016年第5期。

与超出参与权的边界而得不到法律的支持;另一方面可能导致参与过程混乱而达不到应有的效果。但是,参与权的行使一定包含"参与"这一举动,"参与"代表的不仅仅是一个或一连串的动作,更是一种持续的过程,"参与"是参与权的核心要素。"参与"在《现代汉语词典》中的意思是"参加(事务的计划、讨论、处理),参与其事",即"加入某种组织或某种活动",本身就包含着"主动性"的意味,参与权的行使要以参与主体的主动性为前提,被动的参与既无法真正反映出参与主体的真实诉求,也无法有效发挥参与应有的效用。随着互联网技术的发展,我国公民的参与渠道进一步拓宽,公民行使参与权的主动性也有所增强。技术的便利降低了参与的成本和门槛,公民参与获得了更大的空间。截至2022年6月,我国网民规模达10.51亿,互联网普及率达74.4%;截至2021年12月,我国政府网站达14566个;从2016年6月到2022年6月,我国互联网政务用户规模从1.76亿增长到8.92亿,占整体网民的比例由24.8%提升至84.9%,全国一体化政务服务平台实名用户超过10亿人。① 网民广泛地通过电子政务服务行使其参与权,政治参与也不再局限于传统的投票和协商,而是有了电子问政、信息公开、数据共享等多种形式。总体而言,互联网和智能技术的发展极大提升了公民行使参与权的积极性和主动性,一定程度上实现了技术赋权和技术赋能。一方面,互联网的开放性和匿名性提升了公民行使参与权的积极性。在互联网上,人人都可以就某一问题发表意见,公民的表达欲望通过互联网平台得到了满足,参政议政的热情也可以通过表达看法、参与讨论进行释放。互联网极大地降低了人们发表意见的成本,就公共事务进行表达成为公民参与的一种便捷方式,公民行使参与权的主动性得到提升。另一方面,互联网技术的发展扩宽了参与渠道,丰富了参与内容,公民可以通过多种形式来进行多层次、全方位的参与。在政治领域,公民除了参与网络投票、对话讨论,还可以通过电子政务平台进行网络问政,要求政府信息公开等;在社会治理方面,公民除了参与社区治理等基层建设事业,还可以通过互联网进行文化事业、公益事业、环保事业等多方面的参与。此外,互联网的便捷性使得参与权的行使无须耗费太多时间和精力,"人们完全可以在吃吃喝喝之余,在键盘与杯盏之间实现民主的社会训练"②,提升了公民行使参与权的主动性。

2. 互动性

参与权的行使是连续、动态的过程,不仅包含公民主动地参与其中,还应包

---

① 资料来源:《第50次〈中国互联网络发展状况统计报告〉》,http://www3.cnnic.cn/NMediaFile/2022/0926/MAIN1664183425619U2MS433V3V.pdf,2022年9月1日访问。

② 同上。

含政府对公民的意见和诉求做出答复和回应。参与权不是单向的权利,如果仅有主动的参与,而无积极的回应,那么参与权的行使就会流于形式。有学者指出:"公众参与实效性的评估至少包括两个方面:一是在参与过程中,公众的参与是否全面、有力;二是从结果上看,公众参与对参与事项的决定是否具有较大的影响力。"[1] 参与权的互动性决定了参与权行使的效能与是否能够建立优质的、稳定的互动关系息息相关,公民的影响力也在与公权力机构的互动中得到显现和提升。如果行之有效的、常态化的互动关系无法构建或维持,公民的意见得不到回应、建议得不到采纳,那么参与权的行使就仅仅是一种程序性的要求,而非实质性的权利,因为公民实际上被排除在了国家管理和社会治理之外。"网络空间形成了自下而上的社会舆论,倒逼着各级政府回应民众对公民权的需求,各级部门政府网站随之而生。"[2]

随着我国公民参与范围的不断扩大,公民对参与的深度和质量也提出了更高的要求。党的十九大报告明确提出了"建设人民满意的服务型政府"的改革目标和任务。"服务型政府"和"回应型政府"的议题已经被提出,"回应型政府"成为实现国家治理现代化的路径之一。回应型政府强调"政府要对民众的利益诉求做出积极的反应,并采取有效措施以解决问题"[3]。我国在建设"回应型政府"、探索互动长效机制方面有诸多实践,例如在立法方面,一些地方出台公众参与地方立法的条例,明确要求立法机关对公众提出的立法建议进行回应,保障公民参与权。2013 年,国内首部引导、鼓励和规范公众参与立法活动的专门性地方性法规《甘肃省公众参与制定地方性法规办法》出台,明确规定"地方性法规制定机关或者起草单位应当对征集到的公众意见和建议归类整理、分析研究,对科学、合理的意见建议,应当予以采纳并作出回应"。随着互联网的普及,各地立法机关也纷纷通过网站、微博、微信等新媒体平台发布草案并征求公众意见。湖北省武汉市人大法制委员会、省人大常委会法规工作室在新浪网开设了立法官方微博"武汉人大立法",征询并回应公众对立法项目、法规草案的意见和建议;昆明市人大常委会制定了《昆明市人大常委会关于地方立法工作公众意见表达和公众意见采纳情况反馈工作规定》,明确规定"市人大专门委员会、市人大常委会工作委员会可通过网站、微博、电视、报纸等传媒渠道收集公众意见;对公众意见的办理情况,市人大专门委员会和市人大常委会工作委员会可以通过昆明市人

---

[1] 黎瑞、朱兵强:《重大行政决策公众参与的实效性及其提升路径》,载《湘潭大学学报(哲学社会科学版)》2017 年第 5 期。
[2] 雷开春、杨雄:《互联网时代青年对公民政治参与权的认同》,载《当代青年研究》2016 年第 6 期。
[3] 韩旭:《建设"回应型"政府:治理形式主义的一条政策思路》,载《人民论坛》2018 年第 1 期。

大网站、昆明市人大官方微博或者新闻媒体以采访报道的形式向公众答复或者反馈"。无论是传统媒体还是新媒体，都逐渐成为公民依法行使参与权并且获得回应的重要渠道。媒体具有天然的政治属性，承担着政府和公众之间的桥梁角色，在信息传播、议程设置、民意采集、意见反馈等方面都能够发挥重要作用，是构建良性互动关系的关键要素。

3. 开放性

"参与权"是公民参与国家管理和社会治理的基本权利，这一内涵决定了参与权是一项开放的权利。参与权的开放性体现在权利主体和权利客体两个方面：一方面，只要是公民都应该依法享有参与权，而不受他人干涉，公权力机构不得以非正当理由限制公民的参与权。另一方面，权利客体应该是开放的，即公民可以在法律允许的范围内广泛地行使参与权，而公权力机构应该将不断拓宽公民的参与渠道，推动多领域、多层次的公民参与作为长期努力的方向。中共中央办公厅、国务院办公厅于2016年2月17日印发《关于全面推进政务公开工作的意见》，指出"公开透明是法治政府的基本特征。全面推进政务公开，让权力在阳光下运行，对于发展社会主义民主政治，提升国家治理能力，增强政府公信力执行力，保障人民群众知情权、参与权、表达权、监督权具有重要意义"。如果公权力机构无法做到权力公开透明运行，甚至对公民行使参与权进行诸多限制，或在一些重大问题或关键性问题上遮遮掩掩，那么参与权的行使就只能浮于表面，而无实质意义。互联网和新媒体技术的发展使"网民"成为新的参与权行使主体，公民可以借助互联网的独特优势来行使参与权，而不再受到时间和空间的限制。一方面，互联网的普及极大地扩大了参与主体的范围。互联网以其开放性、自由性、即时性的优势吸引了众多网民，他们可以就某一问题直接发表个人看法，或者通过电子政务平台提出意见和建议，甚至直接与政府官员对话。在互联网普及之前，参与权对于大部分公民而言也许仅仅集中于参加选举、听证会、座谈会等线下活动，时间、空间、社会身份、教育背景等因素，都有可能影响公民的参与度。互联网的特征是开放性、匿名性，只要在法律的框架内，公民几乎可以不受限制地参与，公民行使参与权的成本极大降低，而参与度则极大提升了。因为网民身份的隐蔽性和多元性，权利主体的不确定性也随之增加，这也导致有时网络上的民意并不能代表真正的民意，部分网民的过度参与可能缩限其他公民行使参与权的空间。另一方面，随着参与主体的范围不断扩大，公权力机构也必须相应提高自身的开放程度，来满足公民日益增强的参与需求。我国政府积极推进"阳光政策"，大力推动政务信息公开，努力保障公众的知情权、参与权、监督权、表达权。此外，包括国家机关在内的各级机关都在努力推行的"互联网+政务服务"系统在信息发布、信息共享、民意调查和社会统计等方面发挥着重要作用。参与权的开放性令公权力机构变得更加开放,也只有不断提升公权力机构的开放性和透明度,建立公民参与的有效渠道和长效机制,才能保障公民有序、有效、充分地行使其参与权。

4. 平等性和不平衡性

尽管法律规定人人都可以平等地行使参与权,但实际上并非人人都有机会充分地行使这项权利。随着互联网时代的到来,网络的覆盖率和普及率不断提升,为公民广泛行使参与权创造了便利条件,参与门槛有所降低,参与权的平等性有所提升,并且在互联网平台上得到了充分的体现。一方面,互联网的虚拟性和隐匿性打破了现实世界的话语规则体系,创造了更加平等的参与环境。互联网的虚拟性决定了权威不再拥有话语权,等级不再拥有支配权,资历(年龄)不再拥有决断权。[①] 人人都可以在互联网上自由地表达自己的观点而较少受到身份的限制,讨论和辩论也变得更加纯粹,人们以道理说服他人或被说服,而不再受到年龄、职业、社会地位等其他因素的影响。人们进入网络世界之后就被重新符号化,现实社会中的身份、地位等都失去了意义,各个阶层的群体都可以平等地行使参与权。另一方面,互联网以及新媒体的出现使传统媒体的话语权被削弱,越来越多的参与主体拥有了设置议程的能力和条件。新媒体的高度直接性与话语表达的迫切性相契合,它不但为参与权的行使提供了现实的技术基础,也使网络参与主体的平等性趋于广泛化。[②] 针对一些敏感问题,网民和自媒体有时比官方媒体能更加迅速地发声。设置议程不再是传统媒体的特权,普通公民也可以通过社交媒体和自媒体平台发布内容,引发大众的关注。

但是,在参与权平等性因为互联网的普及而有所增强时,均衡性却不甚乐观,参与权行使的不平衡、不充分等问题开始凸显。事实上,同时具备参与意识和参与能力的毕竟是少数人,技术的发展给予更多人平等参与的机会,但"数字鸿沟"也进一步扩大了参与差距。"就公民个体之间的数字鸿沟而言,主要体现为公民是否以及在多大程度上具备条件和能力以掌握和运用网络信息技术参与国家公共生活方面的差距。"[③]首先,我国的互联网普及率刚刚超过七成,还有相当一部分公民尚未进入网民行列。善用互联网的公民同时掌握了信息资源和话

---

① 参见钟慧婷:《互联网表达:民意选择和选择民意——从奥巴马当选美国第56届总统看互联网的作用》,载《中国青年研究》2009年第2期。
② 参见张亚丹、张亚娟:《新媒体环境下公民政治参与的机遇、挑战和发展态势》,载《理论导刊》2018年第12期。
③ 金毅、许鸿艳:《公民网络政治参与的能力基础及其夯实路径》,载《理论导刊》2016年第4期。

语权,而无法接触互联网的公民在参与意识和参与能力等方面往往较为薄弱,当网络公民所造成的舆论影响力在现实世界中产生巨大的影响力时,那些无法通过互联网行使其参与权的公民就成为沉默的、被"代表"了的一群人。其次,少数利益集团往往掌握大量信息资源,并且处于优势话语地位,能够轻易地设置议程、引导舆论,而"单打独斗"的普通公民则较为弱势,处于话语边缘地位,他们的意见常常被淹没在言论的浪潮之中。与此同时,网络共同体的出现也在一定程度上压制了个体的参与权。网络共同体是网民在网络上基于主观或客观上的共同特征所结成的一种"团体"或"组织",包括虚拟社区、网络社团、电子政党等,网络共同体的极端化会造成话语霸权,压抑个体的自由表达,并限制网民多样化利益的实现。① 此外,一些特殊群体的参与权行使也存在困难,如果他们的诉求长期得不到满足,可能会采取极端行动。有学者对北京、上海、郑州三城市青年定量数据分析发现,在"四权"中,青年对参与权现状评价最低,在一定程度上反映了我国青年政治参与的不稳定情绪。②

(三) 参与权的价值

保障公民的参与权、扩大公民有序的政治参与对实现最广大人民的根本利益有重要作用,对公民参与权的保障体现了"一切权力属于人民"的宪法原则,是全面推进依法治国的必然要求,也是推进国家治理体系和治理能力现代化的重要一环。

1. 参与权体现了"一切权力属于人民"的宪法原则

西方人民主权学说代表洛克认为,人类存在一个完备无缺的自然状态,在这个状态中,人们自由、平等、独立,自然法起着支配作用,每个人是自己的法官,但是这种状况并不利于人们保护财产、解决纠纷,于是每个人便交出自己的一部分权利,签订契约、建立政府。所以,人们让渡出来的权利成为国家和政府的合法性基础。③ 马克思在批判和消解近代政治解放理想之后确立起追求"人类解放"的政治理想,要求在社会主义经济基础之上创造出一个符合人民民主的国家治理体系,并充分提升人民的政治文明素质,使人与人之间都能以应有的尊严和价

---

① 参见侯瑞雪:《我国公民网络参与权实现的主体困境及其出路》,载《四川行政学院学报》2018年第5期。

② 参见雷开春、杨雄:《互联网时代青年对公民政治参与权的认同》,载《当代青年研究》2016年第6期。

③ 参见〔英〕洛克:《政府论》(下篇),叶启芳、瞿菊农译,商务印书馆1964年版,第60—80页。

值相互对待,从而开辟出一条不断提升人的尊严和价值的民主道路。① 无论是西方资产阶级的人民主权学说,还是社会主义的人民民主理论,都承认国家主权属于全体人民。随着这一思想的深入人心,"国家主权属于人民"这一基本原则被多国写入宪法。我国《宪法》第 2 条第 1、2 款规定:"中华人民共和国的一切权力属于人民。人民行使国家权力的机关是全国人民代表大会和地方各级人民代表大会。"宪法是我国的根本大法,"一切权力属于人民"是我国宪法的基本原则。根据这一宪法原则,我国采用人民代表大会制度来实现"人民当家作主"这一社会主义民主政治的本质和核心,人民可以通过各级人民代表大会行使国家权力,参与国家管理和社会治理。"宪法被称为'公民权利的保障书',纵观当代民主国家的宪法,都对公民的选举权、参政议政权、监督权和自治权等民主权利做出了规定和保护。"②根据美国学者谢尔·阿斯汀提出的"公民参与阶梯理论",只有保障了公民的参与权,才达到了完全型参与阶段,而在社会主义民主政治建设中,参与权的落实最难,也很容易停留于形式上。③ 如果只有形式上的制度设计,而无实质性的权利,那么"一切权力属于人民"也只不过是一句口号。2012年12月4日,习近平总书记在首都各界纪念现行宪法公布施行三十周年大会上的讲话上指出:"我们要适应扩大人民民主、促进经济社会发展的新要求,积极稳妥推进政治体制改革,发展更加广泛、更加充分、更加健全的人民民主,充分发挥我国社会主义政治制度优越性,不断推进社会主义政治制度自我完善和发展。"我国社会主义民主本质上是为全体人民谋福利的人民民主,而参与权就是社会主义民主得以实现的重要要素。参与权的提出,就是将人民"管理国家事务,管理经济和文化事业,管理社会事务"的权利明确化和具体化,是使社会主义人民民主更广泛、更充分、更健全的必然选择。"人民当家作主是社会主义民主政治的本质特征,也是民主参与的最高形式。"④"人民当家作主"就意味着大到国家事务、社会公共事务,小到社区事务,只要是和人民的切身利益相关,人民就有参与决策的权利。也只有明确了这种参与性的管理权,才能确保人民享有更广泛的民主权利,才能满足人民日益增长的参与需求。只有依法保障公民的参与权,不断完善公民参与的制度供给,才能从法律和制度上明确公民参与的权利和路

---

① 参见陈晓斌:《社会主义与人民民主的"双重互构"逻辑——毛泽东"民主新路"探索及其新时代启示》,载《现代哲学》2019 年第 1 期。
② 石路:《论政府公共决策中的公民参与权》,载《理论导刊》2011 年第 4 期。
③ 参见雷开春、杨雄:《互联网时代青年对公民政治参与权的认同》,载《当代青年研究》2016 年第 6 期。
④ 李晓魁:《论现代化进程中的民主参与与政治制度创新》,载《科学社会主义》2020 年第 1 期。

径,让"一切权力属于人民"的宪法原则落到实处。党的十八大以来,以习近平同志为核心的党中央高度重视中国特色社会主义民主政治建设。2019年11月习近平总书记在上海考察时说:"我们走的是一条中国特色社会主义政治发展道路,人民民主是一种全过程的民主。""全过程人民民主"正是从制度体系上来保障人民当家作主各项权利的充分实现,推动了中国特色社会主义民主理论的新发展,实现了马克思主义民主理论的新飞跃。①

2. 参与权是全面推进依法治国的必然要求

1997年,党的十五大提出"依法治国,建设社会主义法治国家",并于1999年正式写入《宪法》。2014年,党的十八届四中全会提出,全面推进依法治国的总目标是建设中国特色社会主义法治体系,建设社会主义法治国家,进一步明确了在立法方面要"健全立法机关主导、社会各方有序参与立法的途径和方式,拓宽公民有序参与立法途径";在行政决策方面,要"把公众参与、专家论证、风险评估、合法性审查、集体讨论决定确定为重大行政决策法定程序";在司法方面要"保障人民群众参与司法,在司法调解、司法听证、涉诉信访等司法活动中保障人民群众参与,完善人民陪审员制度,构建开放、动态、透明、便民的阳光司法机制"等。由此可见参与的重要意义,公众参与成为完善立法体制、行政决策质量、保障司法公正的关键环节。2017年,党的十九大对新时代全面推进依法治国提出了新任务和新要求,把"法治国家、法治政府、法治社会基本建成"确立为到2035年基本实现社会主义现代化的重要目标。全国依法治国强调"全面",意味着依法治国战略的实施"必须统筹考虑解决国家治理的各个领域、各个环节、各种要素存在的各种矛盾"②。也就是说,既然不论是在政治领域、社会领域,还是在经济领域、文化领域,都必须依法办事,那么就必须坚持群众路线,让人民群众参与到这一庞大的系统工程中来,将人民群众的参与权予以明确化和具体化正是题中之义。党的十八大强调,"依法治国是党领导人民治理国家的基本方略","法治是治国理政的基本方式"。一方面,全面推进依法治国、建立社会主义法治国家,本质上是"为了在党的领导下,落实人民主体地位,保证人民依照法律规定,有效治理国家和社会,管理经济和文化事业,充分实现人民当家作主"③,所以依法治国的根本目的就是保障人民的权利,对参与权的保障是全面推进依法治国的应有之义。另一方面,人民是依法治国的主体,要实现法治,就必须让人民广

---

① 参见李林:《深刻理解全过程人民民主丰富内涵》,载《北京日报》2021年10月25日。
② 王磊:《国家治理现代化维度下全面依法治国的价值内涵与实现路径》,载《浙江学刊》2020年第2期。
③ 李林:《依法治国是党领导人民治理国家的基本方略》,载《光明日报》2017年8月18日。

泛地参与到法治国家、法治政府、法治社会的建设中来,人民享有参与权是人民参与社会主义法治建设的前提条件。具体到每一个公民,保障其参与权有利于增强参与意识、法治意识,培养社会公众的法治精神。对于政府而言,保障公民的参与权就意味着要不断拓宽公民的参与渠道,为公民创造参与的机会和条件,在人民群众监督之下规范权力运行,把严格规范公正文明执法落到实处,这对于法治政府的建设也有十分重要的意义。

3. 参与权是实现国家治理体系和治理能力现代化的重要要素

随着人类政治文明的发展,国家治理问题逐渐受到普遍关注,如何实现"善治"成为新的课题。"人类政治过程的重心正在从统治(government)走向治理(governance),从善政(good government)走向善治(good governance)"①,而"善治"是当前所有国家的共同追求。党的十八届四中全会通过的《中共中央关于全面推进依法治国若干重大问题的决定》指出:"法律是治国之重器,良法是善治之前提。"党的十九届四中全会通过的《中共中央关于坚持和完善中国特色社会主义制度 推进国家治理体系和治理能力现代化若干重大问题的决定》指出:"到二〇三五年,各方面制度更加完善,基本实现国家治理体系和治理能力现代化;到新中国成立一百年时,全面实现国家治理体系和治理能力现代化,使中国特色社会主义制度更加巩固、优越性充分展现。"我国自古以来就有追求"善治"的传统,"善治"的国家治理理念在我国得到广泛的认同和接纳。我国学者俞可平将"善治"概括为"使公共利益最大化的社会管理过程","善治的本质特征,就在于它是政府与公民对公共生活的合作管理,是政治国家与市民社会的一种新颖关系,是两者的最佳状态"②。中共中央提出的国家治理体系和治理能力现代化,既是一种"善治"的状态,也是一种为了达到"善治"而选择的科学路径。而保障公民的参与权,就是实现国家治理体系和治理能力现代化最终达到"善治"的必要途径。"善治是国家权力向社会的回归,善治的过程是个还政于民的过程。"③"善治"要求构建公权力机构与公民之间的良好互动关系,积极调动公民参与决策的积极性,在做出重大决策之前充分听取公民的意见和建议、广泛吸纳公民的智慧,对于公民提出的意见和批评等要及时回应,接受公民的监督,而这些都需要以保障公民的参与权作为前提条件。保障公民对国家事务和社会事务的参与权,从治理的角度看,有利于促进沟通交流、凝结共识,达到"公共利益最大化",

---

① 俞可平:《全球治理引论》,载《马克思主义与现实》2002年第1期。
② 同上。
③ 同上。

同时也提高公民对决策的认同度。改革开放以来,伴随着市场化、城市化的进程,我国社会的利益格局更加复杂多变,社会阶层发生结构性改变。我国社会需求结构总体呈现多样化、高级化的趋势,人们主观的社会需要不断增强,例如民主意识、公平意识、法治意识、参与意识、权利意识、环境保护意识等越来越强。①为了应对这些新形势、新变化,我国的社会治理理念和方式都需要进一步完善,"使各社会群体按照制度规范以一定的方式组织起来,进而实现安定有序又保持活力的国家治理目标"②。2017年,党的十九大报告中强调,中国特色社会主义进入新时代,我国社会主要矛盾已经转化为人民日益增长的美好生活需要和不平衡不充分的发展之间的矛盾。2019年,党的十九届四中全会明确提出要"建设人人有责、人人尽责、人人享有的社会治理共同体"。美好生活需要所有公民共同创造,社会治理共同体的构建需要所有公民共同参与,保障公民的参与权是实现共建、共享、共治新格局的首要条件。保障公民的参与权是构建社会治理共同体,最终实现"善治"的关键要素。

三、媒体与参与权

互联网时代,媒体成为推动公众参与权行使的重要力量,媒体的民意采集功能、议程设置功能和舆论引导功能等,对于搭建交流对话平台、构建公共领域、促进公众参与政治生活具有重要意义。有学者指出:"中国公众参与皆具有'媒体驱动'(media-driven)的鲜明特征,可视之为'媒体驱动型'公众参与。"③随着互联网和新媒体技术的不断进步,媒体对于参与权的推动作用呈现出一些新的发展与变化,参与权的行使更加平等、便捷、高效。

(一) 媒体推动参与权的实现

作为公共信息的载体,媒体在公众和政府之间扮演着重要的"桥梁"角色,发挥媒体的沟通功能对于公民参与权的有效行使至关重要。媒体不仅可以设置议程,还可以引导舆论,构建网络公共领域,推动多元化参与。

1. 扮演"桥梁"角色,实现良性互动

在公民和政府之间,媒体尤其是官方媒体承担着信息传播的中间角色。参

---

① 参见龚维斌:《我国社会结构变迁呈现新特点》,载《北京日报》2019年11月4日。
② 张海东、柴哲彬:《新社会阶层如何参与社会治理共同体建设》,载《人民论坛》2020年第10期。
③ 吴麟:《"媒体驱动型"公众参与的困境》,载《新闻爱好者》2010年第6期。

与权行使的目的之一是对政治系统施加影响。参与权的有效行使不仅要求权利主体的积极参与,而且要求政府的积极回应,在这一过程中,媒体扮演了桥梁角色,成为双方互动的重要工具。随着互联网的发展,参与权的行使不再局限于传统的选举、信访、参加听证会等形式,而是形成了网络意见表达、网络签名、网络反腐等多种形式。"传播媒介的变革与发展与政治参与有着共生和交互的关系,新的媒介传播形态正在改变政治参与的外延和内涵,增强政治参与的活力和积极效用。"[①]网络参与逐渐成为公民行使参与权的主要方式,媒体在组织公众参与重大事项讨论、反映公众的利益诉求方面发挥了重要作用,这不仅有利于加强政府和公众之间的信息对流,形成畅通的交流互动机制,而且有助于建设回应型政府,提升参与权行使的效能。

传播信息和采集民意是媒体的基础功能。媒体既是政府信息公开的重要工具,也是公众获知国家事务和社会公共事务的重要渠道。媒体强大的信息传播功能有利于公众知情权和参与权的实现。知情权是参与权的前提条件,公众只有在充分掌握真实情况的基础上,才能针对社会问题提出有建设性的对策和建议。过去"政治宣传成为媒体的首要职能甚至是唯一职能,人为地割裂了宣传阵地和社会需求的内在联系,而且很难在党和政府与民众之间起到沟通作用"[②],人们只能被动接受信息,通过媒体发声的机会并不多。但是,随着社会经济的发展,媒体逐步发展为大众传媒,媒体传播新闻事实、反映社情民意的基本职责得到重视,一方面将重大事件、重大问题、重要信息等传递给公众,另一方面将公众的意见和建议反馈给政府等决策机构,为构建公民和政府之间的互动关系架起了桥梁。童兵指出,"大众传媒具有便捷快速、传播广泛、社会影响广、致效力度大等特点,公民的一己之见经传媒传播之后,可能演变为社会舆论而得到广泛传递,公民个人的意愿可能成为同一群体的共同声音"[③];亦有学者指出,媒体为党和政府与民众之间搭建新的"高架桥"提供了契机。[④] 媒体承担了重要的社会责任,是公众和政府信息沟通的重要媒介,而互联网为信息传播和民意采集创造更为有利的条件。随着互联网技术的进步,新媒体崭露头角,主流媒体纷纷开始运用新媒体技术来传播和获取信息、提升其传播力。2009 年的两会期间,新华网、人民网等重点新闻网站都推出了"两会"专栏,为网民建言献策提供渠道。新闻

---

① 刘昱廷:《社交媒体中的政治参与——以美国为例》,载《视听》2019 年第 9 期。
② 莫文广:《提升媒体公信力 更好发挥桥梁纽带作用》,载《中国广播电视学刊》2014 年第 8 期。
③ 童兵:《"四权"建设:拓宽舆论表达渠道的突破口》,载《中国地质大学学报(社会科学版)》2020 年第 5 期。
④ 参见莫文广:《提升媒体公信力 更好发挥桥梁纽带作用》,载《中国广播电视学刊》2014 年第 8 期。

中心首次设立"网络访谈室",邀请部分代表做客新闻中心,与网民就一些热点问题进行在线交流,把"不在场的民意"带进人民大会堂,网民参政议政从虚拟走向现实。① 在疫情防控中,媒体也为政府广泛听取和吸纳社会民意,共同探索疫情防控举措提供了帮助。官方媒体、主流媒体一是迅速转换思路,不再遮遮掩掩,做到实时发布疫情动态,对疫情防控进行全方位的报道,保障了公众的知情权;二是在微博等互联网平台上设置了专门的评论区,广泛吸纳公众的意见和对策建议,缓冲了公众的激烈情绪,扮演了社会"减压阀"的角色。

2. 设置议程,推动多元化参与

1922 年,美国学者李普曼最早提出媒介为公众设置议程的概念,他在《公众舆论》(Public Opinion)中提出,"新闻媒介影响'我们头脑中的图像'"。1963 年,美国政治科学家伯纳德·科恩指出,"很多时候,媒介也许在告诉人民'怎么想'方面都不大成功,但在告诉人们'想什么'方面却惊人地成功"②,生动描绘了议程设置的核心思想。1972 年,美国传播学家麦库姆斯和肖在《舆论季刊》(Public Opinion Quarterly)上发表了论文《大众传播的议程设置功能》,率先明确提出了议程设置的理论。③ 在纷繁复杂的新闻世界中,公众注意力成为一种稀缺资源,媒体作为"把关人"或"守门人",经过层层筛选,将他们认为值得关注的事件呈现在大众面前,让参与权的行使更为集中和有针对性。

主流媒体、官方媒体在政策议程设置方面发挥了重要作用,是公民参与政策制定的主渠道。一方面,媒体通过政策议程设置,将政策信息传播给公众,让公众广泛知晓政府的决策信息,进而参与到决策中去,有助于缩小信息鸿沟和参与差距,保障公民平等参与。另一方面,媒体在设置议程的过程中,通过广泛收集评论,将公众的利益诉求反馈给决策者,让决策者在充分吸纳公众意见的基础上进行决策的调整、实施和追踪,有利于决策的科学化、合理化。

以互联网为主体的新媒体语境,将媒介"议程设置"引入更为复杂多变的媒介环境,议程设置的主体也趋向多元化,民间话语成为官方与媒介之外的第三种社会议程建构力量。④ 随着新媒体技术的进步,普通公众也可以成为"议题"的设置者,"议题"不再局限于官方希望公众参与讨论的主题,而是呈现出更加"多元化"和"亲民化"的特点。大到国家大事,小到邻里纠纷,都有可能成为公众关注

---

① 参见赵莉:《网络政治参与的现实意义分析——以"E 两会"为例》,载《当代传播》2009 年第 4 期。
② 〔美〕希伦·A. 洛厄里、梅尔文·L. 德弗勒:《大众传播效果研究的里程碑》(第三版),刘海龙等译,中国人民大学出版社 2004 年版,第 243 页。
③ 参见米华:《传统媒体议程设置功能的削弱及应对》,载《青年记者》2013 年第 20 期。
④ 参见李永凤、赵战花:《"议程设置"的理论发展脉络》,载《新闻知识》2014 年第 9 期。

的话题,引起广泛热议甚至是有组织的网络行动,进而对立法和政治决策产生影响。

随着新媒体的发展,自媒体和社交媒体成为"草根议程"设置的重要平台,为参与权的实现带来了新的机遇。微博、微信等媒介上的"意见领袖"成为设置议程的重要力量。"自媒体是继报纸、广播、电视等传统媒体之后的'第五媒体',其特点在于以数字信息技术为基础,以互动传播为途径。"①自媒体为公众提供了充分发表个人观点的平台,传统媒体发布新闻需要经过严格审查程序,并且囿于新闻的专业性,往往需要保持客观中立的态度。自媒体则可以相对自由地就社会事务和公共事件表达看法,新媒体技术在此意义上赋予了个体更多的话语权。公众通过对自媒体的关注、点赞、评论等一系列行为,表达态度和观点,形成了一种共同参与的特殊形式,并且随着公众参与范围的不断扩大,可能产生强烈的互动效应,引发决策者的关注和回应,对现实社会产生影响。

社交媒体也成为公民行使参与权的重要渠道。社交媒体强调互动,着重于建立关系,公民可以在社交媒体上寻觅到"与自己有共同精神追求、政治信仰、意识形态和价值观的人"②,形成"虚拟团体"和"虚拟社区",进行集体参与。2020年5月,美国非洲裔男子乔治·弗洛伊德遭警察暴力执法遇害,其遭遇暴力执法的视频在 Facebook 上被超过5.2万人分享,还在 Twitter、Instagram 和其他社交平台上传播,种族歧视问题再次被提上社会议程。社交媒体不仅成为人们表达愤怒的工具,而且成为美国各地抗议活动的主战场,网络参与逐渐演变为现实参与,抗议活动蔓延至30多个城市,超过2600万人参加,成为美国历史上最大的运动。最终,美国各城市和州通过了禁止锁喉的新法律,网络参与权的行使爆发出了巨大的影响力。

3. 引导舆论,构建网络公共领域

网络公共领域的构建有利于创建开放多元的对话空间、促进对话协商,为参与权的实现提供有利条件。"公共领域指介于政治国家与公民社会之间、公共权力领域与私人领域之间的中间环节,是公众通过话语形式参与公共事务,对公共事务进行讨论和批判,并对国家与社会之间的关系进行协调的公共空间。"③哈贝马斯认为,社会生活的一个领域之所以能够被称为公共领域,一个重要原因是,在这个领域中,像公共意见这样的事物能够形成,而且这个领域原则上向所

---

① 原新利:《自媒体"技术赋权"背景下公民参与权的特点及法律保障》,载《吉首大学学报(社会科学版)》2019年第4期。
② 刘昱延:《社交媒体中的政治参与——以美国为例》,载《视听》2019年第9期。
③ 熊光清:《网络公共领域的兴起与话语民主的新发展》,载《中国人民大学学报》2014年第5期。

有公民开放。① 随着互联网的发展,网络公共领域开始兴起,网民、互联网平台、网络舆论共同构成了网络公共领域,网络公共领域成为公民行使参与权的重要平台。

在网络公共领域中,环境更为宽松,身份更为平等,公民的话语权得到增强,针对国家和社会事务,公民可以自由地开展讨论和辩论,形成公共舆论,进而影响决策。但是,在鼓励公民在网络公共领域发表观点、参与国家与社会事务管理的同时,应警惕和防范虚假信息、非理性言论和不良舆论的负面影响。理性参与是参与权有效行使的前提条件,互联网的匿名性导致网民的言论较少受到监督和约束,当一些公共突发事件引起公众热议,互联网上不乏情绪化、非理性的言论表达,甚至出现别有用心的个人或团体买"水军"、博眼球、带节奏,引发"舆论风暴",导致网络谣言四起、网络暴力横行。

媒体的舆论引导功能对于促进网民的理性参与、营造有序的网络公共领域有重要意义。一方面,主流媒体和官方媒体可以积极投入到网络公共领域的建设之中,代表政府发声,引导舆论方向。童兵指出,官方媒体和主流媒体自觉抢报敏感话题,敢于设置重要议程,在第一时间报道突发公共事件,能够提高公信力。② 主流媒体作为媒介权威的代表,舆论具有组织性和条理性,可以通过陈述客观事实,加强正面报道,构建主流舆论场。当社会公共危机事件大范围引发公众关注,公众尤其渴望听到主流媒体的声音,"主流媒体最直接、最有效的舆论引领方式便是网络发声"③。在我国网信部门的强力推动下,2020年微博认证的政务机构账号数量超过14万个,粉丝数量突破30亿。人民日报、共青团中央等均开设微博、微信账号,实施网络舆论引导。在抗击新冠疫情的舆论场上,主流媒体在数据公开、澄清谣言等方面起到了重要作用,有助于厘清事实真相、消除不安情绪、引导理性参与。另一方面,传统媒体和新媒体、主流媒体和自媒体之间加强交流合作,合力形成主流舆论场和民间舆论场的良性互动。有学者指出,社会舆论信息主要由三方面构成:一是专业大众媒体及其自媒体采编制作播出的各类信息;二是官方非专业媒体机构开办的官方网站及其自媒体适时提供的相关领域的咨询信息;三是社会个体和非政府机构开办各类网站及其自媒体提供的各类即时信息,自媒体无论在官方机构还是非官方群体中,都已经成为重要的舆论信息生产传播力量。④ 所以,对自媒体意见领袖的团结,对于形成"网上统一

---

① 参见杜丹:《从结构转型到结构新转型》,载《广州大学学报(社会科学版)》2023年第3期。
② 参见童兵:《关于当前新闻传播几个理论问题的思考》,载《新闻与传播研究》2013年第1期。
③ 刘俊、胡智锋:《媒介融合时代主流媒体如何提升舆论引导力》,载《人民论坛》2019年第6期。
④ 参见张春斌:《自媒体时代舆论生成特点研究》,载《中国广播电视学刊》2020年第1期。

(二) 公众参与权行使过程中出现的问题

尽管随着科学技术的进步和政府、媒体的转型,公民参与权的行使较之以往已经更加广泛和深入,但是在公民行使参与权的过程中,仍存在诸多问题:一是参与冷漠的现象仍旧普遍存在,参与权的行使尚不充分;二是网络上存在大量的非理性参与行为,影响了参与的效能;三是数字鸿沟是公民平等行使参与权的主要障碍之一,算法技术的普遍应用也对参与权的行使带来了新的挑战。

1. 参与冷漠不利于基层民主和群众自治

参与权是实现基层群众自治的关键。尽管我国公民的参与权已经在法律上得到确认,但是并非所有公民都通过参与权的行使参与到了群众自治中。"公民是社会治理的重要主体,社会治理如果没有公民的广泛参与,那就不是真正的治理"[①],只有公民广泛行使了参与权,才能真正体现基层群众自治的价值。但是,参与冷漠现象在我国公民的政治生活中广泛存在,参与意愿较低,积极性和主动性不够,导致参与权的行使并不充分,不利于基层群众自治。我国公民参与权的行使方式主要包括选举、政治协商、立法和行政决策参与、基层群众自治等方面,参与冷漠在基层群众自治方面表现得较为明显。

基层群众自治制度是依照宪法和法律由居民(村民)选举的成员组成居民(村民)委员会,实行自我管理、自我教育、自我服务、自我监督的制度,它使人民群众能够直接参与涉及切身利益的各类管理和决策,并在此过程中具有充分行使民主权利、表达合理诉求的机会。[②] 基层群众自治是社会自治的重要组成部分,也是我国公民参与权实现的主要方式。党的十七大首次将"基层群众自治制度"写入报告,正式与人民代表大会制度、中国共产党领导的多党合作和政治协商制度、民族区域自治制度一起,纳入了中国特色政治制度范畴。党的十九届四中全会审议通过的《中共中央关于坚持和完善中国特色社会主义制度 推进国家治理体系和治理能力现代化若干重大问题的决定》也明确提出"健全充满活力的基层群众自治制度"。基层群众自治是以人人参与为显著特征的,除了依照法律被剥夺政治权利的人外,凡年满十八周岁的居民普遍拥有参与的权利和表达意见的机会。[③]

---

① 马立、曹锦清:《社会组织参与社会治理:自治困境与优化路径——来自上海的城市社区治理经验》,载《哈尔滨工业大学学报(社会科学版)》2017年第2期。
② 参见王新生:《全过程人民民主的鲜明特征和独特优势》,载《光明日报》2021年8月13日。
③ 参见詹成付:《健全充满活力的基层群众自治制度》,载《经济日报》2019年12月6日。

但是,在我国的基层群众自治中,公众参与权的行使并不充分,不管是居民自治还是村民自治,普遍存在"少数人积极,多数人冷漠"现象。有学者指出,在基层参与式治理中,大多数参与冷漠都有精英文化、公民社会发展滞后及成本收益不均衡三类因素不同程度的影响。① 有的公民在公共事务上存在"搭便车"心理,不愿意主动参与;有的则认为自己的意见或建议不一定会被采纳,因此往往是被动参与、表面参与。参与率低一方面可能导致最终做出的公共决策无法反映大多数人的利益诉求,不利于基层民主;另一方面可能导致政府难以知晓群众的真实想法,给社会治理带来挑战。

2. 非理性参与对参与权的异化

非理性参与主要体现在网络参与方面,由于互联网的开放性和匿名性,网民的非理性表达十分普遍,"网络空间所具有的虚拟性特征给网络参与者戴上了面纱"②。摆脱了真实身份的约束,网民将在现实生活中不敢表达的话语宣泄到了网络空间,甚至引发一系列极端行为,导致网络公共领域的秩序遭到破坏、价值遭到消解,不利于理性讨论的展开和社会的和谐稳定。

情绪化的表达是最常见的非理性参与行为。通常只需一个 ID 账号,网民就可以在互联网平台上随意发表观点。网络的匿名性意味着追责困难,随意发表过激言论却往往无须承担后果。有些网民假借参与之名,"将互联网公共空间当作个人情绪宣泄的工具"③,将合理的讨论、辩论变为无端的争吵、谩骂,一个人的情绪化表达有可能演变为群体的情绪化表达。情绪化的表达往往伴随网络民粹主义。从舆情角度看,民粹主义是把民意或民众的利益诉求推向极端化的一种思想表现,是鼓吹"民意至上",或以极端的眼光看待民众的利益诉求。④ 情绪化表达的背后是公民的利益诉求和政治主张得不到满足,故通过参与讨论、编造故事来引发共识、获得声援。学者陈龙称之为"借题发挥",即具有民粹主义倾向的网民通过编造热点事件"背后的故事",将事件中弱者的一方定义为"人民",人为制造二元对立关系,"将事件最终导向仇官、仇富、仇知的民粹主义话语"⑤,从而引发大规模的情绪表达。

网络谣言也是一种非理性参与行为。胡泳认为,谣言是一种政治抗议,是

---

① 参见方卫华、绪宗刚:《基层参与式治理的双重困境及其消解》,载《新视野》2015年第6期。
② 李传军:《网络公共领域的生成背景、运作机制及其问题分析》,载《中共杭州市委党校学报》2016年第6期。
③ 储成君:《当代中国网络公共领域的现实境遇与发展思路》,载《安庆师范大学学报(社会科学版)》2017年第1期。
④ 参见王来华:《如何应对网络舆情过度情绪化表达》,载《光明日报》2015年7月16日。
⑤ 陈龙、程梦玲:《"借题发挥":社交媒体空间的特殊舆论现象》,载《传媒观察》2019年第11期。

"社会矛盾积累到一定程度后的特殊爆发,是弱势群体进行政治抗议的特殊渠道"①。还有学者认为,在特定情形下,谣言是一种非制度化参与。② 然而,由于互联网的隐蔽性和快捷性,导致谣言一旦产生,就会进行迅速、广泛的传播,在短时间内引起舆论风暴。2018年,重庆公交车坠江之后,网上有消息称事故原因是私家车女司机穿着高跟鞋开车,还在桥上逆行,于是网友将矛头指向当事女司机,进而对开车的女性群体进行了攻击和谩骂。尽管事后车内黑匣子监控视频显示系乘客与司机激烈争执互殴致车辆失控,但女性群体无端遭受了谴责,甚至加深了公众对"女司机"的刻板印象。谣言的扩散反映了公众对真相的渴求和对官方的不信任情绪,这对于政府的舆情回应能力提出了更高的要求。

"人肉搜索"和"网络暴力"是较为极端的非理性参与行为。这两种行为集中体现了"多数人的暴政",使网络参与行为发生扭曲,背离了参与的初衷。"人肉搜索"指网民用提问、跟帖的方式来获取搜索结果的网络搜索方式。③互联网强大的信息搜索与整合功能使"人肉搜索"具备了先天的技术条件,能够让网民在短时间内集结力量、寻找到搜索对象。"虐猫"事件是"人肉搜索"史上一个里程碑式的事件,网民仅用6天时间就锁定了"虐猫"视频中的3名嫌疑人,公布了他们的个人信息,并对他们进行了舆论审判。在"死亡日记"事件中,网友不仅迅速找到了跳楼女白领的丈夫王某,还对其和家人实施了"网络暴力",王某在网络上被恐吓、通缉、追杀,其工作单位也因被骚扰而将其辞退。最终,两家披露了王某个人信息的网站被判侵权。"人肉搜索"是网民的集体参与行动,虽然被搜索的对象往往是引起民愤的公众人物或者有道德瑕疵的个体,公众通过公布其个人信息、对其进行舆论谴责,来维护社会整体的道德观念,但"人肉搜索"侵犯了公民的隐私权和名誉权,并且与"网络暴力"结伴而行,甚至演化为现实世界的暴力,导致事件当事人受到实质性伤害,是一种对参与权的扭曲和异化。

3. 数字鸿沟与算法技术对参与权的削弱

数字鸿沟是信息和通信技术发展过程中造成的国家内部或国家之间不同群体在获取信息技术的机会和应用互联网的能力上的差距。④ 数字鸿沟的客观存在导致公民无法平等地行使参与权。

---

① 胡泳:《谣言作为一种社会抗议》,载《传播与社会学刊》2009年第9期。
② 参见郭小安:《网络谣言的政治诱因:理论整合与中国经验》,载《武汉大学学报(人文科学版)》2013年第3期。
③ 参见尚文静:《从传播学角度看"人肉搜索"》,载《新闻爱好者》2011年第5期。
④ 参见储成君:《当代中国网络公共领域的现实境遇与发展思路》,载《安庆师范大学学报(社会科学版)》2017年第1期。

根据第50次《中国互联网络发展状况统计报告》,截至2022年6月,我国城镇网民规模达7.58亿,占网民整体的72.1%;农村网民规模达2.93亿,占网民整体的27.9%;农村地区互联网普及率为58.8%,从地区来看,我国非网民仍以农村地区为主,农村地区非网民占比为41.2%,高于全国农村人口比例5.9个百分点。从这组数据可以看出,受制于城乡基础设施的差异和经济、文化水平的差异,数字鸿沟存在于不同的地区和不同的社会群体之间。网络是物质技术与经济发展相结合的产物,如果人们缺乏物质技术和经济保障,就无法保证运用网络来掌控信息,更无法发布、传播和接受政治言论,造成网络政治参与机会的不公平。① 参与权的价值基础在于人们平等地享有参与国家和社会事务管理的机会,从而保障民主政治的实现。而数字鸿沟可能导致信息上和经济上的差距扩大、一些困难群体或边缘人群被"再边缘化",进一步加大社会的两极分化。

与此同时,算法正在开辟新的数字鸿沟,给参与权的行使带来挑战。随着智能技术的广泛应用,算法成为各类新闻媒体组织的"新雇员"和新的新闻"守门人",算法对信息进行计算、排序、分类、连接和过滤,决定着用户个体的新闻可见性(visibility)和新闻使用习惯。② 人类对算法技术的应用是基于精准化推送和个性化服务所能带来的商业利益,但同时也可能造成"回音室"效应和"信息茧房"效应,导致人们接收信息的同质化和观念的固化,不利于信息交换和观点碰撞。李普曼曾提出"拟态环境"的概念,即我们生活的世界并不是最真实的世界,而是大众媒体通过对新闻信息的选择、加工和报道所营造的环境。③ 算法技术进一步升级了这一"拟态环境",将人们愿意看到的和愿意相信的摆在了人们的面前,同时剥夺了人们全面了解真相的权利和倾听不同声音的机会,人们在信息获取上的差距进一步扩大。此外,算法还影响了公众的参与能力。一方面,公众的知情权逐步被算法所控制,碎片化信息和同质化信息模糊或掩盖社会真相,导致人们无法进行理性参与;另一方面,算法对用户画像的技术描摹导致人成为"透明人",人们的兴趣、观点、思想情绪都可能被深度掌握,进而人们的参与行为也可能被算法操纵。

(三)加强公众参与权的实施路径

推动参与权的有效实施,首先应激发公众的参与热情,通过拓宽参与渠道、

---

① 参见李传军:《网络公共领域的生成背景、运作机制及其问题分析》,载《中共杭州市委党校学报》2016年第6期。
② 参见杨洸、佘佳玲:《算法新闻用户的数字鸿沟:表现及影响》,载《现代传播(中国传媒大学学报)》2020年第4期。
③ 参见〔美〕沃尔特·李普曼:《公众舆论》,阎克文、江红译,上海人民出版社2006年版。

创新参与形式等多重手段促进公众的广泛参与和深度参与;其次应加强对互联网平台的规制,促进依法参与和有序参与;最后应不断加强基础设施建设,为公民平等地行使参与权扫除障碍,并且加强对算法技术应用的管理,让公民在充分"知情"的基础上进行理性参与。

1. 激发参与热情,加强参与深度

"参与的深度是指公众参与对国家治理决策及其实施的影响力与拘束力的强弱。"[①]参与冷漠的直接后果就是参与率低和被动参与。我国公民参与权行使的范围较广,包括政治参与、经济参与、文化参与和社会事务参与等,但是公民在非政治领域的参与热情与参与深度明显高于政治领域。如何将公民在政治领域的参与权利转化为实实在在的参与行为,是当前应当关注的重点。"在全能型国家时代,社会公众由下而上的表达极为困难,而互联网拓展了政治互动和表达的空间"[②],给参与权的深度实施带来契机。随着新媒体技术的发展,通过互联网行使参与权的便利性开始凸显,新媒体技术的应用也有利于激发公众的参与热情,扩宽参与渠道,加强公民和政府之间的连接互动。

一方面,不断创新参与形式,为公民提供更加便捷、高效的参与方式。一是吸收媒体经验,加强政府门户网站建设、"两微一端"建设,在立法上完善政府信息公开制度。按照《国务院办公厅关于加强政府网站建设和管理工作的意见》指出的"严格依法、全面真实、及时便民"的政务公开要求,发布政府信息,"构建统一、协调、高效、及时、便民的'网上政府',真正建成透明政府"[③]。针对重大公共决策,提前发布信息、公开征求意见,建立决策咨询的常态化机制;针对突发公共事件,主动、及时地发布真实情况和最新进展,充分尊重公众的知情权,营造良好的舆论环境;针对政策法规的发布,加强专家解读和媒体解读,让公众对政策法规有更深刻的理解和认识,使政府的新媒体平台成为公众了解政府工作的主要途径。二是善用新媒体技术,通过网络问政、网络反腐、网络信访、网上投票等参与手段,畅通公民的表达渠道。通过市长信箱、市长热线、市长在线访谈和直播等手段,加强公众和政府之间的交流对话;通过开辟咨询投诉、监督批评的绿色通道,反馈公民的利益诉求和对政府、官员的意见建议。

另一方面,加强回应型政府建设,提高参与效能。"回应是民主的核心价值,

---

① 朱兵强:《公众参与国家治理的实效性》,载《电子政务》2015 年第 9 期。
② 张明新、刘伟:《互联网的政治性使用与我国公众的政治信任——一项经验性研究》,载《公共管理学报》2014 年第 1 期。
③ 杨峰:《论网络政治参与权的法治保障》,载《电子政务》2016 年第 6 期。

也是判断公民政治参与有效性的关键"①,只有公众的意见得到及时的反馈和解答,公众的利益诉求被政府所重视,公众的参与权行使才是真正有价值、有意义的。一是完善信息回应机制。"遵循信息传播规律,做到及时受理、妥善答复公众,确保件件有回音,事事有落实"②,让公众感受到政府吸纳社情民意的诚意,提高建言献策的积极性。二是完善决策咨询机制。将公众的参与作为行政决策的必要条件,利用媒体将行政决策的信息及时、广泛地告知公众,加大行政决策过程的公开度和透明度,并且利用互联网平等、开放的特点,将不同行业的公众聚集起来进行对话、协商,加强行政决策的民主性和科学性。

2. 加强对互联网平台的规制,增强参与的依法性

随着我国公民的参与意识逐渐提升,网络参与逐渐成为公民行使参与权的主要途径,但是网络参与的无序化和非理性现象凸显出公民责任意识与法律意识的淡薄。公民的参与行为要受到法律的约束,公民应当在遵守法律的前提下行使其参与权,即依法参与。可以从加强对公民参与行为的法律规制和加强对互联网平台的法律规制两方面着手,增强公民的法律意识,搭建平等、和谐的协商对话平台,构建健康、有序的网络公共领域。

一方面,在法律上明确公民参与权行使的规则、方式和界限,以及滥用权利可能导致的后果等,为规范公民的网络参与行为提供法律指引。一是严厉打击利用互联网特点和社会热点问题故意扰乱网络秩序和社会秩序的非法行为,对于因为部分网民的过度参与而遭到伤害的个人或集体及时提供法律救济,防止因为网络暴力而造成人身安全和财产权益受损,互联网绝不是"法外之地"。二是对于具有较大影响力的自媒体博主或"意见领袖"等,要实行实名制,对于微信公众号等自媒体严格落实许可备案制度和内容审查制度,引导自媒体成为舆论引导的有效助手,而非网络谣言或网络暴力的推手。三是加强法治宣传,引导公众树立规则意识和责任意识,提升公民理性参与的能力,引导依法参与。

另一方面,坚持用法治思维和法治方法治理互联网空间,依法管理互联网平台,为协商民主创造有利条件。一是对于互联网平台的权利义务作出更为明确和具体的规定,尤其是加重互联网平台对于用户言论的审查义务,设立专门的监管部门对互联网平台进行监管,在充分尊重公民表达权的基础上,甄别虚假信息和网络谣言,消除色情、暴力、仇恨、极端言论,营造风清气正的网络空间。二是鼓励互联网平台设立专门的协商对话版块,为公众行使参与权开辟路径。通过

---

① 杨福忠:《公民有效网络政治参与的生成机制及法律保障》,载《河北学刊》2012年第3期。
② 曾凡斌:《互联网对建议型政治参与的影响研究》,载《广州社会主义学院学报》2015年第3期。

设置议程、组织讨论等,完善协商对话机制,构建网络公共领域,在"观念市场"下去伪存真,形成真正的公共话语。① 三是鼓励互联网平台加强对用户互联网言行的分析,充分利用大数据分析技术,收集、整理公众最关心的问题,将公众的利益诉求反馈给相关部门,避免对合理诉求的"拦截"引发大规模的逆反效应。四是加强互联网平台的舆论引导功能,通过权威渠道来公布事实真相和主流意见,引导用户理性发声、合法参与。五是通过技术手段过滤不良信息和不良言论,针对"水军""水贴"进行法律和技术上的双重治理,使互联网平台真正成为普通公民发表意见和参与讨论的公共对话平台。

3. 加强基础设施建设和对算法技术的规制

网络参与减轻了社会公众的参与成本与参与负担,有助于参与权的广泛行使,但同时也提高了部分远离网络的人群的参与门槛。所以,应加大对这些居民的设备支持和技术援助,保障其运用互联网手段行使参与权的权利。首先,从加强信息基础设施建设上着手,通过财政支持和政府补贴,加大对偏远地区和农村地区的投入,提高这些地区的网络覆盖率和信息化程度,满足农村居民的信息化需求,同时"提高广大农民应用网络和信息增收方面的能力"②。其次,加强县级融媒体建设,通过将电视、广播、报刊等传统媒体与网站、微信、微博等新媒体融合共通,打通媒体融合的"最后一公里",形成信息传播的矩阵。一是精准传达政务信息,就政府决策广泛征求群众意见;二是与群众密切互动,反映群众诉求,解决群众的问题;三是利用新媒体技术发展网上政务、服务群众,让群众意识到线上参与的便捷与高效;四是善用本地资源,打造本地主流舆论场,引导本地群众有序参与。最后,加强对文化程度较低和年龄较大的居民的网络技能培训,动员熟练使用互联网的居民广泛参与,努力弥合因技术使用技能差异而造成的数字鸿沟。

"公民利用互联网行使参与权需要充分的信息支持,参与者掌握信息不充分、不系统,就不能基于数据、事实进行理性辩论,而只能凭借切身感受或个人经验来表达偏好。"③然而,在新闻分发领域,算法常常导致"信息茧房"效应,不利于参与权的有效行使。喻国明指出:"算法推荐实际上在相当大的程度上已经绕开了人工终审的管理环节,成为当今社会性传播中最重要的一个特征。"④"媒介是人的延伸",在当前的弱人工智能时代,算法技术的背后实际上是从业者的态

---

① 参见杨峰:《论网络政治参与权的法治保障》,载《电子政务》2016年第6期。
② 李健、邬晓鸥:《我国城乡数字鸿沟研究进展及思考》,载《人民论坛·学术前沿》2017年第17期。
③ 杨福忠:《公民有效网络政治参与的生成机制及法律保障》,载《河北学刊》2012年第3期。
④ 喻国明:《人工智能与算法推荐下的网络治理之道》,载《新闻与写作》2019年第1期。

度、观念,算法集中体现了传播权力拥有者的价值取向。算法新闻的兴起展示了技术对于新闻格局的重构,从信息采集、新闻编写到内容分发,机器和智能技术逐渐代替了记者和编辑,自主编写新闻并且根据用户偏好进行个性化推送,在实现精准化服务的同时,导致"用户沉浸在算法推荐下的信息圈内,形成一个个封闭式环境,不同的社会群体之间的壁垒被强化"[①],不利于对话协商。应加强对网络新媒体和互联网平台算法技术应用的规制,推动"算法透明",加强内容审核制度,保障用户的知情权和选择权,避免用户陷入"信息茧房"。媒体和互联网平台还应承担起一定的社会责任和舆论引导功能。媒体应当展现客观世界的全貌,在算法编制和内容分发的过程中,应充分吸纳新闻记者和编辑的意见,突出新闻的公共性和专业性,注重发布事实真相、进行价值引导,使公众能够客观、全面地看待新闻事件,避免问题算法影响公众参与权的行使。

四、媒体对公民参与权行使过程中各项冲突的平衡

在公民行使参与权的过程中,不可避免地会面临和其他权利发生矛盾冲突的情形,如参与权和话语权之间的冲突、参与权和被害人控告权、委托代理权之间的冲突,以及参与权和与未成年人监护权之间的冲突等,甚至公民还会在参与行政决策或公共决策的过程中面对和政府决策权的冲突。在矛盾冲突发生时,媒体应当坚持实事求是的原则,坚持新闻报道的客观性和真实性,展现公共事件的全貌,并且积极发挥沟通协调作用,在不同的权利主体之间、在公民和政府之间,架起沟通的桥梁,在充分保障公民知情权、表达权的基础上,推动参与权的有效实施。

(一) 参与权与用户话语权的平衡

1. 参与权与话语权的冲突

法国哲学家米歇尔·福柯在其《话语的秩序》的演讲中首次提出了"话语权理论",指出"话语即权力"。龚莉红认为,"话语权"是"话语"的核心权力,带有天生的阶级烙印,是每个统治阶级必然争夺的对象,也是必然维护的权力,只有渗透了某个阶级的价值观,并且在满足统治阶级的政治诉求、审美倾向、价值观念

[①] 杜娟:《走向人机协同:算法新闻时代的新闻伦理》,载《新闻爱好者》2019年第9期。

等需求后,"话语"才能顺畅地在社会上传播。① 可见,话语是一种承担了一定社会功能的权力,话语反映其背后的阶级属性和意识形态,掌握了话语权就意味着对特定价值观念拥有了传播权和引导权,同时也意味着拥有了巨大的影响力。

话语权是一种权力,而参与权是一种权利,二者存在属性上的分歧。参与权是公民依照法律的规定参与国家和社会事务管理的权利,而话语权却往往掌握在少部分人手中。参与权是话语权的前提,只有拥有了参与权,公民才有了对国家和社会事务的发言权,而只有通过规模化的集体参与,才有可能形成一定的影响力,进而产生话语权。对于那些已经拥有话语权的集体或个人,他们的参与行为往往更具效能,因为随着注意力已经成为一种稀缺资源,谁拥有话语权,谁的声音就更容易被听到,甚至可以引导舆论走向。所以,如果不能掌握话语权,普通公众的利益诉求就会湮没在庞杂的信息之中,参与权也就无法实现。

知识和媒介是话语权的主要载体。在互联网时代开启之前,媒体掌握话语权。媒体作为表达思想、传播信息的平台,"虽然不是权力的执掌者,但是构成了权力的空间"②。其中,主流媒体充当着"代言人"和"把关人"的双重角色,在社会舆论格局中拥有较强的话语权。随着经济的发展,媒体之间的竞争成为常态,"晚报"和"都市报"纷纷崛起,主流媒体的受众被分流、话语权被削弱。互联网和新媒体的兴起将话语权的争夺战从现实转移到了虚拟空间,"传统媒体话语的绝对权威地位开始动摇,公民个人的公共话语权有了大幅度增强,打破了媒体对信息的绝对主宰"③。但是,对于绝大多数普通公民而言,其话语权仍旧十分微小,强势群体和互联网平台对话语权的争夺给公众参与权的行使带来挑战。

2. 冲突的表现形式

(1) 强势群体话语权对大众参与权的削弱

有学者把公众分为弱势群体、中间阶层和强势群体三种类型,不同的社会地位导致他们对话语权的掌控程度差异较大,强势群体在传播活动中拥有支配性话语权,弱势群体多是被动地接受媒介信息,而中间阶层则能够利用各种媒介更好地表达、争取自己的权益,成为微博中的"新意见阶层"。④ 强势群体能够利用其影响力推动参与权的有效实施,但同时也可能因其影响力过大而导致其他群体参与权的削弱。当前,微博、微信公众号、抖音等互联网平台都为网民自由发

---

① 龚莉红:《基于"信息茧房"理论的意识形态话语权研究》,载《河海大学学报(哲学社会科学版)》2019年第5期。
② 赵福君、王党飞:《论新媒体时代媒介话语权的变迁》,载《编辑学刊》2015年第5期。
③ 陈伟球:《新媒体时代话语权社会分配的调整》,载《国际新闻界》2014年第5期。
④ 参见申玲玲:《微博话语权对现实话语空间的影响》,载《新闻界》2013年第4期。

表观点提供了渠道,一些网民开始成为舆论主体。以微博为例,从微博大 V 的构成不难看出,掌握主要话语权的依旧是名人、精英等强势群体,现实社会中的身份优势成为强势群体在微博上"吸粉"的资本,他们发布的内容常常成为热门话题,普通公众的声音则难以获得关注。一些弱势群体可能因为偶发事件得到大 V 的转发、评论,而获得短暂的关注,但是当事件的热度过去,他们往往又回归到"沉默的大多数"之中。平等的参与权并未演变为平等的话语权,尽管中间阶层和强势群体可以利用其影响力代替弱势群体发声,表达公众的利益诉求,但是为了避免被卷入舆论"漩涡",强势群体发声越发慎重。同时,强势群体也可能与某些利益集团合谋,追逐关注度和广告收益,如果强势群体的议程设置过度商业化、娱乐化,那么大众的注意力也就难以集中于国家和社会事务的管理,普通公众尤其是弱势群体的利益诉求也就无法获得关注,参与权遭到削弱。

(2) 互联网平台话语权对大众参与权的削弱

随着"用户至上"这一经营理念的兴起,大众传媒话语权呈现出从精英主义到消费主义的变化,互联网平台也逐渐成为新的话语权拥有者。互联网平台通过技术手段掌握内容分发的渠道,能够决定哪些新闻或信息被公众看到,媒体的话语权遭到限缩。一些互联网平台甚至以经济利益为驱动,将用户的关注度和回应度作为评价内容产品的主要标准,通过设立绩效考核规则将内容生产者变成"文字劳工","代码成为新的规则",专业媒体的劳动成果沦为下游素材,新闻的专业性与公共性遭到消解。尽管互联网平台给予了公民平等行使参与权的机会,但是在这样一个以技术为基础、以利益为导向的"虚拟王国"中,话语权实质上掌握在平台手中。平台通过算法的规训,扶植了大批有能力获得高关注度的内容生产者,并将他们的内容产出与广告收益直接挂钩,直接后果就是内容产品更加迎合用户趣味,而非社会发展和进步的真实需要。人们因为逃避复杂现实的需求而纷纷躲入互联网平台为其量身打造的轻松愉悦的幻景之中,呈现出"泛娱乐化"现象,"一切公众话语都日渐以娱乐的方式出现,并成为一种文化精神,我们的政治、宗教、新闻、体育、教育和商业都心甘情愿地成为娱乐的附庸,毫无怨言,甚至无声无息"①。普通用户生产的内容已经很难进入算法分发渠道,而"原本设置大众议程、引领社会风气的新闻记者也开始放下尊严,主动迎合大众品味和社交媒体的需要。无论是新生的新闻聚合应用还是大报的新闻编辑室,

---

① 〔美〕尼尔·波兹曼:《娱乐至死》,章艳译,中信出版社 2015 年版,第 4 页。

都在抛弃传统的专业伦理标准,追求'10 万+''100 万+'作为内容采编的核心目标"①,娱乐新闻逐渐挤占严肃新闻的空间,大众传媒话语权对于公共利益的贡献正在急剧缩减。在互联网平台制定的游戏规则之下,普通公众不仅无法掌握话语权,而且受到"泛娱乐化"的影响,迷失在对感官刺激的追逐中,公共精神和社会责任感减弱,不利于参与权的实现。

3. 冲突的解决方式

一方面,从各行各业中培养真正的"代言人"。微博财报显示,截至 2019 年年底,微博月活跃用户达到 5.16 亿,相比 2018 年年底净增长约 5400 万,其中移动端占比 94%。这样庞大的用户规模既表明微博有成为网络公共领域的可能,又表明让每个网民拥有平等的话语权并不现实,注意力的有限性决定了人们倾向于关注那些有一定社会影响力的人,即强势群体,并从他们处获得信息。大 V 是微博场中话语权的重要拥有者,除微博技术赋予外,人们对其的信任、关注和集体选择,也成为赋权的重要因素。②但是,如果大 V 的话语无法代表公众的态度和意见,甚至无视公众的利益诉求,那么势必影响公众参与权的行使。所以,应该有意识地培养一些意见领袖,使其能够成为"代言人"和新的社会"减压阀"。挑选的标准一是能够主动设置议程,发动公众就公共事务的管理进行讨论,激发公众的参与意识,解决现存的社会问题;二是勇于承担社会责任,能够代表困难群体发声,反映困难群体的利益诉求和公众的意见建议;三是在一些社会热点事件中,能够引导舆论,避免网络暴力等极端行为,帮助营造健康有序的参与环境,引导大众理性参与。

另一方面,加强对互联网平台的算法规制,完善对内容产品的审查机制,尤其是加强对爆款内容产品的事后审查,避免消费主义、享乐主义带来的"泛娱乐化"风潮。彭兰教授指出:"个性化时代,我们仍然要推动公共信息穿透个体的'茧房'。公共匹配的目标是将有公共价值的信息传达出去,使之到达最广的人群,这也将是未来算法的一个努力方向。"③尽管互联网平台以获取利润为主要目标,但仍然应当强调互联网企业的社会责任,当"机器算法"逐渐代替人工进行内容生产和分发,算法的技术伦理显得尤为重要。一是要强调信息传播的算法监管和算法透明,避免过度迎合大众趣味而造成低俗信息、娱乐信息的泛滥,还

---

① 王维佳:《专业主义的挽歌:理解数字化时代的新闻生产变革》,载《新闻记者》2016 年第 10 期。
② 参见潘智琦、靖鸣:《微博"大 V"话语权边界及其有效行使》,载《新闻爱好者》2017 年第 4 期。
③ 参见彭兰:《智能时代的新内容革命》,载《国际新闻界》2018 年第 6 期。

应对"用户画像""个性化推荐"等算法技术进行规制,避免出现"过滤泡效应"和"信息茧房"效应。二是呼唤新闻媒体专业性和公共性的回归,随着机器写作成为新闻业的一大趋势,新闻从业人员可以转变角色,利用其专业知识成为信息分发的"把关人",或专注于对社会问题的深度采写,引导公众客观看待外部世界,避免公共知识的衰退。三是"把党管媒体的原则贯彻到新媒体领域,所有从事新闻信息服务、具有媒体属性和舆论动员功能的传播平台都要纳入管理范围"[①],强化对互联网平台的外部监督和对自媒体的内容审查,坚持正确的舆论导向。

(二) 参与权与被害人控告权、委托代理权的平衡

1. 参与权与被害人控告权、委托代理权的冲突

微博、微信等自媒体极大地加快了司法案件的信息传播速度,导致一些刑事案件、未成年人案件能够在短时间内成为社会热点,并引起强烈的舆论反响。人们在针对这些案件发表观点的同时,可能存在着过度参与的问题,参与权与案件被害人控告权、委托代理权之间发生矛盾,甚至影响舆论走向,不利于独立审判。

《中华人民共和国刑事诉讼法》(以下简称《刑事诉讼法》)第46条规定,公诉案件的被害人及其法定代理人或者近亲属,附带民事诉讼的当事人及其法定代理人,自案件移送审查起诉之日起,有权委托诉讼代理人。委托代理人作为普通公民,同样享有参与权,可以就案件发表看法,但是委托代理人如果出于维护当事人利益的目的,进行不恰当的网络表达,不但不能维护当事人利益,反而可能因披露当事人隐私,侵害当事人的隐私权和名誉权,而不实信息的传播还会引发不良舆论,对被害人造成二次伤害。此外,委托代理人进行违背客观事实或情绪化的表达,引发公众对当事人的同情和怜悯,可能侵害其他利益主体的权利,并且导致社会舆论干扰司法审理。

2. 冲突的表现形式

在一些引发社会热议的案件中,不乏被害人家属和律师活跃的身影。在"李某某案"中,其家属一方面向法庭提交申请,要求公开审理,"让所有的事实、证据和办案过程全部公开化,接受全社会的监督,去除神秘感,消除公众对其家庭和司法的双重误解"[②],试图用公开未成年人隐私内容对抗被害人控告权;另一方面又质疑被害人是"陪酒女",欲为李某某做无罪辩护。律师甚至将辩护词发至

---

① 《习近平总书记重要讲话文章选编》,党建读物出版社2016年版,第422页。
② 林凌:《网络传播未成年人涉案事件的几个法律问题》,载《当代传播》2014年第1期。

网上,在网络上引导舆论走向,这是一种过度参与的表现。律师往往以维护其自身表达权为由,在互联网上就其代理的案件随意发表意见,但这可能造成激化社会矛盾的不良后果。在"药家鑫案"中,受害人张妙的代理律师张显在微博上捏造药家鑫父亲药庆卫的身份,将药家鑫定位为"官二代""富二代",利用公众的仇富情绪煽动舆论,给法院施压。此案中,代理人的不当行为是对参与权的滥用,媒体也过度行使了参与权,如某网站发表不实报道,确认药家鑫的干部子弟身份,还有一些媒体对一审判决药家鑫死刑的鼓掌叫好,都在事实上形成了"舆论审判",干扰了司法秩序。

3. 冲突的解决方式

一方面,推进司法公开,提高司法公信力。公众的参与对于推进司法公开有重要意义,司法机关要注意引导公众依法参与、有序参与。一是承担起普法的责任,宣传强调程序正义和公正司法的重要性,将法言法语转化为公众听得懂的语言,加强公众对司法机关的理解和信任;二是针对公众比较关注的案件,主动及时公布审理情况并做好释法工作,积极回应网民的疑问;三是落实人民陪审与庭审公开制度,利用网络"直播"等新媒体技术,将司法过程展现给公众,为公众营造"在场"感,主动为公众提供参与的渠道;四是完善舆情收集机制和回应机制,针对虚假信息及时辟谣,主动和公众进行对话沟通,加强和公众的互动。

另一方面,在案件审理过程中,媒体要注意摆正位置,报道客观真相,避免新闻专业主义的缺失导致"舆论审判"。展江教授指出,"媒体审判"是由"报纸审判"发展而来的,"媒体审判"原本是国外司法界对报纸等媒体在法治报道中越界行为的批评,而随着互联网和自媒体的兴起与普及,"舆论审判"正在逐渐取代"媒体审判"。[①]媒体在引导舆论方面有巨大能量,应当加强行业自律,提高专业素养,坚持新闻的专业性,忠于观察记录和传播真相,而非设置一些能够引发社会矛盾的议题,煽动网民情绪,导致舆论审判。一是要避免在案件报道中对当事人进行道德审判,不得通过一些非理性、情绪化的表达来煽动网民情绪,对司法机关施加压力;二是要避免在案件报道中判断案情、预设结果、误导公众,导致判决结果和媒体预设结果不一致时引发公众对司法机关的质疑;三是在案件报道中应当注意保护当事人隐私,尤其是保护未成年人的隐私,避免网民的过度参与导致当事人权利受损;四是避免深挖和公布案情细节,正如展江所言,"媒体最应该遵循的一条就是在庭审前无论出于什么原因都不应该主动追逐刑事案件诉讼

---

① 参见展江、刘亚娟:《江歌命案何以成隔海打牛的"舆论审判"?》,载《新闻界》2018年第1期。

参与人"①。

（三）参与权与未成年人监护权的平衡

1. 参与权与未成年人监护权的冲突

互联网时代,未成年人公众人物和未成年人涉案事件已经成为人们关注的焦点。监护人的代理行为以及监护人自身表达权的行使可能导致未成年人隐私的过度曝光,公众在行使参与权的过程中对未成年人隐私的传播和讨论最终侵犯未成年人的隐私权,甚至导致未成年人案件中的受害者受到二次伤害。2020年修订的《中华人民共和国未成年人保护法》第 49 条规定:"新闻媒体应当加强未成年人保护方面的宣传,对侵犯未成年人合法权益的行为进行舆论监督。新闻媒体采访报道涉及未成年人事件应当客观、审慎和适度,不得侵犯未成年人的名誉、隐私和其他合法权益。"2018 年修订的《刑事诉讼法》第 285 条规定,审判的时候被告人不满十八周岁的案件,不公开审理。国家广播电视总局公布的《未成年人节目管理规定》也明确指出,要保护尊重未成年人的隐私和人格尊严等合法权益。但是,从"李某某案"可以看出,不少媒体在报道的过程中并未坚持职业操守,而是深挖细节,推波助澜。未成年人监护权应当在法律的范围内慎重行使,媒体和公众在行使参与权时也应当注意保护未成年人隐私。

2. 冲突的表现形式

一方面,未成年人公众人物的监护人行使监护权,对其个人信息和成长活动记录的支配和传播,可能在将来给未成年人产生不利后果。监护人对童星的培养以及经纪公司对"养成类"明星的打造就是通过持续呈现未成年人的成长过程来获得关注,完成"造星"运动。童星的父母为获取经济利益而曝光子女隐私的行为,导致未成年人的一些私密信息和私密活动不可避免地被曝光,而互联网的记忆难以磨灭,一旦未成年人做出可能激起众怒的行为,就面临"起底"和网络暴力。公众参与权的行使对未成年人隐私权的伤害常常超出监护人的预料,"未成年公众人物在成为公众时让渡部分隐私权是由其法定监护人代为决定的,未成年人没有能力预测和防止让渡部分隐私权所可能带来的各种精神损害"②,却要承担监护人的决策所带来的后果。未成年人监护权的行使应当更为审慎,对未成年人隐私的保护也应高于对成年人隐私的保护。明星王源因为抽烟被舆论所批评,本是对舆论监督权的正常行使,但是网友找出其未成年时接受采访时

---

① 参见展江、刘亚娟:《江歌命案何以成隔海打牛的"舆论审判"?》,载《新闻界》2018 年第 1 期。
② 林凌:《网络传播未成年人涉案事件的几个法律问题》,载《当代传播》2014 年第 1 期。

"希望父亲戒烟"的表达,指责其"装乖""人设崩塌"等,致其遭遇网络暴力。

另一方面,在未成年人涉案事件中,监护权的不当行使也可能为媒体和网民的过度参与创造条件,导致未成年人隐私权受损。近年来,"校园暴力""家庭暴力"等未成年人涉案事件和"大连13岁男孩杀人事件"等未成年人犯罪案件层出不穷,未成年人作为案件当事人,更容易引发公众关注,成为舆论热点,其隐私也常常随着案情的曝光而曝光。在一些未成年人遭遇强暴的案件中,监护人没有尽到对未成年人的保护义务,任由媒体或亲友对未成年人隐私和案件细节进行挖掘和散布,甚至为了获得舆论支持,以暴露未成年人隐私的方式博取公众的同情,导致未成年人受到二次伤害。而在一些校园暴力案件中,网络媒体常常采用夸张的标题来引起公众的关注,也很少对原视频进行模糊化处理。"被打学生的哭泣声、施暴者的嬉笑声、打击的声音会形成一种强烈的视觉效果"[1],这些内容在互联网上广泛传播,会对受害者及其家属反复造成伤害。"网络媒体事后监管的立法思想和标准,事实上弱化了传统媒体事先审查和过滤信息的法律监管措施,把传统媒体对传播未成年人涉案事件的强保护转变成为网络媒体对传播未成年人涉案事件的弱保护。"[2]互联网的特性决定了复制和传播信息的成本十分低廉,未成年人隐私信息的扩散可能会伴随着公众对案件的讨论影响受害者终身,将"二次伤害"变成"持续伤害"。

3. 冲突的解决方式

第一,未成年人的监护人应当依法审慎行使监护权,避免因监护权的滥用导致未成年人隐私权受到侵犯。一是细化监护人的监护职责,严格规定监护权行使范围,明确作为未成年人监护人行使表达权和传播权的界限,对于监护人侵犯未成年人隐私权、名誉权的行为要进行追责;二是强化监护人对未成年人隐私权的保护义务,禁止监护人滥用未成年人的隐私来换取经济利益;三是完善未成年人监护监督制度,明确监督主体和监督职责,在未成年人权益受到侵害时及时进行救济;四是尊重未成年人的权利主体地位,对于已经有一定判断能力的未成年人,应当在披露其相关信息前征求其意见,不得以监护权对抗未成年人的隐私权。

第二,媒体在引导公众行使参与权时,应当注意将未成年人"最大利益"原则作为未成年人案件报道的基本原则。一是对案件当事人的信息要进行严格保

---

[1] 于也晴:《网络媒体中的新闻伦理失范研究——以"未成年人校园暴力事件"为例》,载《青年记者》2019年第13期。

[2] 林凌:《网络传播未成年人涉案事件的几个法律问题》,载《当代传播》2014年第1期。

密,在新闻报道中以化名代替,对于照片、录像等进行马赛克处理;二是在报道中应当避免披露过多案件细节,而是着重探讨社会、学校、家庭对未成年人的教育问题;三是避免集中报道同类案件,引发社会恐慌和未成年人"犯罪模仿"等连锁反应。

第三,创设未成年人"被遗忘权",给予未成年人重新选择的机会。2018年5月生效的欧盟《通用数据保护条例》(GDPR)明确赋予了个人信息主体"被遗忘权"。西班牙公民冈萨雷斯就以"相关目的不再必要"为由,要求谷歌公司删除其多年前因为破产而导致的房产拍卖信息,并获得了欧盟法院的支持。《民法典》第1037条赋予了公民"有限"的删除权,即"自然人发现信息处理者违反法律、行政法规的规定或者双方的约定处理其个人信息的,有权请求信息处理者及时删除"。基于倾斜保护未成年人的原则,我国可借鉴国外立法经验,赋予未成年人"被遗忘权",即只要事发当时,当事人还未成年,如果互联网上的相关信息侵犯了其隐私权,影响了其生活安宁,当事人就有权要求删除相关信息,避免因为监护权的滥用而导致未成年人承担后果,也避免因为媒体的深度报道和网民的过度参与而给当事人带来持续伤害。欧盟第29条数据保护工作组发布的指引也体现了对未成年人予以倾斜保护的精神,强调搜索引擎服务商识别未成年人的标准应以事件发生的节点为准,而非提交删除请求的时间。① 但是,对于曾经实施违法犯罪行为并造成恶劣社会影响的未成年人,"被遗忘权"的行使应当受到限制。对于未成年公众人物,则应适当提高其行使"被遗忘权"的门槛,依具体场景判断相关信息是否侵犯了其隐私权。因为公众人物具有示范效应,理应接受舆论监督,不应滥用"被遗忘权"对抗公众的参与权。

(四)参与权与律师辩护权的平衡

1. 参与权与律师辩护权的冲突

参与权与律师辩护权的冲突主要体现在两方面:一是普通公众参与权和律师辩护权之间的冲突;二是律师作为公民的一员,其参与权和辩护权之间的冲突。一方面,我国《律师法》明确规定,律师可以接受刑事案件犯罪嫌疑人、被告人的委托或者依法接受法律援助机构的指派,担任辩护人。但是,在一些引起公众热议的重大案件中,律师因所谓的"为坏人辩护"而经常受到公众的非议。部

---

① 参见廖磊:《被遗忘权视角下搜索引擎服务商的个人信息保护义务研究》,载《网络信息法学研究》2017年第1期。

分网民过度行使参与权,超出了表达和监督的正常范围,对律师进行人肉搜索和人身攻击,侵害律师的隐私权、名誉权,阻碍律师辩护权的正常行使。另一方面,律师作为普通公民,有权就热点案件发表看法、对司法机关行使监督权。但是,律师作为案件中的一方辩护人,在案件审理过程中应当注意参与权行使的边界,不能借参与权的行使随意发布在审案件的相关信息,甚至借助新媒体平台进行舆论引导,向司法机关施加压力,影响司法机关依法独立行使审判权。

2. 冲突的表现形式

一是公众参与权与律师辩护权的冲突。因为普通公民自身法律知识和技能的局限,由律师进行辩护可以保障被追诉人得到公正审判。所以,即使是在公众眼中十恶不赦的"坏人",也有为自己辩护和委托律师为自己辩护的权利,且根据"无罪推定"原则,只要法庭尚未判其有罪,就不能被视为"罪犯",而应该享有以辩护权为核心的各项诉讼权利。李某某案中,李家法律顾问兰和曾遭遇24小时无间断的骚扰和辱骂。公众有权对热点案件发表评论,也有权监督律师的执业行为是否合法合规,但参与权的行使亦有边界,即不得妨害案件当事人及其律师的辩护权。

二是律师参与权与辩护权的冲突。"律师职业天然的政治性和社会性,使他们在公共事务中经常扮演意见领袖的角色,微博、微信等新媒体则为律师展现这种政治参与理想和社会关怀实践提供了平台。"[1]随着自媒体的兴起,律师纷纷开通微博账号和微信公众号等,就社会热点案件发表看法。律师作为专业人士,他们对事件的分析往往更为清晰,提出的问题也更有针对性,参与权的行使更具效能。同时,律师可以利用其专业背景,对公众进行法律知识的普及,引导公众进行有序参与;律师对于司法机关的监督也有助于提高案件透明度,保障公众的知情权。但是,在一些重大案件审理过程中,部分辩护律师不仅频频在博客、微博、微信上针对案件发表个人观点,还试图通过网络直播来引导舆论。律师利用新媒体行使参与权无可非议,但是律师的辩护权是基于当事人的委托而产生的,在案件审理期间,律师应当在法律的框架内维护当事人合法权益,而非滥用参与权,通过舆论引导来给司法机关施加压力。"发掘案件事实真相、推动社会管理和社会发展的进步,都不是辩护律师的主要职责"[2],律师在案件审理期间发表庭外言论应当格外慎重,避免泄露案情、影响舆论,破坏司法公信力。

---

[1] 杨立民:《新媒体环境下律师网络言行的生成逻辑与规范治理》,载《深圳大学学报(人文社会科学版)》2019年第5期。

[2] 同上。

3. 冲突的解决方式

一是加强公民法律意识，强化程序正义观念。公平正义不仅包括实体正义，也包括程序正义。"在某种意义上，现代法治就是程序之治，正当法律程序的实质是在充分交涉的过程中让人民群众尽可能地感受到程序正义，从而排除对司法过程的怀疑并产生对法律程序的信赖。"①在社会大众朴素的正义观里，实体正义更受到关注，但程序正义能够最大程度地保障案件当事人辩护的权利，而律师的辩护权就是实现程序正义的必要条件。公众只有意识到程序正义和实体正义同样重要，才能认识到律师辩护权的合法性和必要性，并在充分尊重案件当事人的诉讼权利和律师辩护权的基础上行使参与权。所以，应进一步增强公民的法律意识，树立程序正义的理念，推动依法参与。

二是加强对律师庭外言论的法律规制，推进司法公开。马克斯·韦伯曾指出，律师比医生、商人、工人等更有条件成为职业政治家。②律师因其职业身份，天然地在媒体上拥有话语权优势，所以在进行言论表达时应当更为审慎。我国《宪法》第131条规定，人民法院依照法律规定独立行使审判权，不受行政机关、社会团体和个人的干涉；第136条规定，人民检察院依照法律规定独立行使检察权，不受行政机关、社会团体和个人的干涉。在案件审理期间，律师的发言应"忠于事实，忠于委托人利益，致力于维护公平正义"③，不得捏造、歪曲事实，更不得利用新媒体操纵社会舆论、影响司法机关独立审判。此外，在新媒体场域，律师往往可以自由发表意见，司法机关及其工作人员则因工作性质和审判纪律保持沉默，导致律师和司法机关的话语权不对等，公众只能听到律师的"一面之词"。司法机关应当积极利用新媒体推动司法公开，展现司法活动的全过程，满足公众的知情权，确保当事人得到公正审判，消除律师和普通公众对公平正义的怀疑。

（五）参与权与公共决策

1. 参与权与政府公共决策的冲突

"政府公共决策中的公民参与权，是一种政府公共行政领域中的公民参与权，是作为行政相对人的公民依法以各种形式和渠道参与政府公共决策、影响或帮助政府公共权力依法行使的权利。"④党的十八届四中全会通过的《中共中央

---

① 夏锦文、刘立明：《程序正义之"看得见"与"感受到"》，载《学海》2020年第3期。
② 参见〔德〕马克斯·韦伯：《学术与政治》，冯克利译，三联书店1998年版，第63—67页。
③ 易延友、马勤：《律师庭外辩护言论的自由与边界》，载《苏州大学学报（法学版）》2021年第2期。
④ 石路：《论政府公共决策中的公民参与权》，载《理论导刊》2011年第4期。

关于全面推进依法治国若干重大问题的决定》将"公众参与"列入重大行政决策的必经程序。公众参与行政决策一方面有利于为决策的做出提供多元化的信息和建议,提升决策的质量和公民对决策的接受度;另一方面有利于政府进行深入调研、了解社情民意,避免作出片面和有害的决策。但是,公众参与权的行使又并不总是和公共决策目的一致,尤其是在地方政府的决策中,政府决策往往以社会公共利益和长远发展为着眼点,但公众行使参与权主要从自身利益出发,这一点在"邻避效应"中体现得尤为明显。在厦门 PX 事件中,面对已经得到国务院批复的决策,公众行使参与权,在当地传统媒体话语缺失的情况下,通过网络媒体向政府提出反对意见,使民意不断放大,最终改变政府决策。网络参与权的行使改变了公民面对公共决策被动接受的局面,给传统的政府决策带来挑战。

2. 冲突的表现形式

一是政府的决策权和公民的参与权之间存在冲突,公众参与存在程式化问题。互联网给公民参与行政决策创造了更为便捷的方式和手段,激发了公民的参与热情,同时也给政府的决策权带来挑战。公民希望通过行使参与权,就关乎自身利益的事务发表意见、影响政府决策,政府也希望通过公众参与提升决策的科学性和合理性,但同时又担忧公众的过度参与和非理性参与会影响决策。所以,在行政决策中,依然存在公众参与"走过场"的现象,参加听证会、座谈会的代表集中于专家、学者,一方面不足以代表广大公众,另一方面公众意见也被认为是"外行"而遭到冷落。公众的参与成为政府行政决策合法性的条件之一,但公众的参与却不一定能够对政府的决策产生实质性的影响。以邻避设施选址为例,地方政府往往存在发布信息不及时、发布面狭窄、以告知为主而不涉及决策方式等问题,导致很多受影响的公民对邻避设施的选址和建设情况并不知情,很难对选址的决策信服,但又缺乏正式的意见沟通平台,因而容易引发矛盾。① 再以城市规划为例,在规划编制阶段,公众参与一般是规划设计机构以调查现状与问题而进行的群众走访,很少听取公众对规划设计的想法,公众的意见往往被专家的科学意见、政府的权威意见所淹没。② 公众对于是否能够参与政府决策并不掌握主动权,即使参与了,也往往止步于发表意见,不一定能够在参与后得到政府的反馈,且公众参与的效能也无法作为评估政府决策质量的标准。

二是突发事件引导公众行使参与权,倒逼政府改变公共决策。互联网的发

---

① 参见马奔、李婷:《协商式民意调查:邻避设施选址决策中的公民参与协商方式》,载《新视野》2015年第4期。

② 参见黎瑞、朱兵强:《重大行政决策公众参与的实效性及其提升路径》,载《湘潭大学学报(哲学社会科学版)》2017年第5期。

展逐渐改变了传统的被动型参与模式,公众可以通过网络媒体就热点事件发声、给政府施加舆论压力,促使其改变公共决策。在孙志刚案中,27 岁的平面设计师孙志刚因为没有带身份证和暂住证被派出所民警带回,后在收容所内被殴打致死,引发了媒体的热议和公众的舆论风暴。随后,北京大学三名法学博士俞江等向全国人大常委会上书,建议对《城市流浪乞讨人员收容遣送办法》进行违宪审查。2003 年 6 月,《城市生活无着的流浪乞讨人员救助管理办法》公布,《城市流浪乞讨人员收容遣送办法》同时被废止。孙志刚的死触动了公众的内心,引发了全社会对上述政策的强烈关注,政府在极短的时间内通过并公布了新的法案,并废止了旧的法案。正是公众的网络参与和媒体的介入产生了巨大的舆论力量,令政府迅速做出应对。厦门 PX 事件亦是如此:一条匿名短信引爆网络舆论,紧接着《凤凰周刊》等传统媒体被收缴,厦门市民相约"散步",就在"散步"前夕,政府宣布暂缓 PX 项目并进行环评。"厦门等地发生的反 PX 群体行动证明,单向下行的环境传播战略无法让民主意识深入人心的公众接受他们所不情愿的风险"[1],如果政府没有及时采取多种方式来获得公众的参与和支持,在最大程度上凝聚共识,那么一些和公众切身利益息息相关的规划项目将容易引发社会恐慌情绪。

3. 冲突的解决方式

一方面,完善公众参与决策的制度保障。一是完善参与权的内容体系,将参与权这一抽象的权利转化为对决策信息的知情权、参与后获得回应的权利等若干具体的公共决策参与权,并且明确规定参与的渠道、方式、步骤,提高公民参与决策的可操作性。二是完善公民的行政救济渠道,发挥法治固根本、稳预期、利长远的保障作用,通过行政复议、行政诉讼等法治化的手段保障公民参与权的实现,为公民行使参与权提供法治保障。三是完善政府的回应机制,明确规定回应的方式与期限,"有参与就应该有回应,政府回应不仅直接反映政府对公众参与的态度,更反映政府对民众诉求的态度"[2]。四是在听证、座谈等程序中选取更多公民作为代表参与讨论,避免将参与人局限为专家、学者或业内人士,欢迎任何愿意参加的公民加入讨论,提高决策的公开性。

另一方面,完善政府信息公开制度,建立公民参与行政决策的常态化机制。加强和媒体的合作,打通政府决策信息的传播渠道,提前公示政府拟做出的公共

---

[1] 邱鸿峰:《环境风险的社会放大与政府传播:再认识厦门 PX 事件》,载《新闻与传播研究》2013 年第 8 期。

[2] 许玉镇、肖成俊:《论公共决策领域中政府回应网络民意的法治化》,载《江汉论坛》2015 年第 11 期。

决策及相关信息,开放意见表达的渠道,对于正在进行商讨的决策,公示公众参与的具体情况和决策进展;对于已经做出的决策,公示对公民提出的意见予以采纳的情况和不予采纳的类型和理由,充分保障公众的知情权。在 2015 年《广东省创建珠三角法治政府示范区工作方案》中,广东省人民政府已明确要求加强重大行政决策公众参与平台建设,实现重大行政决策公众参与的常态化。实现公众参与决策的常态化不仅有助于提升公民的参与意识和参与能力,让政府及时了解社情民意,从而做出更具针对性和科学性的行政决策,还有助于畅通民意表达的渠道,避免引发舆情。可积极利用政务微博、政务微信、网上听证等新媒体手段,提升公众参与的便捷性,广泛吸纳民意,综合公众的利益诉求进行公共决策,解决公众的实际问题,提升政府的执政效能,维护社会稳定。

第四章 表达权

著名的启蒙运动领袖伏尔泰曾对表达权作了精彩的阐述:"我不同意你的观点,但我誓死捍卫你发表观点的权利。"这表明,表达权对于每一位公民都至关重要,但如果我们想要真正理解何为表达权,就必须回到历史轨道中去考察其演变过程。

一、表达权的发展历程

表达权一词的出现和法律保护经过漫长的演进与发展,"表达权经历了自然法中人们对表达自由的认可,实在法中对言论自由权保护的过程,最终实现对表达权全面的法律保护"[①]。表达权的确立与法律保护随媒介技术的发展而发展,媒介技术的每一次进步都使公众的表达权利得以扩张性发展。在口头传播时代,公众通过言语发表各自的想法或意见;在文字传播和印刷传播时代,言论主要通过文字、出版等形式进行表达,这时世界上很多国家开始将言论自由和出版自由的权利作为公民享有的基本权利进行立法保护;在电子传播时代,网民通过互联网进行观点表达,公众网络表达权应运而生。需要指出的是,表达权不仅仅是以语言和文字表达的自由权利,还包括其他可以将个人的想法和意见表达的外在形式,如集会结社、游行或示威等。

(一) 西方表达权溯源

1. 古希腊和中世纪时期的表达论述

在古希腊和中世纪时期,西方并没有提出言论自由、表达自由等相关概念。公元前399年,古希腊哲学家苏格拉底被指控亵渎神灵和误导青年的两项罪名,被雅典的一个人民法庭判决死刑。但苏格拉底并不接受对他的指控,在法庭上

[①] 林凌、夏梦颖:《网络舆论引导法律规制研究》,安徽人民出版社2016年版,第74页。

申辩自己的主张并毅然赴死。在今天看来,苏格拉底是一个因言获罪的人,他的死是为了维护言论自由的权利,践行言论自由原则。其实在古希腊时期,包括柏拉图和亚里士多德在内的很多思想家对自由的厌恶远超对专制的厌恶,在他们所构想的城邦中,是没有言论自由的,他们害怕一个纪律散漫、道德沦丧的城邦,远甚于害怕一个专制的城邦。① 但在实践中,古希腊的雅典以及古罗马实行过民主制,古希腊人和罗马人热衷于辩论且修辞术发达。伯里说道:"我们试细看古希腊、罗马的全部历史,可以说那时的思想自由——如我们呼吸的空气,视之为当然而不作细想……但是这种自由并非有意识的政策或审慎的辩证的结果,所以是不牢靠的。"② 这个不牢靠的直接后果之一即是在漫长而黑暗的中世纪到来后,整个欧洲笼罩在专制主义统治之下,言论自由受到残酷的压制。

恩格斯指出:"中世纪是从粗野的原始状态发展而来的。它把古代文明、古代哲学、政治和法律一扫而光,以便一切都从头做起。它从没落了的古代世界承受下来的唯一事物就是基督教和一些残破不全而且失掉文明的城市。"③ 也就是说,中世纪的欧洲被神学所笼罩,从普通公民到国王所有人都是基督教徒,必须信奉耶稣,这时教皇实际上成为最高领导人,人们被禁锢在其中,不敢违背教皇的意愿。因此,中世纪的思想及言论自由受到了极度的压制。

2. 文艺复兴和宗教改革运动时期的表达自由

中世纪时期的基督教会对文艺复兴运动起了主导作用,而文艺复兴运动兴起又为言论自由和表达自由提供了肥沃的土壤。中世纪教会学校的两大成果是经院哲学和大学教育:经院哲学给人类理性开展开放了一条渠道,理性逐渐摆脱信仰的绝对禁锢,文艺复兴运动就是这种理性的产物,这种理性精神促使人们头脑冷静、思想宽容,不再像从前那样盲目、狂热地献身于信仰,不加分析地全盘接受教会所宣扬的一切。④ 而大学教育的兴起使人们理性的各种思想可以在不对外公开的情况下毫无阻碍地传播,只要不与教会信条和教规相抵触即可。这种学术氛围在一定程度上促进了自由思考的发展,随之而来的文艺复兴运动的兴起则产生了人文主义观念。"人文主义的核心涵义就是把人上升到一切事物和过程、政治法律制度、社会生活和意识形态的中心位置,从人的视角去观察世界、

---

① 参见侯健:《表达自由的法理》,上海三联书店2008年版,第23—25页。
② 〔英〕J. B. 伯里:《思想自由史》,宋桂煌译、余星校,吉林人民出版社2011年版,第24页。
③ 《马克思恩格斯全集》(第七卷),人民出版社1959年版,第400页。
④ 参见金德根:《论中世纪基督教会对文艺复兴运动兴起的作用》,载《安庆师范大学学报(社会科学版)》1997年第1期。

评价行为和事件的意义、安排社会关系和秩序。"①这种观念为个人权利概念的产生提供一种基础性背景,为言论自由和表达自由开辟了新道路。

文艺复兴之后,思想世界的革命仍在持续进行。1517年10月31日,德国牧师马丁·路德(Martin Luther)在教堂的大门上张贴了向教会和普通教徒提出的95个论纲。随后,马丁·路德又在1520年发表了自己的宗教纲领"因信得救"说,声称人可以不凭借教会而直接信仰上帝,这就为虔诚的教徒摆脱教会在思想上和组织上的控制提供了理论基础。"因信得救"是宗教改革运动的一个基本信条,在新教徒看来:"真理不再需要请权威来肯定,真理只需要内心的思想来肯定。"这就使得个人成为自己信仰乃至全部生活的主宰,人不再是依附于教会、没有思想、没有主见的"行尸走肉",而是一个独立的、能依靠自己内心来做出决断的人。② 曾有人提出个人评断权的理论,提出这一理论其实是弱化宗教权威对个人的震慑力,宗教信仰自由在此理论基础上不断扩大,而个人思想也在其中慢慢解放,对言论自由的发展起到一定的推动作用。

从某种意义上来说,无论是文艺复兴运动还是宗教改革,其最终目的都是唤醒人的意志,使人们从中世纪的黑暗束缚中解脱出来,人文主义理念、信仰自由和个人思想多元化等发展趋势,无疑为言论自由、表达自由的发展提供了充分保障。

3. 启蒙运动时期的表达权

启蒙运动亦是一场思想运动。这个时期出现了大批思想家,他们深刻的思想、精彩而大胆的言论使许多新颖的观念和理论得到极大的普及,也使表达自由观念进一步深化。从历史的角度来看,启蒙运动时期表达自由经历了两个阶段:第一阶段是一般性表达自由,主要指各位思想家对言论自由、表达自由观点的论述;第二阶段是特殊性表达自由,一些国家开始通过立法的形式对表达自由进行法律保护。但后一阶段是在前一阶段思想的基础上逐渐形成,逐渐将表达自由作为一种权利加以保护。

1644年,亨利·鲁滨逊(Henry Robinson)和威廉·沃尔温(William Walwyn)分别出版了名为"Liberty of Conscience"和"The Compassionate Samaritane"的小册子,里面明确提出并主张出版自由和言论自由。同年11月,约翰·弥尔顿(John Milton)发表《论出版自由》,这是当时颇具影响力的一篇有关表达

---

① 侯健:《表达自由的法理》,上海三联书店2008年版,第27页。
② 参见陆锋明:《西方近代政治思想之发轫——从文艺复兴到宗教改革》,载《兰州大学学报(社会科学版)》2009年第6期。

自由的文章。这篇文章论述了废除出版管制令的必要性,提出必须废除出版管制令,承认和保障出版自由。在这篇论述中,弥尔顿表达了一个重要观点,即表达自由提供了让真理在争辩中自动浮现的言论环境。真理只有经过争辩才不会变成教条,只有在自由争辩中才能显示出真理性质。真正的真理是不需要保护的,因为它依靠自己的说服力。① 这个观点成为当时及后来支持表达自由的重要理论。1670 年,斯宾诺莎(荷兰人)出版了《神学政治论》,这本书中有一章专门论述了思想和言论自由。他说道:"在一个自由的国家,每个人都可以自由思想,自由发表意见。人的心是不可能完全由别一个人处治安排的,因为没有人会愿意或被迫把他的天赋的自由思考判断之权转让与人的。"②斯宾诺莎将表达自由作为天赋予个人的权利,任何人都不能限制。康德认为,启蒙运动最重要的东西是一种特殊的自由,一种在所有的自由形式中最无害的自由,"那就是在一切事情上都有公开运用自己理性的自由"③。这是一种较为隐晦的人权学说,他指出:"再没有任何事情会比人的行为要服从他人的意志更可怕了。"④可以看出,康德十分反对特权,而推崇人人应平等而自由。随后,英国思想家加图(Cato)在《论言论自由》中有一些广为引证的名言:"没有思想自由,就没有智慧;没有言论自由,就没有政治自由……任何试图颠覆自由制度的统治者必须首先摧残言论自由,这种自由对于暴君来说是一种欲除之后快的事物……那些有罪的人只害怕言论自由,因为言论自由将他们的阴谋勾当和卑鄙行径暴露在光天化日之下。"⑤总的来说,这些思想家的政治性言论为表达自由思想的进一步发展作了贡献。

需要指出的是,表达自由除了离不开启蒙时期各个思想家的思想启蒙,其空前发展还得益于当时的政治和社会基础。当时正处于资产阶级革命时期,新兴利益集团都积极表达对政治的意愿。加上印刷术的普及与不断推进,传播职业集团形成,人们对信息的需求也在其中逐渐增大。在这种思想、政治、社会等多种因素共同作用下,表达自由法制化进程得以进一步推进。

1689 年英国的《权利法案》首次规定了言论自由:"国会内之演说自由、辩论或议事之自由,不应在国会以外之任何法院或任何地方,受到弹劾或讯问。"但这一保护仅限于国会内的言论。1694 年,英国废除特许出版制度,成为第一个实

---

① 参见侯健:《表达自由的法理》,上海三联书店 2008 年版,第 29—32 页。
② 〔荷兰〕斯宾诺莎:《神学政治论》,温锡增译,商务印书馆 1963 年版,第 270 页。
③ 〔德〕康德:《历史理性批判文集》,何兆武译,商务印书馆 1990 年版,第 22 页。
④ 徐鹤森:《试论 18 世纪欧洲启蒙运动》,载《杭州师范学院学报(社会科学版)》2003 年第 5 期。
⑤ 侯健:《表达自由的法理》,上海三联书店 2008 年版,第 37 页。

行出版自由的国家。1735年,《纽约周报》发表了一系列批评当局的激烈文章,印刷商约翰·曾格(John Zenger)被指控犯有煽动性诽谤罪,作为辩护律师的安德鲁·汉密尔顿(Andrew Hamilton)发表了一篇精彩的辩护词维护言论自由,强调言论自由是一项人民的权利,这项权利可以公开揭露权力滥用情况,保护人民不受当权者压迫。陪审团作出无罪判决,这一案件成为美国言论自由法制历史上的重要事件,无疑推进了言论自由的法制化进程。①

4. 西方现代表达权

在美国,1787年之前,13个州中已经有9个州制定了保护公民基本权利的宪法性文件。其中,弗吉尼亚殖民地1776年《权利法案》规定:"出版自由乃自由的重要保障之一,绝不能加以限制;只有专制政体才会限制这种自由。"马萨诸塞州1780年《权利法案》第16条有类似规定,其他州也以不同措词确立这一原则。② 1791年,美国宪法《第一修正案》第1条规定:"国会不得制定关于下列事项的法律:确立国教或禁止信教自由;剥夺言论自由或出版自由;或剥夺人民和平集会和向政府请愿申冤的权利。"美国宪法《第一修正案》是关于表达自由的一个制度成果和法律根源。

1789年法国《人权和公民权宣言》第10条宣布:"意见的发表只要不扰乱法律所规定的公共秩序,任何人都不得因其意见甚至信教的意见而遭受干涉。"1791年法国《宪法》是欧洲大陆的第一部成文宪法,它将上述宣言作为序言,并补充了第11条:"自由传达思想和意见是人类最宝贵的权利之一;因此,各个公民都有言论、著述和出版的自由,但在法律所规定的情况下,应对滥用此项自由负担责任。"法国将公民的表达自由作为一项基本人权加以保护,这个逻辑正是斯宾诺莎的理论逻辑:表达自由权是每个人的天赋权利,而不是根据历史惯例或法律规定产生的权利。国家法律可以保障或适当地限制它,但却不是这一权利的根本来源。③

20世纪中期后,世界上大多数国家的宪法都以不同形式保护表达自由这一公民权利,确立这一权利的宪法性地位。联合国1966年颁布的《公民权利和政治权利国际公约》第19条把"寻求、接受和传递各种信息和思想的自由"称为自由表达权。《世界人权宣言》第19条指出:"人人享有主张和发表意见的自由;此项权利包括持有主张而不受干涉的自由,和通过任何媒介和不论国界寻求、接受

---

① 参见侯健:《表达自由的法理》,上海三联书店2008年版,第45—47页。
② 同上书,第47页。
③ 同上。

和传递消息和思想的自由。"随后,众多的国际人权公约和区际人权公约都规定了表达自由,并赋予公民这一基本权利。

(二) 我国表达权溯源

1. 古代关于表达的论述

传统中国没有实质意义上的言论自由或表达自由,更没有表达权这一公民权利。我国古代长期奉行专制主义中央集权制度,臣子、思想家和民众的所有言行的最终目的都是服务皇权统治。

春秋战国时期,中国从奴隶制社会向封建社会转变,这是中国古代政治思想发展的重要时期,儒家、墨家、道家、法家等诸家的政治思想百家争鸣,虽然各具特点,但诸家的共同目的都是服务于君主专制统治,为君主寻找治理国家的最佳办法,如儒家主张"君使臣以礼,则臣事君以忠",君主差使臣下应以礼相待,而所有臣下要以忠心来侍奉君王,其一言一行、一举一动都是维护君王利益。

唐朝时期,求谏纳谏是鼓励臣下提意见,这可以说是唐太宗用人思想的精华所在。贞观年间,特别是贞观之初,"恐人不言,导之使谏",这一兼听纳下的思想和行动,造成了谏诤蔚然成风、君臣共商国事的良好风气,是"贞观之治"中最引人瞩目的重要方面。作为帝王朝臣的谏官,其职责就是直言进谏,而"特权"就是言者无罪,当时谏官的地位与左丞右相同等重要。但是,这终究只是个别封建统治者的个别现象。实际上,封建专制时期对表达有诸多限制,可以说没有自由更没有表达权。首先是对言论的限制。封建统治者通过政治权力的强力干预对思想文化实行高压政策,其主要方式有设置言论禁区、禁书、实行事先审查,其目的均是维护绝对权威。其次是严峻刑罚。封建专制统治者对违反者设定了严苛刑罚进行打压,以实行其所追求的"大一统"现象。在对思想文化限制的严峻刑罚中,"文字狱"是其中的一个典型。在中国封建社会,文人因文学著作被罗织罪名、锻炼成狱者,即称为文字狱。我国研究文字狱的专家胡奇光认为,文字狱有两大特征:一是莫须有的罪名。定罪的依据仅仅是从诗文、著作里摘取的"违碍"字句,即被认为是触犯统治者的忌讳字句。二是不人道的刑罚。由于历代法律里没有文字狱的条款,因此对于文字狱案件,往往是随意罗织、任意定罪,按照"谋反"案、"谋大逆"案或"大不敬"案给以惨无人道的处置。文字狱悲剧始于殷周之际,秦始皇的"焚书坑儒"正式揭幕。到北宋的时候,文字狱已经与派系斗争相结合。明清时期文字狱进入高潮阶段,迭兴不断。虽然清朝统治者也多次声称"不以语言文字罪人",但康、雍、乾三朝间兴起的文字狱有一百多起,被株连的人数过万。因此,中国古代没有表达自由,更谈不上真正拥有表达的权利,那时臣子、思想家及民众的所有表达和行动都是在维护君王权威,他们的表达称不上现代意义上所说的表达自由。

2. 近代的表达自由

1827年11月创刊的《广州纪录报》是近代中国第一份英文报刊,并且是鸦片战争前后中国最重要的商业报刊。该刊在1828年2月出现了"Freedom of the Press"的表述,支持新闻出版自由,"我们不反对出版自由(Freedom of the Press)和自由的讨论(Liberal Discussion)……我们崇尚自由的报纸。"[①]1831年7月出版的《中国差报与广州钞报》是美国商人威廉·伍德(William W. Wood)在广州创办的一份英文报纸,他在"创刊词"中强烈阐述了出版自由的主张,旗帜鲜明地提出了开诚布公的言论立场,表达了他所遵循的"公正、正义和适度"的言论原则。伍德说:"谨慎而适度的争论与自由报纸,时常被认为是不相协调的;无根据的害怕也会加快自由迅速向放纵转化……公开宣布意图,我们希望明确的理解。我们公正、正义和适度,除了排斥异己的拥护者和暴政的代理人,我们没有敌人。我们目前最大的目标就是建立一个自由和品行良好的媒体,一个可以立即因为言论赢得尊重和因经营值得信赖的媒体。"[②]在中国近代史上,这两份报纸最早传达了表达自由的理念。当时很多关于表达自由的思想都是从西方引入,虽然有中文报刊译本,但国人的关注度还不够,知识分子、普通民众更多地对"西物"和"西技"予以关注。

甲午战争之后,国人学西技以强国的梦想破灭,意识到制度问题才是一切的本源,于是西方的制度文化成了他们新的研习对象。在这一时期,维新派中的康有为、梁启超、严复等是主张西方表达自由思想的领军人物。康有为提倡人有自主之权,"天地生人,本来平等",扬弃了传统社会的价值观,接受西方博爱、自由、平等和民主思想。严复直接将"Liberty、Freedom"译为自由而不是自主,并首次对"自由"的涵义进行阐述:"太平公例曰。人得自由,而以他人之自由为界。"梁启超1899年8月在《清议报》上发表的《自由书序》正式界定了现代思想自由、言论自由、出版自由的话语表达形式,并指出"思想自由、言论自由、出版自由,此三大自由者,实为一切文明之母,而近世界种种现象皆其子孙也"[③]。

---

① 邓绍根、伍中梅:《近代中国英文报业的开端——〈广州纪录报〉初探》,载《新闻与传播研究》2017年第8期。

② 邓绍根:《美国人在华创办的第一份报纸——〈中国差报与广州钞报〉研究初探》,载《新闻与传播研究》2012年第6期。

③ 李丹:《从表达自由到表达权》,厦门大学2017年硕士学位论文。

1908年清政府在预备立宪中所颁布的《钦定宪法大纲》是中国历史上第一部关于表达自由的法律文献。这部宪法性文件模仿外国宪法,在所附的"臣民权利义务"中规定:"臣民于法律范围以内,所有言论、著作、出版及集会、结社等事,均准其自由。"1911年,孙中山领导的辛亥革命推翻清朝统治,《中华民国临时约法》规定人民有言论、著作、刊行及集会、结社之自由。① 此后,每一部宪法对于表达自由的思想都以不同的表达方式规定。

3. 新中国成立后的表达权

新中国成立后,表达权经过时间演化,经历了从初步发展阶段、停滞阶段到恢复成熟阶段。

一是表达权初步发展阶段。1949年9月29日,中国人民政治协商会议第一届全体会议通过了具有临时宪法性质的《中国人民政治协商会议共同纲领》,其中第2条对公民自由表达的权利进行了初步规定:"中华人民共和国人民有思想、言论、集会、结社、通讯、人身、居住、迁徙、宗教信仰及示威游行的自由权。"1954年9月,第一届全国人民代表大会第一次会议通过《宪法》,宣布我国坚持人民民主专政制度,并规定公民的基本权利和义务,为公众自由表达提供政策和法治的保障。

二是表达权停滞阶段。表达权停滞阶段始于1957年的"反右运动"。其实,1956年4月25日,毛泽东在中国共产党中央政治局扩大会议上作了《论十大关系》的讲话,提出了"百花齐放,百家争鸣"的方针,即双百方针。随后,陆定一向知识分子作了题为《百花齐放,百家争鸣》的讲话,"提倡在文学艺术工作和科学研究工作中有独立思考的自由,有辩论的自由,有创作和批评的自由,有发表自己的意见、坚持自己的意见和保留自己意见的自由"。1957年4月,中共中央公布《关于整风运动的指示》,决定在全党进行一次以正确处理人民内部矛盾为主题,以反对官僚主义、宗派主义和主观主义为内容的整风运动,发动群众向党提出批评建议。原本这是发扬社会主义民主、加强党的建设的正常步骤,广大群众、党外人士和广大党员积极响应党中央的号召,对党和政府的工作以及党员干部的作风提出了很多有益的批评和建议,但由于一些民主人士的建议与中央当时统治地位产生极大矛盾,加上采取大鸣、大放、大字报、大辩论的形式,"反右"运动被扩大化。于是,全国开展起一场群众性的政治活动,公众表达权也因此处于停滞状态。在1966年"文化大革命"开始后,公众表达权利不但停滞甚至有倒退倾向。

---

① 参见侯健:《表达自由的法理》,上海三联书店2008年版,第53页。

三是表达权恢复成熟阶段。改革开放之后,公民表达自由的权利逐渐恢复并走向成熟。1979年3月,邓小平在中共中央召开的理论务虚会上做的题为《坚持四项基本原则》的讲话提到:"最近一段时间内,在一些地方出现了少数人的闹事现象……有个所谓'中国人权小组',居然贴出大字报,要求美国总统'关怀'中国的人权……有个所谓'解冻社',发表了一个宣言,公开反对无产阶级专政,说这是分裂人类的。我们能够允许这种公开反对宪法原则的'言论自由'吗?"①从邓小平的讲话可以看出,言论自由的限度范围已开始引起关注,其行使并不是毫无限制,而必须符合宪法、坚持四项基本原则。因此这一阶段对"言论自由""表达自由"的大多论述主要停留在宪法权利层面。1991年,国务院新闻办公室发布第一本政府白皮书——《中国的人权状况》。该书在论及共产党领导的多党合作和政治协商制度时提到,应保障"各社会阶层、各人民团体和各界爱国人士,都能在国家政治生活和社会生活中表达自己的意见……各民主党派享有政治自由的权利",并重申了我国《宪法》规定的"公民有言论、出版、集会、结社、游行、示威的自由",还指出"公民用什么观点撰写什么著作,选择什么出版社出版,都是公民个人的自由"。1995年发布的《中国人权事业的进展》提到,新闻出版事业的发展,为公民行使言论、出版自由提供了良好的条件,人民可以通过新闻传播媒介自由地发表意见,提出批评建议,讨论国家和社会的各种问题。此后,国家开始大力发展新闻出版事业,为公民行使言论自由、表达自由提供平台保障。

2006年10月,中国共产党第十六届中央委员会第六次全体会议通过《中共中央关于构建社会主义和谐社会若干重大问题的决定》,在加强制度建设、保障社会公平正义这一小节中提到:"完善民主权利保障制度……推进决策科学化、民主化,深化政务公开,依法保障公民的知情权、参与权、表达权、监督权。"这是我国首次提出"表达权"的概念,并与知情权、参与权、监督权三权并列。2007年3月,国务院《政府工作报告》在论述"推进社会主义民主法制建设"时也提到"依法保障公民的知情权、参与权、表达权、监督权"。同年10月,党的十七大报告再次重申:"要健全民主制度,丰富民主形式,拓宽民主渠道,依法实行民主选举、民主决策、民主管理、民主监督,保障人民的知情权、参与权、表达权、监督权。"只不过"表达权"的权利主体从"公民"变成了"人民",将其权利主体表述为"人民"。"人民"是一个政治概念,具有一定的阶级内容和历史内容,相对敌人而言,它反映了一定的社会政治关系。在我国,人民是指全体社会主义劳动者、社会主义事

---

① 《邓小平文选》(第二卷),人民出版社1994年版,第173—174页。

业建设者、拥护中国共产党和中国特色社会主义的爱国者、拥护祖国统一和致力于中华民族伟大复兴的爱国者。同时,"人民"一词是一个集合概念,是众多的集合体,任何个人都不能称为人民,而将表达权的权利主体表述为"人民",也能体现我国在政策上支持和维护这一权利。

随后,2009年4月,国务院新闻办公室发布的《国家人权行动计划(2009—2010年)》针对"表达权"进行了比较详细的阐述,强调采取有力措施,发展新闻、出版事业,畅通各种渠道,保障公民的表达权利,"要完善治理互联网的法律、法规和规章,促进互联网有序发展和运用,依法保障公民使用互联网的权益"。2010年6月,国务院新闻办公室发布的政府白皮书——《中国互联网状况》就指出:"中国政府鼓励和支持发展网络新闻传播事业,为人们提供了丰富的新闻信息,同时依法保障公民在互联网上的言论自由,保障公众的知情权、参与权、表达权和监督权。"

回顾历史,从最初公众希望获得言论自由或表达自由,到作为基本人权在宪法中确立,最终在政治制度上正式提出表达权概念,可以看出表达权经历了漫长的发展过程,且表达的范围和渠道也在逐步扩大。

(三) 中西方表达权比较

表达权作为一项基本权利和法定权利,得到全球性人权公约的认可,也受到很多国家法律的保护。但由于各国历史传统、文化、政治、经济等背景的不同,中西方对表达权的宪法确立方式与保护模式存在明显差异。

1. 表达权宪法确立方式的异同

西方很多国家的表达权在宪法中都有明确规定。美国高度保护公民表达自由,其宪法确立采取"绝对保护"模式。美国宪法《第一修正案》规定:"国会不得制定关于下列事项的法律:确立国教或禁止信教自由;剥夺言论自由或出版自由;或剥夺人民和平集会和向政府请愿申冤的权利。"美国宪法《第一修正案》文本中没有明确规定言论自由应负有义务,这一设定是从《独立宣言》到1787年《宪法》再到《权利法案》一脉相承的人权保障和有限政府精神的结果。当然,美国也存在对表达自由的限制,只不过这一限制不是宪法明文规定,而是由法院特别是美国联邦最高法院在漫长的释宪过程中解释出来的。[1] 德国与法国宪法也直接保护公民表达权利,但宪法确立均采取"限制保护"模式,即在保护表达权的

---

[1] 参见马得华:《我国宪法言论自由条款类似于美国宪法第一修正案吗?》,载《比较法研究》2016年第4期。

同时也对其作了限制。《德意志联邦共和国基本法》是德国宪法,其中第5条第1款规定:"每个人都有表达及传播他们观点的权利,通过书写或其他可视化方式可以通过被允许的途径获得信息而不受任何阻碍。"第5条第2款对表达自由也作出了限制,即"所有的权利要受到一般法律的限制,这些一般法律包括对未成年人的保护和对公民个人权利的尊重"①。法国《人权和公民权宣言》承认"每个公民都有言论著述和出版的自由",但也规定,享有此项自由的人,"应对滥用此项自由负担责任"②。

我国《宪法》第二章"公民的基本权利和义务"第35条规定:"中华人民共和国公民有言论、出版、集会、结社、游行、示威的自由。"第41条第1款规定:"中华人民共和国公民对于任何国家机关和国家工作人员,有提出批评和建议的权利;对于任何国家机关和国家工作人员的违法失职行为,有向有关国家机关提出申诉、控告或者检举的权利,但是不得捏造或者歪曲事实进行诬告陷害。"第51条规定:"中华人民共和国公民在行使自由和权利的时候,不得损害国家的、社会的、集体的利益和其他公民的合法的自由和权利。"我国表达权的宪法保障与德国、法国有相似之处,即是一种限制性权利。由于我国宪法的社会主义性质,其实将表达自由的权利放在"公民的基本权利和义务"一章就表明这一权利不是绝对权利,公民在享有权利的同时还必须承担义务。《宪法》第33条"任何公民享有宪法和法律规定的权利,同时必须履行宪法和法律规定的义务"的规定,即我国法律界坚持的"权利义务统一说"的理论基础。

2. 表达权保护模式的差异

目前,世界各国均采取宪法和其他法律共同保护表达权的模式,但在具体如何保障公民的权利上存在差异。美国采取"不得立法"的保护模式,所谓"不得立法"保护,是指立法机关不得立法剥夺公民的言论自由,法院可以直接援引宪法保护公民的言论自由,甚至可以宣布剥夺言论自由的立法因违反宪法而无效。美国宪法《第一修正案》规定,国会不得就表达自由制定任何法律,这其实是采用了一种特别的表达方式——不是从正面规定公民享有表达自由,而是从反面规定禁止国会剥夺公民的表达自由。而美国法院是宪法的守护者,也是表达自由的守护者,可以直接援引宪法保护公民的言论自由。虽然在著名的"申克诉合众国案"中,霍姆斯大法官首次提出"明显而即刻的危险"原则,主张国会有权立法

---

① 陈慧君:《论网络言论的审查标准——从〈治安管理处罚法〉的角度分析》,载《中国人民公安大学学报(社会科学版)》2012年第4期。
② 王四新:《网络空间的表达自由》,社会科学文献出版社2007年版,第85页。

禁止此种言论,但在"艾布拉姆斯诉合众国案"中,霍姆斯大法官对"明显而即刻的危险"原则增加了两个重要的限定条件——"迫在眉睫"和"刻不容缓",转而支持原告的言论自由,这表明言论自由在联邦最高法院屡次得到维护。① 德国采取"特别立法"的方式保护表达权。德国《信息与通讯服务法》确立了自由进入原则,明确在网络市场上,只要愿意,任何人都可以不受限制地从事经营。这一立法是对表达权的特别保护,对网络表达权主体资格的开放性设置,有助于拓展网络表达的空间,为网民最大化地实现网络表达权搭建广阔的平台。②

我国采取"经由立法"保护模式,所谓"经由立法"保护,是指立法机关根据宪法制定法律从而保护言论自由,法院不得直接援引宪法保护言论自由,而必须引用立法机关的法律,因此表达权的宪法保障权利只有具体化为法律后才可被法院援引和适用,法院不能直接援引宪法保护表达权。例如,对于《宪法》规定的"集会、游行和示威的自由",全国人大常委会制定了《中华人民共和国集会游行示威法》,法院可以援引这项法律保证公民集会游行示威的自由。③ 同时,我国还通过中央文件、专门的法规、条例保护和限制公民的表达权,如党的十六届六中全会正式提出"表达权"的概念,中央对表达权的保护体现出我国独有的"法律"保护模式;《出版管理条例》第 5 条第 1 款规定:"公民依法行使出版自由的权利,各级人民政府应当予以保障"。而面对日益兴起的互联网,我国相关部门也颁布了《互联网信息服务管理办法》《互联网视听节目服务管理规定》等,不但保护公民的网络表达权,而且对于网络表达权的内容也进行保护和限制。

二、表达权的内涵、特征及价值

(一) 表达权的内涵

关于表达权的内涵,部分学者认为表达权即是表达自由。国际和各国法律对表达自由或表达权所使用的称谓也比较模糊。例如,《世界人权宣言》称为"主张和发表意见的自由",《公民权利和政治权利国际公约》称为"发表意见的权

---

① 参见马得华:《我国宪法言论自由条款类似于美国宪法第一修正案吗?》,载《比较法研究》2016 年第 4 期。
② 参见林凌、夏梦颖:《网络舆论引导法律规制研究》,安徽人民出版社 2016 年版,第 76 页。
③ 参见马得华:《我国宪法言论自由条款类似于美国宪法第一修正案吗?》,载《比较法研究》2016 年第 4 期。

利",《欧洲人权公约》称为"言论自由",美国称为"言论和出版自由",法国称为"言论著作出版自由",加拿大称为"言论和表达自由",日本称为"表现自由"。①虽然表达自由与表达权有相似之处——主体均拥有表达的自由,但两者也存在本质上的不同。表达自由强调主体的自主性,主体追求一种无拘无束的状态。关于表达自由,《牛津法律大辞典》认为,表达自由是指"公民在任何问题上均有以口头、书面、出版、广播或其他方法发表意见或看法的自由;它要受到尊重他人利益之要求和尊重公共利益之要求的限制"②。而表达权与表达自由不同,表达权是法律所规定的,应从自由和权利两个层面来理解。

1. 表达权

关于自由,《牛津法律大辞典》将其解释为:"不受约束、控制或限制。从最一般意义上讲,自由的原则是:国家或团体应当把每个理智健全的人当作自由人,让其能按照自己的利益进行思维和行动,按自己的方式发展自身的能力,行使和享受作为这种发展之条件的其他各项权利。"③关于权利,《牛津法律大辞典》"权利"辞条的撰写人写道:"权利——这是一个受到相当不友好对待和被使用过度的词。"可见,权利所包含的内容过于复杂,众多法学家各自提出多种关于权利的解说,如张文显在《法学基本范畴研究》一书中介绍的中外法学中关于权利的释义主要有八种,包括资格说、主张说、自由说、利益说、法力说、可能说、规范说、选择说。④ 夏勇曾将权利概念总结为五大要素,即利益、主张、资格、权能和自由,并认为"以其中任何一种要素为原点,以其他要素为内容,给权利下一个定义,都不为错"⑤。"权利是法律赋予人们享有的权益,是法理规则预设的条件实现的情况下,由代表着社会与国家的愉悦性意见的法理规则所承认的、一定的主体对某种行为的三种状态——做、暂时不做或永远放弃——做自由选择并付诸行动时,他人的不可阻碍、不可侵犯性。"⑥

《世界人权宣言》第19条规定:"人人有权享有主张和发表意见的自由;此项权利包括持有主张而不受干涉的自由;和通过任何媒介和不论国界寻求、接受和传递消息和思想的自由。"我国《宪法》第35条规定:"中华人民共和国公民有言论、出版、集会、结社、游行、示威的自由。"这六大自由的权利实际上就是我国公

---

① 参见刘强:《社会主义民主政治建设的新发展——对十七大报告关于"表达权"的理论思考》,载《理论与当代》2007年第12期。
② 〔英〕戴维·M.沃克:《牛津法律大辞典》,李双元等译,光明日报出版社1988年版,第354页。
③ 林凌、夏梦颖:《网络舆论引导法律规制研究》,安徽人民出版社2016年版,第85页。
④ 参见北岳:《法律权利的定义》,载《法学研究》1995年第3期。
⑤ 夏勇:《人权概念的起源》,中国政法大学出版社1992年版,第44页。
⑥ 张恒山:《法理要论》,北京大学出版社2002年版,第377页。

民的表达权。

　　从法学角度来看,作为法定权利的表达权包含三个要素:第一,表达权的主体是公民及公民聚集的社会组织。表达权的主体是公民,这为国际人权文件以及各国宪法所确认,而我国宪法也规定这一主体为中华人民共和国的公民。公民临时或者长期聚集在一起形成的社会组织,是公民个人的组合和延伸,参加社会组织,是公民行使其表达权的有效途径。因此,社会组织也应当成为表达权的主体。第二,表达权的内容是自由地发表和传达思想、意见、主张、观点的权利。自由意味着权利主体在表达其思想、情感以及传播其意愿、信息时,意志独立,不受干涉,自由是反映公民表达权的本质特征。第三,表达权的客体是合法的表达行为和表达方式。主要是指主体在行使表达权时,所使用的物质载体,行为的时间、地点、方式以及表达的内容,应当符合法律的规定。表达的方式主要有言论、出版、集会、结社、游行和示威等。[①] 但提到表达权,很多人往往都会想到新闻自由能充分保障公民自由表达的权利。那么,从新闻学的角度来看,诸多学者都将表达权从形式和内容上加以区分:从形式上说,公民表达可以分为语言表达、行为表达以及沉默表达;从内容上说,公民表达可分为群体利益的表达和公民对重大政治、经济、社会、文化等公众问题发表见解与主张的权利。简要概括,表达权就是指公民针对有关政治、经济、社会、文化等公众问题,在法律允许的范围内,有自主选择形式、表达意见的权利。

　　我们认为,表达权即是在法律允许范围内,主体可以行使表达自由,但违背法律规定的表达也受到其他权力或权利的限制,即它必须是在法律许可范围内的自由。

　　2. 网络表达权

　　关于网络表达权的内涵,目前学者们已达成的普遍共识是:基于互联网环境下的公民表达自由的权利,是传统表达权的一种延伸,是技术发展后衍生出来的权利。网络表达权有传统表达权的特性,但由于互联网的独特性,网络表达权与传统表达权存在不同。从法学角度来看,其一,权利主体仍为公民及公民聚集的社会组织。传统表达权的主体在表达时会表明自己的身份,无论是否自愿。而网络表达权的主体可以不表明自己的身份,可以在网络中采取匿名表达。其二,内容是自由地发表、传达思想、意见、主张、观点的权利。传统表达权由于表达渠道受限,公民很难实现真正的表达,或表达出自己内心真正想要表达的观点。而

[①] 参见刘强:《社会主义民主政治建设的新发展——对十七大报告关于"表达权"的理论思考》,载《理论与当代》2007年第12期。

互联网的包容性更强,网民表达的内容不仅仅是与主流相同的言论,越来越多的人会利用网络发出不同的声音,这些观点甚至与主流观点不一致,例如公民通过网络平台发表异议言论或提出建议等。其三,客体是合法的表达行为和表达方式。网络表达权的表达行为是通过网络这一数字化媒介加以实现,网民通过数字转化各种文字、图片、声音等形式来表达自己的诉求和主张。传统的表达方式如言论、出版、集会、结社、游行和示威等也大多通过互联网完成。例如,电子出版、集会、结社、游行和示威在互联网环境下转变成线上的群体活动,但有一些由网络上激起的群体活动,也会从线上转移到线下,这时传统表达权与网络表达权的方式存在交叉与重合。

从新闻学角度来说,学者们对于网络表达权的定义主要从表达自由和网络媒介特点角度加以定义。一种观点认为是传统表达权的延伸,互联网这一新兴媒介作为载体,使网络表达权成为传统表达权在形式上的延伸。换句话说,网络表达权是在网络的大环境下公民行使表达自由的权利。另一种观点认为是基于网络媒介的特点,"是指网民、网络服务提供商等网络主体利用互联网媒介,延展言论自由、新闻自由、出版自由等一系列自由,在不影响他人合法权益以及社会公共利益的情况下,不受控制和惩罚的一项权利。网络表达权不仅是建立在网络传播技术之上的表达方式,而且因互联网对促进表达权的权利体系具有延伸作用,使网络表达权成为表达权的衍生权利。随着网络表达权的不断丰富与拓展,网络表达权被赋予了新的权利内涵"[①]。

无论是从法学还是新闻学角度来为网络表达权加以定义,均可以发现网络表达权需要借助互联网这一全新载体,公民才能享有这一权利。互联网有很多与之前传统媒介不同的特性:首先,互联网准入门槛低,网民不再被动地接受传统媒体统一的观点。任何人都可以不受地域、身份、年龄、学历等多方面的限制,自由使用互联网这一媒介,并利用它来主动发表自己的观点和看法,同时收取不同的声音,并与他人无障碍地交流、分享和讨论。随着移动客户端的快速发展,网民可以随时随地发表言论,而不受干扰。其次,互联网具有匿名特性。网民可以利用这一特性在网络平台中"随意"发表言论,一方面,这极大地扩展了公众表达自由的权利,越来越多的人选择在网络上发声,因为网络平台中只能看到一个个虚拟的账号,而不知道具体发表言论的网民的身份,这能减少公众的种种担忧。另一方面,这一匿名特性会使得公众滥用权利,不加考虑地利用网络这一平台发泄自己情绪或发表不当言论。虽然应当赋予公众发泄情绪或说错话的权

---

① 林凌、夏梦颖:《网络舆论引导法律规制研究》,安徽人民出版社 2016 年版,第 86 页。

利,但这不代表公众可以随意发表言论,因为这种随意性可能会产生网络暴力,伤害到其他无辜的网民,甚至会危害国家安全。此外,这种匿名性发表一旦发生侵权问题,会增加追责的困难度。在网络表达权中,除了政府与公民之间的利益主体外,又出现了新的利益主体——网络服务商,并产生新的利益分配需求。政府一方面需要在政策、法律上扶持网络服务商,保障网络服务商作为市场主体的经济利益,鼓励其大胆创新,促进网络产业的发展,为网民提供更加便捷、畅通、开放的网络表达平台;另一方面又要防止网络服务商因过度追求经济利益随意中断网络通信服务,放松对非法言论的监控或是损害其他市场主体的商誉,传播非法言论,对经济社会秩序构成破坏。① 目前,很多网络服务商为了平台获取更大利益,会无视网民发表激烈不当言论,其目的是吸引更多网民加入其中讨论,为其平台增加流量。由于匿名性的特性,一旦出现问题,追责无疑会增加成本。

因此,由于传播媒介的迭代,互联网的快速发展,基于互联网环境下衍生出来的网络表达权,既具有传统表达权的特点,同时也具有鲜明的技术性特征。

(二) 表达权的特征

表达权作为一种受法律保障的政治权利,与知情权、参与权和监督权有不同的性质。很多学者对表达自由的特征予以概括,如公开性、法律性、非实践性、政治性与社会性等。② 但表达权作为一项权利,与表达自由有相似之处,也存在差异性。

1. 表达权是公民的基本权利

在西方法学理论中,表达权被看作公民"最根本的权利"或"第一权利",是其他自由的条件,亦是其他权利的"源泉"。③ 表达权通常被认为是一种自然权利,自然法理论认为,人类在没有组成政府以前处于自然状态中,处在自然状态中的人们之间是相互平等和自由的。然而,自然状态并不完美,反而是一种缺乏秩序的混乱状态,这种混乱状态易致使人们的自由受到威胁,因而需要缔结社会契约、授权政府以结束混乱。但政府组成后有可能滥用公共权力,于是依据宪法公民有权利通过言论、集会、游行或示威的方式来表达自己的意愿,从而防止政府

---

① 参见林凌、夏梦颖:《网络舆论引导法律规制研究》,安徽人民出版社2016年版,第86—87页。
② 参见甄树青:《论表达自由》,社会科学文献出版社2000年版,第62—65页;邓瑜:《媒介融合与表达自由》,中国传媒大学出版社2011年版,第26—29页。
③ 参见章舜钦:《和谐社会公民表达权的法治保障》,载《法治论丛(上海政法学院学报)》2007年第4期。

对公民的侵权行为①。也就是说,公民的表达权是必不可少的一种基本权利,其不但可以保障基本人权,还可以防止政府滥用公权力。

  在当代德国宪法的理论与实践中,基本权利被认为具有"主观权利"和"客观法"的双重性质。在"个人得向国家主张"的意义上,基本权利是一种"主观权利"。同时,基本权利又被认为是德国基本法所确立的"客观价值秩序",公权力必须自觉遵守这一价值秩序,尽一切可能去创造和维持有利于基本权利实现的条件,在这种意义上,基本权利又是直接约束公权力的"客观规范"和"客观法"。② 这一理论得到了很多国家的认可并实践。第一,表达权是一种主观权利,每个人都有权利自行发表意见与观点,任何人都无法剥夺这一基本权利。"从古代希腊罗马的文化遗产到中世纪的基督教文化,从城邦的兴起到市民社会,从封建割据到民族国家的形成,从文艺复兴到资产阶级革命,从资本主义的发展到民主制的建立。近代欧洲逐渐产生了个人主义、人文精神等思想和制度建设成果。"③随着社会的不断演进,公民的表达自由越来越受到重视,在西方成为一种基本人权,并确立宪法性地位。我国也在《宪法》第35条中表明,"中华人民共和国公民有言论、出版、集会、结社、游行、示威的自由",从而保障公民表达自由这一基本权利。第二,表达权是一种"客观法"。所谓客观法,是指"基本权利除了是个人的权利之外,还是基本法所确立的'价值秩序',这一秩序构成立法机关建构国家各种制度的原则,也构成行政权和司法权在执行和解释法律时的上位指导原则"④。可以说,客观法是强调基本权利本身是约束国家公权力的"法律",赋予公民的表达权,可以有效地防止国家公权力的滥用行为。一方面,公民可以通过自己的表达参与政治活动,更好地监督政府公权力的正常运作。《宪法》第41条规定,中华人民共和国公民对于任何国家机关和国家工作人员,有提出批评和建议的权利;对于任何国家机关和国家工作人员的违法失职行为,有向有关国家机关提出申诉、控告或者检举的权利,但是不得捏造或者歪曲事实进行诬告陷害。也就是说,每一位公民都可以通过自己的表达实现对国家权力的监督。另一方面,随着互联网技术的飞速发展,每一位网民都可以随时随地在网络上发表意见,针对社会热点和突发事件,通过发表自己的看法来评判政府解决问题的方式,提出自己疑惑所在,从而更好地参与其中。如果不赋予公众充分自由的表达,所谓的知情权和参与权都将被虚置,最终对政府和国家相关部门的

---

① 参见易顶强:《略论表达权的宪政意义》,载《江苏广播电视大学学报》2008年第4期。
② 参见张翔:《基本权利的双重性质》,载《法学研究》2005年第3期。
③ 马胜利:《欧盟——一个价值共同体的理想与现实》,中国欧洲学会2009年厦门年会论文集。
④ 张翔:《基本权利的双重性质》,载《法学研究》2005年第3期。

监督权亦无法实现。

2. 表达权具有政治性、公共性和非实践性

在人权谱系中,自由权居于核心地位。自由权主要包括精神自由、经济自由、人身自由等重要内容。其中,精神自由包括精神内在自由和外在自由。精神的内在自由即思想良心自由、宗教自由和学问自由,它们是精神自由权的基础。当精神的内在自由通过语言、行为等方式表明于外部、传达于外部时,即形成精神的外在自由。① 公民的表达自由是自身精神自由的外在表现形式,内在自由只有表明于外部、传达于外部时才能实现,这一实现途径就构成表达自由的需求。但是,要确保将精神的内在自由有效地传达于外部,即公民在宪法上享有的表达权。表达权有众多属性,主要体现在以下三个方面:

第一,表达权具有政治性。政治性是我国多数学者均持有的观点,他们将表达自由视为政治自由,依据是:表达自由同民主政治、管理国家事务、社会事务等公共事务紧密联系在一起,表达自由是民主政治的核心和基石。② 在现代世界,公民是否真正拥有表达自由,已经成为区别民主政体与专制政体的最佳"试金石"。没有表达自由,公民就不能行使其监督权、参与权,对政府的公权力实行监督。而缺乏监督,则容易导致绝对的权力,如阿克顿勋爵所说:"权力产生腐败,绝对的权力导致绝对的腐败。"而以公民的私权利监督政府的公权力,正是抑制腐败的绝好力量。表达自由权的根基也正立于此。③ 可以说,公民对政治表达的自由是表达权属性的核心,但政治性不是它的唯一属性,其他关于公共事务的表达都属于公众的表达权利。

第二,表达权具有公共性。哈贝马斯认为:"本意的公共性是一种民主原则,每个人都有机会平等表达个人信念、意见,当这些个人意见通过公众批判而变成公共舆论时,公共性才能实现。"④换言之,公共性并非某种事物与生俱来的属性,只有当公众在公共领域中就普遍利益问题进行公平、平等和理性的协商,形成公共舆论,公共性才能实现。⑤ 公民在面对国家发生的重大事件或社会热点公开发表自己看法或意见时,看法和意见先在圈内局部扩散,形成较小的舆论波,然后再横向逐渐向外扩散。由于圈内价值观念极为相似,这些看法或意见会越来越受相同观点的公众关注,并逐渐加入其中,从而相同意见产生同声震荡并

---

① 参见易顶强:《略论表达权的宪政意义》,载《江苏广播电视大学学报》2008年第4期。
② 参见陆艳超、高凛:《论宪政视野下的公民表达权》,载《河南广播电视大学学报》2008年第3期。
③ 参见邓瑜:《媒介融合与表达自由》,中国传媒大学出版社2011年版,第28页。
④ 〔德〕哈贝马斯:《公共领域的结构转型》,曹卫东译,学林出版社1999年版,第252页。
⑤ 参见许鑫:《传媒公共性:概念的解析与应用》,载《国际新闻界》2011年第5期。

持续强化,形成公共舆论,这时每个公民的表达权也就具有了公共性。

第三,表达权具有非实践性。非实践性是表达自由的一个特别重要但又难以说明的特征。每个公民以公开的表达方式传播信息、展示思想、教授知识等,都必将对他人、对社会产生或多或少的影响。这种影响是精神性的、非物质性的,不能对他人、对社会造成实质危害或侵犯,产生物质性的后果。如果与此相反,则不属于表达自由的范围。侮辱、诽谤他人,制作、传播淫秽材料,煽动暴力、犯罪,泄露国家秘密、他人隐私,干扰司法审判等,就不属于精神性或非物质性的行为,而是物质性的、实践性的、直接产生危害后果的行为,应当受到法律的制裁,而不能受到表达自由权利的保护。① 也就是说,宪法保护的公民表达权,不能直接导致危害性的后果,若能产生危害性的后果,则这种所谓的自由不受保护。

3. 表达权是一项限制性的宪法权利

表达权一词虽然是在我国政府工作报告中正式提出的概念,但主要是通过宪法予以保障。具体体现为言论自由与出版自由,公民通过评议方式来公开陈述和表明自己的观点,游行、集会、示威等权利也可看作宪法上的表达权的体现。

有学者指出,法律对表达自由的意义分两层——(1)法律的核心是对自由的保护;(2)法律的作用之一还在于以法律的刚性明确表达自由的界限,依法对表达自由进行限制。法律是表达自由唯一的刚性限制办法。② 也就是说,表达权并不是绝对的权利,宪法中也存在对表达权的限制。《宪法》第 51 条规定:"中华人民共和国公民在行使自由和权利的时候,不得损害国家的、社会的、集体的利益和其他公民的合法的自由和权利。"此外,《宪法》第 38 条规定:"……禁止用任何方法对公民进行侮辱、诽谤和诬告陷害。"第 53 条规定:"中华人民共和国公民必须遵守宪法和法律,保守国家秘密……尊重社会公德。"第 54 条规定:"中华人民共和国公民有维护祖国的安全、荣誉和利益的义务,不得有危害祖国的安全、荣誉和利益的行为。"可以认为,《宪法》第 38 条规定的义务是针对公民个人名誉的义务,第 53 条是针对社会的义务,第 54 条是针对国家的义务。《宪法》第 51 条则是包括言论自由在内所有权利的总体性限制,是"宪法对基本权利活动进行限制的总的原则和标准","具有基本权利概括限制条款的性质"。③ 因此,《宪法》第 35 条和上述条款结合起来才是关于表达权的规范。

---

① 参见甄树青:《论表达自由》,社会科学文献出版社 2000 年版,第 64 页。
② 参见邓瑜:《媒介融合与表达自由》,中国传媒大学出版社 2011 年版,第 27—28 页。
③ 参见韩大元:《宪法实施与社会治理模式的转型》,载《中国法学》2012 年第 4 期。

可以看出,我国宪法保护表达权的同时也设定了界限,表达权是一项限制性的宪法权利。而我国宪法对表达权进行限制,源于以下几点:首先,与我国特有的社会主义性质有关。我国长期处于封建社会中,封建社会更强调大众应该遵守国家颁布的义务,而较少赋予公民应得的权利。基于此,很多社会主义国家在新制定的宪法中不仅赋予公民权利,而且规定了公民需要履行的义务。其次,权利与义务相统一,保障表达权利的同时必须履行相应的义务。马克思指出:"没有无义务的权利,也没有无权利的义务。"[①]马克思主义的法学理论一向认为权利和自由不是绝对的,而是相对的,必须以承担社会义务和责任作为对价。自由和责任并存,权利与义务相统一。根据社会制衡理论,作为社会控制,权力需要分权制衡,才能实现相互制约,才能保障权力的正常运行。[②] 同理,如果赋予公民绝对的权利,可能会导致滥用。为了维护社会的秩序,实现动态平衡,在调整人与人之间的关系时,也必须借助权利与义务的制衡,最终更好地赋予公民表达的权利。最后,限制表达权的最终目的是使表达权更好地实现。约翰·洛克说过:"法律的目的不是取消或限制自由,而是为了维护和扩大自由。这是因为,在所有能够接受法律支配的人类的状态中,哪里没有法律哪里就没有自由。"[③]"人是生而平等,但却无往不在枷锁中。自以为是其他一切的主人的人,反而比其他一切更是奴隶。"[④]人在学习生活中,必须依照规则行事才能生存。那么,宪法为表达权设定界限的目的不是限制自由,而是更好地实现和保障公民这一基本权利,体现自由的价值所在。

(三) 表达权的核心价值

公民的表达自由作为宪法保障的一项政治权利,其核心价值必然会体现为法的价值。所谓法的价值,是"以法与人的关系为基础的,法对于人所具有的意义,是法对于人的需要的满足,是人关于法的绝对超越。它是在人(主体)与法(客体)的关系中体现出来的法律积极意义或有用性——只有法律符合或能够满足人们的需要,在人与法之间形成价值关系,法律才有价值(有用性)可言"[⑤]。而表达权具有政治和社会双重价值:政治价值主要体现为实现自由和民主价

[①] 《马克思恩格斯选集》(第三卷),人民出版社2012年版,第172页。
[②] 参见王锋:《表达自由及其界限》,社会科学文献出版社2006年版,第115—116页。
[③] 同上书,第105页。
[④] 〔法〕卢梭:《社会契约论》,何兆武译,商务印书馆1980年版,第8页。
[⑤] 邓瑜:《媒介融合与表达自由》,中国传媒大学出版社2011年版,第30页。

值;①社会价值主要是促进个人价值,有助于获取真相和维护社会稳定,进而推动文化的繁荣与经济的快速发展。可以说,政治价值和社会价值的最终目的是实现表达权的核心价值——法的价值。

1. 保障表达权是为了完善社会主义民主制度

表达权是民主权利的重要内容和载体,只有公民的表达权得以充分实现,人们才能参与民主制度建设。② 民主既是一种实体,也是一种程序。从民主的程序意义上说,"所谓民主政治,就是全体公民广泛分享参与决策的机会,就是对政府权力的制约和对政府决策过程的控制"③。很多学者将公民表达权视为民主国家实现的必要条件,如果一个国家没有赋予公民自由表达的权利,那么这个国家一定不能称为现代意义上的民主国家。

民主是社会主义社会的本质特征。党的十七大报告明确指出:"人民当家作主是社会主义民主政治的本质和核心。"因此,新中国成立后,我国逐步建立起一系列体现民主政治的制度,中国共产党在领导人民把中国特色社会主义事业全面推向前进的过程中,始终注重发展社会主义民主,并将其作为中国特色社会主义政治的基本内容着力加强建设。在社会主义民主政治建设中,至关重要的是将民主在实践中付诸操作。而充分实现公民自由表达的权利才能将民主在实践中有效执行,人民在国家政治生活中的主人翁地位才能得以彰显。

依法保障公民表达权,是民主制度建设的内容,也是扩大公民有序政治参与的要求。"民主政治的基本原则是民主选举、民主决策、民主管理和民主监督,这就有赖于保障公民表达权。使公民能够自由地表达其意志和要求,来参与民主选举、民主决策、民主管理和民主监督。"④要想实现民主选举,公民必须享有表达权,表达心中所思所想,选出真正能代表公民的代表。实现民主决策和民主管理,也需要保障公民表达权,使公民可以随时随地发表想法,并及时听取和采纳公民的意见和建议,得到公民的认同、信任与支持。而实现民主监督,更需要赋予公民表达的权利,没有表达自由就无法实现对政府的监督。邓小平曾在1978年中共中央工作会议闭幕会上说过:"一个革命政党,就怕听不到人民的声音,最可怕的是鸦雀无声。"⑤可以说,没有表达自由,公民就无法参与民主选举、民主

---

① 不同学者对表达权的政治价值有不同表述,如推进民主事业、健全民主与民主监督、弘扬民主功能等,但其共同目的都是实现民主价值。
② 参见林凌、夏梦颖:《网络舆论引导法律规制研究》,安徽人民出版社2016年版,第93页。
③ 俞可平:《民主与陀螺》,北京大学出版社2006年版,第24页。
④ 徐秀霞:《健全和完善公民表达权的法律保障机制》,载《行政与法》2007年第2期。
⑤ 《邓小平文选》(第二卷),人民出版社1994年版,第144页。

决策、民主管理和民主监督。"没有表达自由,就不能称之为民主政治,没有表达自由,就无法产生民主政治,没有表达自由,就不能维持民主政治。"①表达自由占有十分重要的地位,它是民主政治得以确立的基础,也是完善社会主义民主制度的重要保障。

2. 保障表达权是为了完善社会主义法治建设

中国的社会主义法治建设起步于中华人民共和国成立。1954年9月20日通过的《宪法》(即"五四宪法"),完成了新中国立宪大业,确立社会主义制度的"四梁八柱"。② 1982年12月4日,五届全国人大五次会议通过了"八二宪法",构成我国法治史上的重要里程碑。1982年《宪法》在序言中首次规定了"不断完善社会主义的各项制度,发展社会主义民主,健全社会主义法制",从而在我国宪法中引入了"法制"一词。1999年《中华人民共和国宪法修正案》增加了一款:"中华人民共和国实行依法治国,建设社会主义法治国家。"该修改正式将依法治国确立为治国的基本方略,并将"法治"一词引入宪法之中。③

社会主义法治,就是依法治国基本方略得到切实落实,各方面积极因素得到广泛调动。依法治国,建设社会主义法治国家,是我国现代化建设的战略目标。可以说,法治不仅是社会有效运转的保障,是社会和谐的基石,还是构建和谐社会的手段,法治作为一种现实的法律秩序状态,也是和谐社会的存在形式。法治社会最重要的规则就是法律规则,依照法律规则来治理社会,社会就有了和谐的基础与保障。法治的意义不仅在于可以减少矛盾,而且在于可以解决矛盾,使纷争得到及时解决,使不和谐归于和谐。而加强法治建设包括完善立法、依法行政、公正司法和提高公民守法自觉性等。④

保障公民表达权是实现社会主义法治的重要保证。一方面,保障公民表达权可以使立法更民主、更科学。民主立法、科学立法是提高立法质量的保证。充分听取普通群众的要求与意见,可以提高立法的水平与力量。而提高立法的水平与力量是依法治国、建设社会主义法治国家的重要前提。⑤ 若不能充分保障公民表达权,将降低公民政治参与程度,进而影响政治决策的科学性、民主性与合理性。另一方面,保障公民表达权有利于依法行政和公正司法,提高公民的法

---

① 甄树青:《论表达自由》,社会科学文献出版社2000年版,第116—117页。
② 参见张文显:《建设中国特色社会主义法体系》,载《法学研究》2014年第6期。
③ 参见何勤华、齐凯悦:《法制成为法治:宪法修改推进社会主义法治建设》,载《山东社会科学》2018年第7期。
④ 参见章舜钦:《和谐社会公民表达权的法治保障》,载《法治论丛(上海政法学院学报)》2007年第4期。
⑤ 参见徐秀霞:《健全和完善公民表达权的法律保障机制》,载《行政与法》2007年第2期。

律意识、法治观念，提高公民守法的自觉性。① 其实，司法公正是实现社会主义法治建设的重要体现，充分保障公民的表达自由权利可以促进司法公正的实现，公民及时关注相关案件的司法进程并积极发表观点和意见，形成社会舆论，其目的是最大程度地避免由于媒介的先行审判造成的司法不公正。同时，保障公民的表达权还能促进政府依法行政，公民通过发表正当言论随时对国家公权力进行监督，政府因公民的监督能形成自我约束机制，从而更好地服务广大群众。

因此，必须借助于公民自由表达的权利，倾听公众多种多样的观点与意见，并对相互冲突的利益观点进行充分了解和分析，加以比较后总结出各自存在的意义和合理性，判断和衡量它们存在的价值，协调好各种利益关系，从而制定出能够反映最大多数人根本愿望和利益的法律体系，进而完善社会主义法治建设。

三、媒体与表达权

在推进社会主义民主制度、完善社会主义法治建设进程中，保证公众表达权是重要性环节，公众观点和意见的及时传达，使政府能够快速接收到有效的信息，媒体起到了关键性作用。《公民权利和政治权利国际公约》第 19 条便规定："人人都有不论国界，也不论口头的、书写的、印刷的、采取艺术形式的，或通过他所选择的任何其他媒介发表意见的权利。"可以说，表达权的行使需要借助一定的方式或媒介，由于不同媒介的介质不同，表达权行使方式和实现效果也有所不同。

（一）传统媒体：实现表达权的重要载体

作为信息生产和传播工具的媒介，是以具体物质材料呈现的信息传输媒介系统、信息接收和储存媒介系统和信息处理媒介系统中的信息生产工具，即信息生产的特定工具、信息传输网络和信息接收终端。② 前网络时代，传统媒体一直是信息生产、传播、接收及反馈的工具，是政府与公众之间有效沟通的重要桥梁。政府通过传统媒体向公众告知国家相关政策性信息、社会重大事件与热点问题，公众通过主流媒体来向政府反馈观点、意见或建议。因此，传统媒体是实现表达权的重要载体，在信息传播格局中占有举足轻重的地位。

---

① 参见章舜钦：《和谐社会公民表达权的法治保障》，载《法治论丛（上海政法学院学报）》2007 年第 4 期。
② 参见邓瑜：《媒介融合与表达自由》，中国传媒大学出版社 2011 年版，第 115 页。

1. 公众表达的瞭望塔

在现代社会里,传统媒体一直是实现公众知情与表达的引领者,执行着重要的社会功能。在传播学研究史上,最早对传播的社会功能做出全面分析的是拉斯韦尔,他将传播的基本社会功能分为三个方面,其中第一方面是环境监视功能。他认为,自然和社会是不断变化的,只有及时监控、了解、把握并适应内外环境的变化,人类社会才能保证自己的生存和发展。在这个意义上,传播对社会起着一种"瞭望哨"的作用。美国学者赖特继承了拉斯韦尔的"三功能说",第一点也是强调传播的环境监视功能,即传播是在特定社会的内部和外部收集和传播信息的活动,包括警戒外来威胁和满足社会的常规性活动(政治、经济、生活)的信息需要。① 随后,施拉姆、拉扎斯菲尔德和默顿等人在研究传播的社会功能时也提到了环境监视功能。传统媒体是信息传播的主要渠道,也就是说,传统媒体具有环境监视功能,负责监视社会环境,进而保证公众可以在社会中获取信息。

传统媒体尤其是传递党的路线、方针、政策等具有强势地位的党委与政府的机关报、电台、电视台的主流媒体,是重大事件、社会热点问题的核心传播者和公共政策的权威解读者。传统媒体是公众的"瞭望者",往往先于公众得知信息、发现问题,让公众知情并为其发声。可以说,传统媒体是公众表达的代表,在某种程度上保障了公众的表达权。

其一,传统媒体通过新闻报道让公众获得知情权,为公众表达创设前提条件。如果没有知情权,根本谈不上对于表达权的保障。换句话说,公众若对于政府重大决策、社会公共事务完全不知情,那么他就没有权利进行表达。"知情权是公民从事政治、经济、文化和个人生活的必要条件之一,是公民享有权利和履行义务的基本前提。人民要管理国家事务,管理经济和文化事业,管理社会事务,就必须先了解这些事务的相关信息,没有了解就没有正确管理的可能。"②表达权是公民的基本权利,而知情权是实现公众表达权的重要保障。党中央高度重视保障公众知情权,2007年4月,国务院总理温家宝签署第492号国务院令,公布《政府信息公开条例》。该条例对于政府信息公开作了详细规定,同时对如何保障公众知情权提出了明确要求。长期以来,公众对于政府重大决策和社会公共事务的了解主要是通过传统媒体对于新闻信息的报道。而我国传统主流媒体的办报(办台)方针形成于党的路线方针政策和人民群众的愿望高度一致化的战争年代,宣传党的路线方针政策与满足人民群众的公共信息需求高度吻合,在

---

① 参见郭庆光:《传播学教程》(第二版),中国人民大学出版社2011年版,第101—102页。
② 赵振宇:《保障公民知情权和表达权中政府及媒体的责任》,载《新闻记者》2009年第4期。

很长一段时间内主流媒体服务公众的办报理念被隐含在宣传党的路线、方针和政策的传播框架中。但随着改革开放的深入发展,市场化媒体形成,党的路线、方针、政策包含越来越丰富的价值目标和内容①,为广大人民群众提供越来越多的需求信息,使公众认识和了解自身所处的社会环境。可以说,传统媒体作为社会的"瞭望者",及时准确地让广大群众了解周围环境的瞬息万变,在保障公众知情权方面起到不可或缺的作用,知情权为公众进一步获得表达权提供充分保障。

其二,传统媒体先行了解新闻背后的新闻,代替公众发声。传统媒体因为具有环境监测功能,通过新闻报道让公众了解政府决策、重大突发事件或社会热点问题,保障公众知情权。与此同时,传统媒体作为现代化传播手段,能第一时间获得最新的信息源,帮助公众了解他们无法得知新闻报道背后的深层新闻,从而代替公众发表相关观点或意见。例如,中央电视台《焦点访谈》栏目自开播以来,作为中国电视界最具影响力的新闻评论节目,其深度报道赢得了社会的广泛认同。朱镕基对《焦点访谈》栏目的 16 字赠言——"群众喉舌,舆论监督,政府镜鉴,改革尖兵",极为准确地高度概括了《焦点访谈》的传播定位。② 需要指出的是,"群众喉舌"被放在首要位置,说明媒体为群众发声至关重要。"喉舌"既是一种功能,更是一种地位,充分体现其可以传递党、政府和人民的声音。③ 用事实说话是《焦点访谈》一贯的行动指南,它之所以能成为广大群众热烈欢迎和持续关注的电视节目,最重要原因就是它代表老百姓说话,反映群众呼声,表达社情民意。因此,以《焦点访谈》为首的深度报道栏目为广大群众挖掘了新闻报道背后的深层信息,而这些信息往往是公众没有条件获知的真相,充分表明传统媒体作为公众表达瞭望塔的重要地位。

2. 集中反映民意

关于"民意"(public opinion),卢梭提出:"意志要么是公意,要么不是;它要么是人民共同体的意志,要么就是一部分的。"④沃尔特·李普曼在《公众舆论》中指出:"人们头脑中的图景——关于自身,关于别人,关于他们的需要、目的和人际关系的图景,就是民意。"⑤民意在《现代汉语词典》中的解释则为"人民共同的意见或愿望"。喻国明认为:"民意,又称民心,公意,是社会上大多数成员对与

---

① 参见林凌:《遵循传播规律,提升主流媒体引导力》,载《新闻战线》2018 年第 15 期。
② 参见范龙、张惠:《心系大众 不辱使命——〈焦点访谈〉选题分析与思考》,载《当代电视》2005 年第 2 期。
③ 参见齐向真:《浅析主流媒体的特征、地位及作用》,载《科学之友(B 版)》2009 年第 4 期。
④ 〔法〕卢梭:《社会契约论》,何兆武译,商务印书馆 2003 年版,第 33 页。
⑤ 〔美〕沃尔特·李普曼:《公众舆论》,阎克文、江红译,上海人民出版社 2005 年版,第 154 页。

其相关的公共对象或现象所持有的大体相近的意见、情感和行为倾向的总称。"①民意分为隐性民意和显性民意两种,隐性民意是公民内心想法,只有表达出来才能成为显性民意,被他人所知,与他人分享和交流后形成与社会成员大体相近的情感、意见或行为倾向,形成一定的影响力。也就是说,民意只有表达出来,其情感、想法或意见才能为政府所知,政府才能根据民意做出相应调整,使政府工作高效开展。但公民的内心想法若想表达出来,需要借助一定的载体。为充分保证广大群众基本的利益诉求得以表达,可行的民意载体和畅通的表达渠道就至关重要。

在现代社会,广大群众可以选择通过报纸、广播、电视、网络等媒体进行表达,也可以通过民意测验机构、民意代表机构、政治协商机构、政党来表达,还可以通过选举、全民公决等投票方式来表达,在我国还能够通过信访渠道来表达。如果通过以上方式都无法解决问题时,人们可能选择更激烈的方式如游行示威、罢工罢课等多种方式来表达。②可以看出,民意表达方式多种多样,但如果民意想要及时、高效和充分地表达出来,媒体是不可缺的重要平台,具有举足轻重的作用。传统媒体承担着大众信息传播的职能,是集中反映民意的重要载体。"传统媒体的强规范性决定了它并不是为某一个体服务,而是服务于某个处于统治地位的集体(如组织、团体、阶层、阶级)并宣传这个集体的意识形态或者主流话语。也可以说,传统媒体的意识工具和手段功能更具显性,因此传统媒体话语的行为主体主要是某个集体而非个人。"③可见,传统媒体的服务对象是广大人民群众,而不是个人。也就是说,传统媒体具有民意整合的功能,其通过自身的权威性和专业性,搜集、整理和提炼公众的意见或愿望。

首先,传统媒体具有采访权,可以广泛和公开地搜集公众的所思所想。关于采访权的性质,主要集中在权力与权利两者之争,国内外学者主要有三种不同观点:第一种观点是美国联邦最高法院法官斯特瓦特(Dotter Stewart)在一次演讲中提出的:"宪法保障新闻自由的最初目的是要在政府之外建立第四个部门,以监督官方的三个部门。"这一观点被认为采访权是第四权力。第二种观点来自我国学者杨立新和魏永征,他们认为,采访权是一种权利而非权力。第三种观点认为,采访权是权力、权利两者特征兼而有之,"它不纯粹是一种民事权利,而且具

---

① 喻国明:《解构民意:一个舆论学者的实证研究》,华夏出版社2001年版,第9页。
② 参见刘贵丰:《如何识别与整合民意》,http://politics.people.com.cn/GB/70731/15887716.html,2019年11月5日访问。
③ 刘九洲、陈丽:《网络媒体与传统媒体话语分层研究》,载《新闻界》2007年第6期。

有行政权力的性质"①。其实,采访权本质上是一种社会权利,是社会主体对社会的影响力,其社会主体是广大社会群众,他们的表达对社会产生影响。"记者采访的权利是一种公民间自由交谈的权利,当记者为满足人们获知外部情况需要而工作的时候,他因服务于公民的言论自由而拥有采访权。在这个意义上,记者的采访权是宪法规定的公民言论自由权的延伸。"②因此,传统媒体拥有这种社会权利后,可以广泛搜集广大群众的态度或观点,延伸公民表达权,将个人的隐性表达转化为显性表达,使公民情绪、观点或意见被媒体所知。

其次,传统媒体担任"把关人"角色,筛选整合信息,集中表达民意。所谓"把关人",就是指具有让某一东西进来或出去的决定权的个人或团体。③ 传统媒体是点对面的传播,在这个过程中传播者作为"把关人"处于绝对地位,它决定什么样的观点或意见可以通过新闻媒体表达出来。"把关"其实就是一种责任,是一种能生产出公众所思所想的"新闻作品"的责任。记者每天会搜集成千上万关于公众观点和意见的信息,筛选整合这些杂乱无章的信息,使其集中反映民意,必然离不开传统媒体这个"把关人"。一个客观存在或发生的事实,能否成为新闻然后被传播,就看它是否与公众的利益相关联,是否凝聚了公众的社会需求力量,以及能否满足人们的感官和心理需求。新闻价值本身就应该具有给社会和受众以积极影响的功能。基于记者自身的专业素养,其具备从广大群众众多想法中把那些普遍反映的观点和意见筛选出来的能力,对相关信息进行鉴别、筛选、提炼、聚合,整合有价值的信息后,向公众传递。④ 这一做法充分表明,传统媒体可以筛选整合出具有普遍性的观点或意见,这些观点或意见通过新闻报道来集中表达。

(二) 互联网:基于用户为核心的表达权

我国在 1994 年获准接入国际互联网,并于 1995 年向社会开放网络并提供服务。经过多年技术的迭代升级,人们的生产生活已被网络技术完全渗透,媒体发展思维也在潜移默化中不断变革。2014 年,习近平在主持召开中央全面深化改革领导小组第四次会议时指出:"推动传统媒体和新兴媒体融合发展,要遵循新闻传播规律,强化互联网思维。"所谓互联网思维,是基于互联网传播规律来分析问题的全新视角。在媒体发展实践中,这种思维是基于网络媒介技术,重新审

---

① 戴丽:《新闻采访权性质刍议》,载《新闻记者》2003 年第 11 期。
② 陈力丹:《采访权是公民言论自由权的延伸》,载《现代传播(中国传媒大学学报)》2004 年第 3 期。
③ 参见黄旦:《"把关人"研究及其演变》,载《国际新闻界》1996 年第 4 期。
④ 参见何昕:《编辑要做好新闻传播的"把关人"》,载《新闻传播》2011 年第 6 期。

视整个媒介生态的思维方式。具体体现为:传播内容上以丰裕代替稀缺,传播方式上以互动多向替代线性单向,传播渠道上以聚合平台替代单一渠道,最终整合各类资源为用户服务。① 换言之,互联网思维与传统媒体点对面传播思维最大的不同之处在于:强调以用户为核心,重视用户运用新技术后产生的信息传播效果。互联网在信息传播方面所具有的即时性、互动性、去中心化是传统媒体无法比拟的,这使得互联网比传统媒体具有更强大的信息储备和信息传播功能,也比传统媒体更能够提升人们自由表达的能力。② 基于此,互联网时代,公民表达权通过用户之间的分享、互动和聚合来实现。

1. 表达内容下沉

前网络时代,由于表达渠道局限,公民的表达权利主要借助媒体来实现,但往往会造成公民表达权集中在传统媒体手中,由媒体来决定表达的内容及形式。而技术的飞速发展,使个人表达得以极大释放。曼纽尔·卡斯特认为,网络社会中的权力就是传播权力,而传播权力的控制者是媒体公司,"媒体公司的所有者和控制者决定了传播的内容和形式,一次来完成他们赋予网络的最终目标:制造利润、制造权力、制造文化"③。互联网时代,公民表达权的载体、方式等众多方面都发生了本质改变。互联网跨越时间和空间的间隔,打破了传统公民表达受科层制的影响,在载体上赋予公民真正实现表达自由的可能性。各媒体公司根据自身发展目标,扩张公民个人权利,使每个用户都可以借助网络平台发表自己的想法或意见。也就是说,表达内容的权利已经从官方逐渐下沉到每个用户。

首先,互联网扩张公民权利,用户可以选择媒介工具来实现表达权,即公民享有媒介接近权。在传统媒介环境下,媒介资源的垄断性、稀缺性以及媒体从业人员的专业性决定了普通公民很难有能力和条件接近媒介,导致公民事实上无法获得接触媒介的机会。即使公民借助传统媒体发表想法或意见,但这些想法和意见的表达也是筛选整合后的结果,加上版面和众多其他因素的限制,公民无法畅所欲言,一定程度上限制了公民的直接表达权。公民的表达权主要通过代理的形式,间接性地由传统媒体行使。④ 可以说,在这种环境下,公民的表达自由是一种消极自由,并不具有积极表达自由的价值。1967 年,美国法学者巴伦

---

① 参见强月新、陈星:《线性思维、互联网思维与生态思维——新时期我国媒体发展思维的嬗变路径》,载《新闻大学》2019 年第 2 期。
② 参见王四新:《网络空间的表达自由》,社会科学文献出版社 2007 年版,第 149 页。
③ 〔美〕曼纽尔·卡斯特:《传播力》(新版),汤景泰、星辰译,社会科学文献出版社 2018 年版,第 330 页。
④ 参见林凌、夏梦颖:《网络舆论引导法律规制研究》,安徽人民出版社 2016 年版,第 87 页。

在《哈佛大学法学评论》杂志上发表《接近新闻界：一项新的第一修正案权利》（Access to the Press: A New First Amendment Right）一文，首先提出了"接近使用媒介"作为新的言论自由权概念。所谓"媒介接近权"，是指"大众即社会的每一位成员皆应有接近、利用媒介发表意见的自由"。同时，为确保大众的言论自由，也必须由宪法确认大众"接近"媒介的权利。也就是说，一般社会成员可以也应该利用传播媒介阐述主张、发表言论以及开展各种社会和文化活动，且传播媒介也负有向公众开放的义务和责任。① 因此，基于网络的开放性与低成本性，公民不受地域、年龄、身份、学历等诸多限制，其作为单一的受众角色也发生了彻底性改变，不再被动地接收官方发布的信息，而是接近并使用媒介，主动成为信息传播者和直接表达者。可以说，互联网扩张公民的媒介接近权，实际上是公民享有的一项新表达权，这一新权利具有积极自由价值。

其次，表达权利从官方代理到用户主动分享，表达内容下沉。互联网独特的即时传播、海量信息、多元互动、去中心化等传播特点，克服了传统媒体的技术局限。公众的媒介接触习惯发生改变，获取信息及表达的媒介渠道从传统媒体向社交媒体平台转移。② 而用户借助社交媒体平台主动表达的内容，又分为情绪性内容和理性内容两种。第一，用户情绪化的表达。传统媒体时代，一种社会情绪的汇集与表达因为要受到把关人的筛选与调控，所以使个人情绪不易表达，社会情绪也很难汇集。但互联网时代，当发生突发事件或出现社会热点问题时，一些普通公众会借助社交媒体平台来发泄情绪，将自己的私人情感带入到公共领域中，表达诉求并参与公共讨论。由于表达情绪的个体真实身份隐匿在平台的背后，他们不像身处现实社会环境表情达意时那样会有所顾虑、权衡利弊，因此用户的网上情绪表达更多表现出自由、随意、张扬的色彩，使网络中的社会情绪表达既有真切、积极的一面，也有大量极端性、激烈性、偏执性或虚假性的一面。③ 这种个体情绪不断蔓延后还会转化为社会情绪，可能带来极大的社会影响，甚至可能会出现线上线下的群体活动事件。第二，用户充分了解事件后的理性表达。一些网民会在事件或热点问题刚发生或出现时就急于发声，表达自己的情绪。但也有很多网民会在事件初期时选择沉默，随着事情逐渐清晰后，再进行理性的表达，这些网民通过使用社交媒体平台，对事件或热点问题进行相关咨

---

① 参见邓瑜：《媒介融合与表达自由》，中国传媒大学出版社2011年版，第120页。
② 参见王斌、戴梦瑜：《迭代生产与关系建构：社交媒体中的国家形象塑造机制》，载《兰州大学学报（社会科学版）》2017年第5期。
③ 参见张景龙、李端生：《网络传播中社会情绪表达问题研究》，载《吉首大学学报（社会科学版）》2008年第4期。

询与冷静分析,从而进行理性表达。总的来说,无论是情绪化表达还是理性表达,都说明了互联网时代网民拥有媒介接近权后,会积极表达自己的所思所想,使表达内容从官方主导下沉到用户主动分享。

2. 表达互动双向

在传播学理论中,互动双向强调的是信息传播者与接收者双方之间信息的有效交流与反馈。传统媒体是以单向传播的线性模式,从上至下实现公民表达权。但这种方式缺少媒体与公众的互动以及公众之间的相互交流,容易出现公众对信息延时反馈或事后反馈的现象。网络媒介技术打破了由传播者决定的单向线性传播模式,网络社区、微博、朋友圈等通过内容黏着、互动应用和人际关系在网络上的维护与拓展,构建网络公共交往空间。社会生活中发生的主要问题和事件,都能够成为网络传媒的传播议程,无论是政府人员还是普通网民,都可以在网络公共交往空间中相对自由、平等地参与讨论,形成公共意见,从而影响着社会生活的发展,甚至可能改变着社会现实。① 换言之,互联网为广大网民构建了一个公共交往空间,任何人都可以在此空间中平等地交流与互动,实现双向反馈效果。

第一,网络媒介为政府和网民双向互动沟通搭建桥梁。所谓"双向互动",既是指政府可以通过网络向公众发布政策、法规以及相关社会政治、经济、文化信息,又是指公众可以借助网络对政府的工作进行监督与反馈。也就是说,网络媒介出现后,"打破了政府、媒介和公众这条单行线,传统媒体时代政府的绝对主导地位被动摇。此时,公众、媒介与政府形成互动关系,以媒介为桥梁形成了一个循环路径,在这种关系下公众借助网络成为信息传播中的主体,而政府为维护公众形象成为公众信息的维护者"②。根据申农的信息论,信息是能够用来消除或减少不确定性的东西,信息不完全和信息不对称必然导致认知错误与决策风险,而风险的核心又在于信息的不确定性,不确定性的实质就是一种信息不完全的状态。③ 互联网时代,政府信息公开并与公众形成良性交流互动,信息的不确定性大幅度减少,风险程度也相应降低。通过互联网,公众对事情的知情能力得到极大的提高,进而对公共事件表达,尤其在发生突发危机事件时,公众第一时间就可以在网络平台上发表自己的想法和观点,甚至有一些网民选择借助网络公共空间来发泄情绪,进而形成网络舆论。突发危机事件具有隐蔽性、不可预测性

---

① 参见吕尚彬、陈薇:《我国政府与传媒的双向互动关系探析》,载《当代传播》2012年第1期。
② 刘敏:《网络媒体时代公众、媒体和政府互动关系探究》,载《广东科技》2013年第8期。
③ 参见林爱珺:《在信息公开中建构政府、媒体、公众之间的良性互动关系》,载《现代传播(中国传媒大学学报)》2009年第2期。

和预防难度高等多重特点,其形成的网络舆论传播速度快、传播范围覆盖面极广,这时政府借助网络媒介即可第一时间向公众发布事件的动态性信息,使公众及时知情,消解公众负面情绪,使其更理性地表达。其实,在舆论形成的过程中,政府扮演着决策者和疏通者的角色,处于决定性与主导性的地位,而网络媒介扮演信息传播者的角色,为政府和公众及时沟通搭建平台。因此,政府及时发布事件的动态性信息,做突发危机事件的"第一权威发布者",并进行有效的公众舆论引导。可以说,政府与公众这样双向互动关系,通过网络媒介的畅通信息渠道,极大地保障了公众的表达权,也重新定义着政府与媒介的角色定位。

第二,网络媒介为用户之间的交流互动提供平台。传统媒体时代,在出现重大事件或社会热点后,相互认识的人往往通过人际传播进行交流与互动。而互联网时代,用户有机会与其他陌生网民进行信息的分享与互换,通过互动建立短期或长期联系。一方面,用户通过点赞、评论等多种形式表达观点,建构双方的情感认同。移动互联网的兴起,使得信息更加碎片化,人们的网络社交行为也出现一种强烈的趋势,即选择用更简单的符号来承载复杂的信息,点赞就是其最简单的方式。根据Facebook帮助中心的说法,"点赞"(like)是一种"用户所关注的东西相联系并积极反馈的方式"。换言之,当用户个人同意其他人的表达观点或认为观点有所启发时,最简单的回应方式即为点赞。而当用户自身有强烈的表达欲望与需求时,也会选择通过评论的方式与其他网民沟通交流,以便双方观点及时输出与再次输入,实现信息的实时互动。但无论是新兴的"点赞"还是传统的互动按钮"评论",用户对这些按钮的使用多隐含了他们想通过线上人际交流互动来提高自身地位的隐性期待。① 此外,用户在交流与分享中,会出现"情感预期",即网民对于和自己观点或意见相同的人,会表现出积极的态度,选择与其建立联系,并影响和引导双向互动。另一方面,用户之间会进行线上线下双向互动。用户之间根据某一具体事件发表自己看法或观点后,在线上建立了情感,这一情感往往是短期的,随着事件的结束而消失。但也有一部分联系会从线上转移到线下,这也是表达双向互动的最高境界。这一转移不仅强调了用户之间通过网络媒介进行表达与分享能推动线上的信息互动之外,也强调了双方情感认同之后进一步推动现实生活中的联系以及对现实社会各个层面的相互影响。

3. 表达意见聚合

传统媒体时代,公众的个人意见往往通过大众媒介选择筛选后才能集中表

---

① 参见周懿瑾、魏佳纯:《"点赞"还是"评论"?社交媒体使用行为对个人社会资本的影响——基于微信朋友圈使用行为的探索性研究》,载《新闻大学》2016年第1期。

达出来,或者依靠二级传播理论中的意见领袖将广大群众的观点或意见整合汇聚起来后,再传送给大众媒介,这一传输过程往往需要花费较长时间才能真正实现公众表达的权利。互联网时代,越来越多的公众可以选择利用微博、微信、新闻客户端来讨论突发事件或社会热点问题,可随时随地发表个人的看法或观点,并且个人的表达在网络公共空间中能即刻形成相同的意见或观点的聚合。

第一,用户表达意见易在圈(群)中聚合。首先,互联网尤其是社交媒体用户的"关注"与"被关注"关系呈现出一种基于社交虚拟人际关系的网状信息传播链。例如,微博主要通过名人效应、即时点赞评论和一键转发等功能产生社交媒体辐射效应;微信主要以人际关系网为基础,以朋友圈分享、点赞、评论以及私信和群交流等方式进行精准推送和圈(群)传播。也就是说,社交媒体呈现出一种网状的链式结构,在组织结构上多是基于大小不一的人际关系圈(群),单一关系圈(群)用户价值取向和兴趣关注点基本一致。因此,当出现重大突发事件或社会热点时,用户往往先在自己所处的圈(群)中进行观点的表达,由于圈(群)内部价值观念相似,意见和观点在"沉默的螺旋"机制作用下会逐渐集中并趋同,极易发生同一圈(群)内部的意见聚合。每个用户都是整个网状链式结构中的一环,任何个人发表的言论都可以轻松实现与其他人意见的交换,即他们的意见也可以在短时间内在圈(群)内快速聚合后并向外扩散,吸引越来越多与圈(群)内部相似的观点,从而产生意见的同声震荡并持续强化,形成声势浩大的同质意见的聚合。① 法国心理学家古斯塔夫·勒庞指出:"聚集成群的人们,感情和思想会转到同一个方向,自觉的个性消失了,形成一种集体心理。"② 这种集体心理,易使观点或意见相同或相近的人聚集在一起,形成表达意见的聚合。与此同时,也应当注意,这种集体心理由于隔绝其他不同的观点与意见,容易导致在圈(群)内部出现冲动、急躁或易变的负面情绪,甚至出现保守、偏执或专横的倾向。

第二,用户表达意见从去中心化到再中心化聚合。传统媒体时代,信息作为一种稀缺资源被集中掌握在大众媒介的手中,纸媒和广电媒体拥有绝对的话语主导权。换句话说,大众媒介在整个信息传播中居于中心地位,信息传播和意见表达采取自上而下的形式,导致广大群众的表达十分被动。但互联网技术的出现,打破了少数人对传媒资源绝对垄断的局势,每个网民都可以以最低成本、最快捷的方式接近媒体,并被赋予传媒的功能属性。这一时期的网民颠覆了传统媒体中心化、集中式的传播路径,逐渐形成去中心化的表达与传播,广大群众被

---

① 参见李昭熠:《优化社交媒体舆论引导策略》,载《编辑学刊》2017年第2期。
② 〔法〕古斯塔夫·勒庞:《乌合之众》,冯克利译,中央编译出版社2014年版,第3页。

赋予表达的自由。① 但所谓的去中心化并不意味着无中心化，而是颠覆传统媒体"一家独大"的主导模式，建构多主体的再中心化状态。换言之，多主体的再中心化强调的是在信息的传播过程中或广大群众意见的聚合不再只有唯一的中心，而是在众多因素的影响下形成多个具备一定中心控制功能的节点。其实，在意见或观点基本一致的圈（群）中，极易出现意见领袖来引导内部的网民。这些意见领袖是指在圈（群）内部为他人提供信息和观点，并且对他人有一定影响力的"活跃分子"。互联网时代，海量的信息包围在网民的身边，由于时间和精力的有限性，公众没有办法完全及时地获取所有信息，大部分信息都会在海量的信息中悄无声息地沉没。因此，当出现各种社会热点和敏感话题时，在圈（群）中立刻会涌现出意见领袖，他们通常处于信息源的上端，能够获取一般受众无法获取的信息，并且他们在其中首先发表有影响力的观点和意见，提出导向性的见解，以此来引导内部成员赞同此观点，并认识社会问题。因此，这些意见领袖在圈（群）中受其他网民的拥护，形成了一个新的中心。② 这些意见领袖不仅善于筛选信息，表达自己独特的思考，担任把关人的角色，而且善于将圈（群）内部网民的声音聚合在一起后集体发声。总的来说，意见领袖在圈（群）中起到至关重要的角色，如果意见领袖发表的观点或意见较为正面，那么整个圈（群）中都会处于正面信息的氛围之中；若意见领袖的观点较为负面，则可能会出现集群效应。例如，近些年来出现的"舆论审判""道德绑架"等相关现象都是先在圈（群）中出现，然后不断扩散到其他圈（群）而愈演愈烈，造成严重的后果。

（三）智能媒体：精准化表达

智能技术的迅猛发展，正在改变以互联网为代表的传播世界。如果说"互联网上半场解决的是网络化的问题，彼此之间连接成内容网络、人际网络、物联网，连接是互联网发展上半场的一个基本事实，那么到了互联网下半场，发展的重点是在这种规模化、连接的基础上，进行纵向发展、深度的开掘，以及在过去那种疏而有漏的大格局之下做细部分工"③。在这种传播模式升级的背景下，最重要的发展趋势就是精准化传播，"从上个世纪的计算机辅助报道到今天的数据新闻，数据分析技术开启了媒体对'精准度'的追求，包括：事实呈现的精准、深度剖析的精准、趋势预测的精准、规律提炼的精准、问题判断的精准等"④。可以说，各

---

① 参见张鑫：《自媒体去中心化传播分析》，载《传媒》2017年第7期。
② 参见蔡骐、卞寒月：《透视微信公众号传播》，载《新闻记者》2019年第1期。
③ 喻国明：《人工智能是互联网下半场核心技术》，载《中国出版传媒商报》2017年10月24日。
④ 彭兰：《智能时代的新内容革命》，载《国际新闻界》2018年第6期。

智能传播平台会根据每位用户不同的需求提供适配化服务,真正实现"千人千面",而公众在得到适配化服务体验后,主要的变化之一就是精准化表达。

1. 有准备的表达

传统媒体时代,虽然大众媒介会搜集大众的观点或意见,对新闻事件进行深度报道等,引导广大群众全方位地认识新闻背后的新闻或社会原因,但是这些新闻报道往往是记者、编辑筛选之后的结果,并且把关人的主观判断很有可能脱离公众实际信息需求,即大众媒介报道无法满足公众要求。互联网时代,公众的表达得到极大提升,可以随时随地表达自己的情绪、观点或意见。但由于公众每天都沉浸在海量的信息中,没有精力和时间获取所有信息,极易造成还没掌握所有信息的情况下就进行表达,因此也会有一部分网民发表情绪性观点或意见。智能传播时代,公众可以获得个性化服务,这一服务可以让公众了解自己感兴趣的信息,用户会对自己感兴趣的领域有更深刻的了解,也会进行有准备的充分表达。

第一,智能传播技术为公众知情提供全方位服务。各智能传播平台以大数据、算法和计算力为支撑,具有强大搜集与分析用户信息的能力,可以预先获取目标用户的信息。尤其是可以对用户的需求信息作出完整分析,为用户画像,并将用户画像带入信息传播过程中,真正实现信息传播供给与用户信息需求的完全对接,为用户提供全方位服务。所谓"全方位服务",指的是各智能传播平台不仅可以为用户提供其感兴趣的个性化新闻服务,还可以为其推荐相关新闻内容与信息,使用户获得全方位服务。例如,当突发事件或社会热点问题出现时,智能传播技术不仅会向用户提供最新消息,而且能够根据用户需求向其推荐新闻背后的新闻。其一是为用户提供新闻事件背后的新闻或社会原因。新闻事件出现后,有很多问题值得挖掘,而不仅仅是表面看到的情况。其实,传统媒体也有深度报道,但由于制作周期长,从新闻事件出现到简单的信息陈述再到后期的深度报道,往往需要经历漫长的时间,公众注意力会随着时间而转移,后期的深度报道很多人都无法看到与了解。而智能传播技术能迅速挖掘背后新闻及新闻事件产生的原因,为用户的不同需求提供进一步的深入服务。其二是为用户提供类似新闻服务。当一个新闻事件出现后,根据算法推送,智能传播平台可以立即为用户提供相似的新闻内容,使用户对类似新闻事件有全方位的了解,也能充分掌握全部的相关信息,形成新闻聚合效应。

第二,公众情绪化表达减少,有准备的表达趋于专业和理性。互联网时代已经变成一个"情绪"时代,任何人都可以借助网络平台随意发泄情绪,或在没有完全了解事情的全貌时发表情绪型言论。通常情况下,用户的这种情绪化和非理性表达是出于他们对现实生活的不满或是逆反心理,这种情绪很有可能使公众出现或完全赞同或完全反对的"一元极化"表达。"情绪是人们日常生活中的重要情感,也是广大群众产生冲动行为的重要驱动力。情绪一般是个体化、隐私化的体验,网络情绪是网络参与主体在网络空间中表现出的一种集体心理倾向和情感表达,这意味着情绪一旦在网络空间中发生,就容易衍变成为群体性情绪。这种群体性情绪如果宣泄不得当,就会滋生许多虚假信息,甚至产生网络暴力,从而引发社会风险。"① 例如,在魏则西事件、于欢案、江歌案中,情绪机制在网络平台中都发挥了重要作用。其实,网络平台有个重要的角色,它们不仅能充当公众表达的载体,还应该呈现更多的话题和观点。② 智能传播时代,技术为公众打造了一个更为多元和全面的信息发布平台,最大程度地消除了用户接受正反面信息的分隔,使人们可以容易获取异己观点的信息,避免走向极端,引起"群体极化"现象。换句话说,公众可以第一时间获取尽可能多的相关信息,不再仅凭自己的想象和长期以来形成的"偏见"进行情绪化表达,对称的信息供给与接收可以增强广大群众的理性思考能力,表达也趋于专业和理性。

2. 有效果的表达

智能传播时代,广大群众的表达形式愈来愈丰富,除了点赞、转发、文字评论等形式外,短视频成为公众表达的最新形式。2019 年 1 月 10 日,工信部宣布发放 5G 临时牌照,拉开了中国 5G 商用建网的大幕。由此,5G 时代在人们的议论和关切中,从幕后走上了前台。5G 技术很大程度上改变着世界的游戏规则、构造方式,短视频、中长视频成为 5G 时代公众表达的主要方式。③ 换言之,由于技术的高速发展,一方面,主流媒体可以通过技术做好对用户的精细化管理,重新占据表达最中心的地位;另一方面,公众开始利用新形式来表达自身诉求,并且表达效果更加明显。

第一,主流媒体利用技术与优势,重塑表达核心地位。互联网出现后,传统主流媒体的中心化地位减弱,逐渐形成网民去中心化、网络多元意见领袖再中心化的模式。而 5G 商用开启,将为传统主流媒体带来新的发展契机和新的增长动力。5G 技术在很大程度上推进了媒介融合,这种融合表现为跨行业的发展。

---

① 吴丹:《智能手机传播中的理性表达和情感自控——基于城市社区治理视角》,载《新闻与写作》2019 年第 9 期。
② 参见赫泉玲、肖剑:《网络民意的形成机制及其理性表达的引导策略》,载《情报科学》2013 年第 4 期。
③ 参见喻国明:《5G 时代传媒发展的机遇和要义》,载《新闻与写作》2019 年第 3 期;《5G:一项深刻改变传播与社会的革命性技术》,载《新闻战线》2019 年第 15 期。

其实,传统主流媒体的危机主要不是内容危机而是传播危机,大部分传统媒体受制于体制的约束、规模的有限以及市场运营能力的迟滞,在流量之争的发展中落伍。但传统主流媒体在文明传承和社会逻辑的洞察方面的优势,会成为这一发展阶段上不可或缺的必要推动力量,甚至是一种"稀缺资源"。① 一方面,传统主流媒体可以与智能传播平台融合发展,利用自身拥有新闻登载的权利,为各智能传播平台提供新闻内容。由于传统主流媒体在网络平台中既具有登载独立采写新闻作品的权利,又具有转载其他媒体和网站新闻作品的权利,在网络新闻传播格局中占有明显的竞争优势②,因此可以利用这一优势占领新闻话语权的主导地位,成为网络表达和舆论引导的主阵地。另一方面,目前传统主流媒体积极开发特色业务来吸引用户。在当今社会,倘若传统媒体想要重新拥有绝对的话语权,那么它必须拥有自己的用户。传统媒体需要知道用户有何不同的需求,以根据需求定制不同的特色服务。也就是说,传统媒体需要做好对用户的精细化管理工作,利用自己的核心优势,在技术逻辑的引导下和"线上"世界的重建中主动表达决策,影响广大群众的观点或意见。例如,新华社"现场云"、人民日报社"中央厨房"、浙江报业集团"媒立方"等,都在积极运用最新技术进行一项系统且复杂的变革,以期在技术变革中拥有自己的用户,重塑表达核心地位,构建共创共享的传播体系。

第二,公众通过视频表达即刻的观点或意见,表达效果明显。在互联网早期兴起阶段,公众主要通过点赞、转发或简短文字的书写与评论来表达自己的所思所想。而视频仅仅是以官方提供新闻信息或娱乐为主,且只有专业媒体人才拥有相关设备和剪辑技能,用户本身并不具备拍摄条件也不了解具体操作流程。"在视频这个工具不为大多数人掌握之前,电视是高技术重装备领域,进入门槛极高。即使在网络社交媒介出现之后,'人人都是传播者'也只是理论上的一种可能,因为这时传播主要还是通过文字来进行的,书写文字是有一种精英逻辑在里面起着作用的,绝大部分人还是'沉默的大众',他们只是一个个点赞者、转发者、阅读者、消费者,而不是内容创造者,不是发言主体。"③随着智能手机的普遍应用,短视频开始出现,视频逐渐介入社会影响力中心,人人都可以随时随地拍摄所观察到的信息或想要表达的内容,并且可以随时随地上传后立刻与其他用户交流与分享。但用户分享的视频中往往包含的大量非逻辑、非理性内容,很多

---

① 参见喻国明:《5G时代传媒发展的机遇和要义》,载《新闻与写作》2019年第3期。
② 参见林凌:《重新认识网站新闻登载权的法律制度设计》,载《编辑学刊》2014年第1期。
③ 喻国明:《5G:一项深刻改变传播与社会的革命性技术》,载《新闻战线》2019年第15期。

内容都是情绪性的表达,对传播效果的有效达成产生了重大影响。而智能传播时代,由于智能传播平台为用户提供精准化的内容推送,公众可以及时获取新闻背后的新闻,因此公众的表达也更加专业与理性。加之视频的方便性,公众利用视频表达逐渐成为主流。借助 5G 大带宽、高速率的优势,除了短视频以外,中长视频也开始展现出自身的价值,随之而来的是越来越多中长视频的出现,来弥补短视频"短""平""快"带来的种种问题。每一位公众都可以借助中长视频表达自己的诉求,且专业与理性的表达也能达到传播效果。

3. 有目的的表达

5G 是关于传播的一个技术平台,其提出了一个全新的格局和命题,作为一种革命性的技术深刻改变着整个传媒业和传播业:第一是触达,任何一个传播要能够触达到目标用户;第二是认知,在进行生产或者其他方面的信息生产时是个编码过程,而用户认知的过程是一个解码过程,其中也充满很多新的挑战和机遇;第三是认同,也就是传播最后以什么样的方式起到什么样的效果。[1] 智能传播时代,媒体与公众需要实现的共同目标是有目的的表达。所谓有目的的表达,是指媒体的推送能准确到达用户手中,并且是用户真实需要或用户应该了解的信息。用户在接受信息后,通过解码能了解媒体表达的真正意图。媒体和用户最终认同双方观点,实现表达效果的最大化。

第一,各智能传播平台利用算法寻求"落点",准确触达目标用户。近年来,以今日头条为首的各智能传播平台,以算法为核心重新定义了内容分发模式,这也带来了内容分发的一场革命。但今天的算法主要完成的是"到达落点"的计算,也就是让内容精准到达特定的用户,而这未必是算法的全部。算法的进一步提升方向,是找寻内容打动用户的"心理落点",以及内容消费与其他相关因素间的"关联观点"。[2] 具体来说,所谓"心理落点",是指推送的内容是用户心理真正需要的,而不仅仅是前期通过有意无意点选,被后台画像后推荐的内容。但目前"到达落点"的信息推送,是根据平台前期搜集用户相关的信息,对其进行画像后推荐的新闻内容,无法避免一些形式化的推送,有些用户很有可能是无意点选某些信息,却被平台误认为是其感兴趣的信息而不断推送。因此,各智能平台要不断挖掘与了解用户真正的信息需求。而所谓"关联落点",是指各智能平台推送用户应该获知的相关信息。传统媒体时代,公众接收相同主流媒体发布的信息,即公众获取的信息相对多元与全面,但各媒体难以针对广大群众的不同喜好和

---

[1] 参见喻国明:《5G 技术将深刻影响传媒业》,载《中国文化报》2019 年 8 月 24 日。
[2] 参见彭兰:《智能时代的新内容革命》,载《国际新闻界》2018 年第 6 期。

特性为其提供个性化的新闻服务。目前,各智能传播平台根据用户兴趣为其定制不同的信息内容,满足了公众的不同个性,但很容易出现"信息茧房"的现象。因此,为了减少特定价值取向的信息在相对封闭的圈子里长时间流动现象,固化和僵化公众的既有认知,平台应该利用技术为公众推荐与国家、社会密切相关联的重要事件。例如,有关我国重大的政府会议或决策、社会发生的重大突发事件或热点问题,应及时推送给每一位用户,使其在沉浸在自己感兴趣内容中的同时也能及时了解应知的相关信息,避免陷入信息乌托邦世界中。

第二,用户认知解码,实现表达效果最大化。在智能平台为用户推荐相关信息后,用户采取何种方式解码对于后续有目的的表达十分重要。斯图亚特·霍尔认为:解码会"产生非常复杂的感知、认知、情感、意识形态或者行为结果。"[①]"霍尔的编解码理论承认受众误读主导者信息的可能性。"[②]霍尔认为,编码者与解码者对于文本的解读不能完美的对接,甚至会出现误读与错位。因此,霍尔提出三种假想:主导—霸权立场、妥协与协商立场、对抗立场,主要是指解码者对编码者传播信息所持有的三种不同态度或立场。基于这三种立场,如果公众想真正实现自己表达的权利,即充分和理性的表达,那么首先要在最大程度上获取相关信息并理解主流媒体的表达意图。随后,公众根据解读的信息进行表达时也会出现三种不同情况:其一是完全赞同主流媒体观点,公众的表达立场与主流媒体趋向一致,主流媒体也达到了传播、引导的最理想效果;其二是公众在开始时可能与主流媒体的观点发生冲突或矛盾,但经过两者的反复沟通与协商,会逐渐达成一致的表达;其三是公众的观点与主流媒体提出的观点完全相反,这时两种观点就会产生博弈,但此时公众的表达只有基于理性的立场才能实现真正表达的目的。

四、媒体与表达权的冲突与平衡

当前,我国尚有很多矛盾出现,公众往往借助法律来解决实际诉求,或是选择多种渠道释放各种功能性和累积性情绪,不让情绪性问题转换为公众性问题,并且通过多种渠道共同交流与对话,让全社会保持适当的意见张力,不至于因意见过度对抗引发社会分裂。而从不同媒体层面规制和平衡表达权,一方面能满足不同媒体特点的需要,起到更好的规制效果;另一方面能够防止对其监管过于

[①] 〔英〕斯图亚特·霍尔:《编码解码》,王广州译,载罗钢、刘象愚主编:《文化研究读本》,中国社会科学出版社2000年版,第354页。
[②] 郭庆光:《传播学教程》,中国人民大学出版社1999年版,第197页。

严苛的问题,适当的缺口能够促进交流,释放公众情绪,保护公众的表达自由。

有关表达自由的价值和保护,不同国家有各自不同的态度,我国在法律形式、立法价值、司法地位、媒体从业许可方面与美国等西方国家有极大不同。美国缺少公权力介入并控制传媒内容的传统,新媒体的治理、表达权的限制和网络言论秩序的维护等,更多依靠媒体自律和社会自治。① 而我国长期以来坚持党管媒体原则,随着网络的飞速发展,逐渐加大对网络媒体的管理,陆续出台了一系列政策保护和规制网络媒体平台。目前,人工智能技术进入媒体产业中,我国政府和相关部门出台了一系列计划来保障智能媒体的发展。

(一) 表达权与传统媒体规制

恩格斯认为:"每一个时代的理论思维,包括我们这个时代的理论思维,都是一种历史的产物,它在不同的时代具有完全不同的形式,同时具有完全不同的内容。"② 在人类信息传播的历史中,媒体发展也并非一成不变,基于不同的政治环境、市场条件以及技术水平,媒体发展思维在不同阶段呈现出不同特征。改革开放之前,囿于特殊的政治环境和社会背景,我国媒体中的国家意志十分明显,宣传、教育功能被强化,媒体发展思维呈现出一定的排他性。改革开放后,市场机制逐渐引入,媒介发展思维在线性主导的情境下萌生了多元创新。③ 可以说,媒介发展思维也体现为公众被赋予多少表达权利。传统媒体时代,由于公众接触媒介相对较难,其表达主要通过传统媒介完成。传统媒介是实现公众表达权的重要载体,一方面,传统媒介具有采访权,充当"把关人"的角色,可以通过新闻报道让公众获得知情权,为公众表达创设前提条件。另一方面,传统媒介先行了解新闻背后的新闻,代替公众发声。但公众的表达不是主体直接表达,而是由传统媒介间接表达。因此,如何平衡传统媒介与公众表达权,是我们需要探讨的问题。

1. 党管媒体与公众表达权的平衡

长期以来,我国坚持党管媒体的原则,对于"党管媒体"的完整定义,科学发展观里分别从思想、政治、实际工作和组织机构的角度,以描述性的方式进行了完整的概括:"在思想上,以马克思列宁主义、毛泽东思想、邓小平理论、'三个代表'重要思想和科学发展观为指导,坚持辩证唯物主义和历史唯物主义的世界观

---

① 参见李丹林、曹然:《新媒体治理视阈下的表达权规制研究》,载《山东大学学报(哲学社会科学版)》2019 年第 4 期。
② 《马克思恩格斯文集》(第九卷),人民出版社 2009 年版,第 436 页。
③ 参见强月新、陈星:《线性思维、互联网思维与生态思维——新时期我国媒体发展思维的嬗变路径》,载《新闻大学》2019 年第 2 期。

和方法论,坚持一切从实际出发、实事求是的科学态度,新闻报道中坚持以正面宣传为主;在工作上,坚持为人民服务、为社会主义服务、为全党全国工作大局服务;在组织上,坚持党对新闻事业的领导,各级党的机关报和各类新闻单位都必须在党的领导下工作,确保新闻单位的领导权牢牢掌握在忠于马克思主义、忠于党和人民的人手里。"① 习近平指出:"做好党的新闻舆论工作,事关旗帜和道路,事关贯彻落实党的理论和路线方针政策,事关顺利推进党和国家各项事业,事关全党全国各族人民凝聚力和向心力,事关党和国家前途命运。"② 而我国媒体大体可以分为三类:第一类是党办媒体,第二类是国有市场化媒体,第三类是非公有资本的媒体。党对党办媒体具有绝对的管控权,党办媒体发布信息时必须依据党性原则,党的意志力是凌驾于党办媒体之上的。③ 也就是说,党办媒体发表的内容服务于党,在党的领导下发展自身的媒体平台。

加强党对新闻舆论工作的领导,是党管媒体的首要之意。为此,新闻舆论工作必须做到爱党、护党、为党。这要求新闻舆论工作在体现党的意志、反映党的主张的基础上,努力维护党中央的权威和党的团结。④ 也就是说,党管媒体以宣传党的方针路线为其主要工作原则。在中国共产党成立之初,宣传工作是最为核心的任务,媒体传播被要求为整个革命事业的一个重要组成部分。此时,党的宣传事业整体规模十分有限,政治家所办的报纸,目标和职能都十分清晰,思想和舆论的统合力基本算不上一个问题。相比之下,如何了解基层、发动群众、塑造共产主义理念中的革命主体,才是宣传工作最重要、最明确的目的。由此,也逐渐形成了"群众路线"是党办媒体中最重要的政治特色。⑤ 马克思主义新闻观认为,新闻报刊是人民的喉舌和党的喉舌的有机统一,新闻舆论如果不尊重群众和依靠群众,就违背了马克思主义新闻观的基本要求,有损于党的领导。⑥ 也就是说,"党的路线"和"群众路线"相结合与相统一,才是党管媒体的最终原则。

如果我们能长期坚持将党的方针路线与群众路线统一结合,那么党办媒体代替公众的发声即为公众的真实声音。但"群众路线"和"党性原则"的新闻宣传理念源自 20 世纪中国革命的历史,它们仅仅依附着"平等解放""独立自主""阶级革命"等宏大叙事。在中国,这些进步主义政治理念从 20 世纪 80 年代开始就

---

① 奚洁人主编:《科学发展观百科词典》,上海辞书出版社 2007 年版。
② 《坚持正确方向创新方法手段 提高新闻舆论传播力引导力》,载《人民日报》2016 年 2 月 20 日。
③ 参见段鹏:《新媒体环境下党管媒体问题探析》,载《现代传播(中国传媒大学学报)》2017 年第 5 期。
④ 参见吴洋:《论坚持党管媒体与贯彻群众路线的辩证统一》,载《出版广角》2016 年第 9 期。
⑤ 参见王维佳:《"党管媒体"理念的历史生成与现实挑战》,载《经济导刊》2016 年第 4 期。
⑥ 参见吴洋:《论坚持党管媒体与贯彻群众路线的辩证统一》,载《出版广角》2016 年第 9 期。

逐渐淡化。随后,又慢慢恢复党办媒体的"党性方针路线"原则,沿着"群众路线"走下去,为普通公众真正发声。党的十八大以来,习近平总书记十分重视新闻舆论工作,将新闻工作作为宣传思想工作的一部分,是中国共产党一脉相承的思想。在中国的政治和新闻体制下,新闻事业历来都是党的事业的一部分,是党的喉舌和宣传工具。在以习近平同志为核心的党中央领导之下,党管媒体继续发扬历史,沿着"党的路线"和"群众路线"相结合的方式,继续为普通公众第一时间挖掘国内外重要新闻,让公众及时知情并了解新闻背后的深层新闻,真正做到为大众发声,成为人们的"发声筒",成为公众连接国家的"传递器"。

2. 媒体市场化与公众表达权的平衡

1978年,人民日报等八家媒体提出"事业单位,企业化管理",被视为传媒改革的开端。这也奠定了此后漫长时间内中国传媒经济的基调——作为党的喉舌的意识形态属性以及作为市场竞争主体的企业经营属性,一直到2003年的文化体制改革,才开始逐渐有所改变。这一方针的提出,在当时基于两个条件。一是在社会变革的状态下,党报在媒体行业的思想解放与改革开放的实际行动,在当时就是市场化;二是在改革开放之初,新闻业面临一个重要困难,那就是经营压力。这一时期媒体的经营还是出于应对经济匮乏之下的财务危机而展开,也可以视为一种"权宜之计"。之后,市场的色彩日渐浓厚。1987年,国家科委将"新闻事业"和"广电事业"列入"中国信息商品化产业"序列。1988年,新闻出版署和国家工商总局颁布《关于报社、期刊社、出版社开展有偿服务和经营活动的暂行办法》,规定新闻单位可以从事广告经营以及为社会提供有偿服务。"事业单位,企业化管理"这一制度的设计,最为直接的效果是,报刊作为经营主体不仅解决了生存问题,而且伴随盈利的逐年提高,有了新的发展动力。伴随经营能力的不断增强和国内对整个经济体制改革的深度认知,建设党委领导下的报业集团被提上日程。1994年,首届报业集团化研讨会在浙江召开。1996年,国家批准广州日报社组建报业集团,这标志着集团化不再是单纯的理论探讨,而已经进入实践层面。此后,南方日报、羊城晚报、经济日报、光明日报等纷纷成立报业集团。这也意味着,"报业集团"成为此后相当一段时期内媒体市场化所努力的方向和着力点。2002年5月,新闻出版署提出"再批准建立若干家报业集团"。此后出台的《中共中央、国务院关于深化文化体制改革的若干意见》《新闻出版总署关于深化出版发行体制改革工作实施方案》,都提出了组建大型报业集团的要求。[1] 而传统媒体市场化运营最为成功的标志是都市报的崛起,都市报开辟了

---

[1] 参见宋守山:《中国媒体市场化的路径及反思》,载《青年记者》2018年第25期。

中国传媒市场化竞争的全新局面,拥有了巨大的受众和市场。

都市报的诞生,是为了弥补机关报市场的不足,满足城市大众精神文化生活需要的产物。城市尤其是中心城市,市民的生活是丰富多彩的,许多新人、新事、新风尚需要报道;市政的许多民生工程需要市民关注和参与,需要有连接政府和市民的载体做好信息传递和沟通工作;城市的许多社会热点也需要媒体追踪释疑解惑和进行分析引导舆论。20世纪90年代中期开始,《华西都市报》《南方都市报》《楚天都市报》等都市类报纸如雨后春笋蓬勃发展,而且相当一部分是由省委机关报办起来的。原有的晚报和后来兴起的都市类报纸并驾齐驱,以其贴近市民的定位和新锐的风格受到读者尤其是年轻读者的喜爱。都市类报纸的发展不仅增强了以机关报为龙头的报业集团实力,而且也倒逼机关报改革创新,从比较单纯的指导工作的报纸变成多样化的报纸,内容、形态等也进行了创新。[①] 可以说,相比于党报,都市报更贴近群众,更贴近生活。从理论上来说,这种市场化媒体更能为公众发声,能为公众表达其真正想要表达的内容。

以市场为主体的媒体结构在兼顾产业利益的同时也可兼顾公共利益,两者并无根本矛盾。因此,在公有制前提下建立媒体的市场主体地位,媒体自然也可正当地面对经济利益问题,同时为国有资产增值、为媒体自身发展、为媒体工作人员自身利益考虑。问题是,为获取这些经济利益,公有制媒体是否会忽略公共利益?公有制媒体在市场化过程中到底是把受众视为公众还是仅仅视为消费者?一个显而易见的事实是,国内越来越多的新闻媒体把经济利益放在了优先的地位,收视(听)率、发行量和盈利指标成为管理者和新闻工作者首先考虑的事情。在初步建立起来的媒体市场环境中,媒体之间的竞争也几近白热化,使得媒介的经济维度受到了空前的关注,这大概是我国新闻传媒业最为显著的发展特征。在这种媒介市场化环境下,"眼球经济"或"注意力经济"为学界、业界所共认,受众在一定程度上被视作消费者,其公众乃至公民身份并未受到足够的重视。[②] 换句话说,市场化媒体为了经济利益,可能牺牲公众的利益。市场化媒体需要在传媒业中生存下去时,他们首先考虑的不是普通公众真正需求的内容,而是可能为了自己的经济利益,选取一些博得公众眼球的新闻或信息,这无疑不能真正表达公众欲发表的观点或看法。因此,市场化媒体在兼顾经济利益的同时应该平衡公共利益,这里所说的公共利益不仅仅是普通公众的兴趣,而是从整体

---

① 参见范以锦:《市场化媒体依然需要靠市场力量去突围》,载《西部学刊》2016年第1期。
② 参见邵志择:《Public Interest:公共利益抑或公众兴趣——市场化媒体的两难选择》,载《新闻大学》2012年第1期。

社会层面出发,多挖掘一些真正有社会价值的新闻或信息,实现市场化媒体自身存在的真正价值。

(二) 表达权与网络媒体规制

表达权是每一位公民的基本权利,公民拥有表达的自由。传统媒体时代,人们接触媒体的能力有限,主要通过主流媒体或市场化媒体来集中反映民意,但也有一部分声音没有及时表达或无法表达。随着互联网的迅猛发展,每一位公民都有机会在网络上随时发表自己的所思所想或所见所闻,使个人的基本权利得以实现。但网民在发声时也面临众多问题:一些网民在未了解事件全貌时就发表情绪性言论,煽动其他网民的情绪,极易引起其他不了解全部事实网民的情绪,可能产生群体极化的现象或引发线上或线下的群体性事件;一些网民为了吸引大众眼球或者为了获取高额利润发表不实言论或虚假消息,使部分网民产生恐慌,甚至可能会打破社会稳定秩序,危害国家的安全;还有一些网民利用网络对他人进行道德绑架、网络暴力、人肉搜索等,侵犯他人的合法利益,如隐私权、名誉权、肖像权等。虽然互联网准入门槛低、传播速度快,且因取证困难而追责难度大,侵权行为难以得到及时有效的制止,但网络平台并不是公民言论自由的法外之地。一方面,需要对公民发表的内容进行规制,为公民的言论自由设定边界,对发表不被许可内容的公民进行惩罚;另一方面,需要对网络媒体平台进行相应的规制,确保平台在规制下有序发展。

1. 表达内容前置性限制

表达权是公民的最基本权利之一,但在享有权利的同时也要承担相应义务。换言之,表达权是一种有限度的权利。我国《宪法》第51条规定:"中华人民共和国公民在行使自由和权利的时候,不得损害国家的、社会的、集体的利益和其他公民的合法的自由和权利。"相关法律和行政法规对不得发表和传播的网络言论采取列举的方式予以明确。因此,公民在网络媒体平台上发表言论时应该受到一定限制,但这种限制不应是随意的人为限制,而是在法律规定的情况下的限制。

关于网络表达自由法律规制的界限标准,我国《网络安全法》第12条第2款规定:"任何个人和组织使用网络应当遵守宪法法律,遵守公共秩序,尊重社会公德,不得危害网络安全,不得利用网络从事危害国家安全、荣誉和利益,煽动颠覆国家政权、推翻社会主义制度、煽动分裂国家、破坏国家统一,宣扬恐怖主义、极端主义,宣扬民族仇恨、民族歧视,传播暴力、淫秽色情信息,编造、传播虚假信息扰乱经济秩序和社会秩序,以及侵害他人名誉、隐私、知识产权和其他合法权益等活动。"本条款主要规定了两个方面的内容:一是规定了个人和组织使用网络的基本义务,即应当遵守宪法法律,遵守公共秩序,尊重社会公德;二是列举规定了个人和组织使用网络禁止从事的活动,包括危害网络安全、危害国家安全、破坏社会秩序、侵犯他人合法权益等活动。《网络安全法》规定的上述禁止从事的活动针对的是当前社会反映突出、危害性较大的违法犯罪活动,任何个人、组织也不得从事宪法法律禁止从事的其他违法犯罪活动。① 有学者将此概括为以下几点:禁止危害国家安全的言论,禁止违反公序良俗的言论,禁止侵犯公民合法权利的言论,以及其他禁止性言论。② 也就是说,网民在网络平台上发表言论时,需要符合上述规定,在法律许可的范围内表达自己的想法与意见。

　　法律是从宏观角度出发概括了公民表达权的边界,除了《宪法》《网络安全法》对其作出规定外,《民法典》中也有相关规定,但这些法律规定如何"落地"需要进一步分析。其一,基于客观事实的表达自由应被允许。在网络空间中,一些网民的表达内容并没有危害国家安全,也没有发表违反公序良俗的言论,更没有侵犯他人的合法权益,但这些内容也可能无法发表。例如,对某地区房价情况进行问卷调查,其调查结果被网民讨论,一些部门迫于舆论的压力,往往会删除一些言论,或者只有后台精选的评论才能被公众所看到。针对这种情况,如果发表的言论客观真实就应该允许发表,而不应该禁止。其二,特定社会情境下应适当放宽表达自由边界。由于网络空间的低门槛性和随意性,网络中的表达可能会存在错误的倾向,可能会煽动社会情绪,使人们造成不必要的恐慌,这种情况下公民的表达往往是需要禁止的。但在特殊情境下,可以适当放宽言论自由的边界。例如,"李文亮事件"引起了网民们的惋惜和愤怒。被舆论称为新冠疫情"吹哨人"的武汉中心医院的医师李文亮,在同学群里发出"华南水果海鲜市场确诊7例 SARS"的信息,并补充道"最新消息是冠状病毒感染确定了,正在进行病毒分型",率先在专业人员的范围内拉响警报。但由于当时还没有最终确定这种不明病毒是新冠病毒,2020年1月3日,李文亮被所在辖区派出所提出警示和训诫,称其在网上公布不实言论。2月1日,李文亮被确诊感染新冠病毒;2月7日,李文亮因抢救无效去世。2月8日,中央纪委国家监委发布消息:"经中央批准,国家监察委员会决定派出调查组赴湖北省武汉市,就群众反映的涉及李文亮医生的有关问题作全面调查。"在这种特殊的社会情境下,适当放宽言论自由的边界,早一些时间对疫情引起高度重视,能够更好地维护公共利益与社会利益。

---

① 参见杨合庆主编:《中华人民共和国网络安全法解读》,中国法制出版社2017年版,第28、30页。
② 参见柯卫、汪振庭:《论网络言论自由法律规制的界限》,载《广东行政学院学报》2019年第4期。

2. 表达内容事后性惩罚

对于公众发表不符合法律规定的内容,我国根据实际情况处以民法、刑法或其他部门法的惩罚。其中,2009年通过的《中华人民共和国侵权责任法》中对公众发表违反国家规定或侵犯他人权益的,视情况进行惩罚。2015年通过的《中华人民共和国刑法修正案(九)》进一步将信息犯罪列入《刑法》之中,如果网络言论已经触犯刑法,《刑法》便会给予规制与惩罚。此外,我国颁布了相关规范性文件,如最高人民法院1988年发布的《关于贯彻执行〈中华人民共和国民法通则〉若干问题的意见(试行)》第140条第1款明确了口语以及文字等网络语言传播方式下言论过度自由对他人侵权行为的处罚。最高人民法院2012年公布的《关于审理侵害信息网络传播权民事纠纷案件适用法律若干问题的规定》第7条第3款从民法的角度制定了网络言论自由对他人损害下的赔偿责任;最高人民法院、最高人民检察院2013年发布的《关于办理利用信息网络实施诽谤等刑事案件适用法律若干问题的解释》第2条、第5条和第7条明确指定了"网络诽谤罪"的构成要件——网络诽谤信息被网民点击五千次以上,或者转发(转载)的次数达到五百次以上构成刑事责任,同时规定了网络言论不当情节恶劣并伴随语言辱骂与恐吓的入罪,也明确了网络服务商对虚假信息提供服务入罪标准。可以说,这些法律法规都对保障公众网络表达自由以及表达内容事后惩罚起到了积极的作用。

随着公众自我赋权意识提高,政府部门通过细化的规章制度形式保障用户安全、赋予个人表达权利,由内容服务商审核用户个人在新媒体平台上发表的信息、评论等内容。新媒体的蓬勃发展对公众日常生活的渗透力越来越大,公众逐渐开始有自我赋权意识,所掌握的传播权利也日益增强。对于用户来讲,《即时通信工具公众信息服务发展管理暂行规定》(简称《微信十条》)注意到了权利和义务的平衡。此规定一方面要求服务提供商确保用户安全,包括隐私方面的安全;另一方面要求用户在使用相关服务时实名注册、遵守七条底线等。2015年,国家互联网信息办公室颁布《互联网用户账号名称管理规定》(简称《账号十条》),要求信息服务使用者在申请账号时应当与互联网信息服务提供者签订协议,并履行实名注册,否则无法享有服务。2016年通过的《网络安全法》第24条进一步明确要求用户提供真实身份信息,用户不提供真实信息的,网络运营者不得为其提供相关服务。根据这些规定,用户个人在使用新媒体时须采用"前台匿名,后台实名"的形式。一方面,公众作为个体来讲,享有宪法上的权利,可以即时在平台上发表自身的所见所闻,发表评论,与其他网民实时交流、分享观点。另一方面,针对一些网民发布类似"九不准"或触犯七条底线的内容,内容服务商也可以根据后台实名追踪到违法主体,并对其违法行为进行过滤、监管和处理。如果公众发表不实虚假言论,网络内容提供商需要第一时间处理,否则会被上级约谈或被要求关闭平台。根据目前相关规定可以看出,保障用户权利被放在第一位,但对于网络内容服务商的惩罚力度更大。

因此,对于公众表达内容的惩罚,主要包括规制发表者和网络内容服务商。对于惩罚发表者而言,存在立法层次过低的现象,主要通过相关规定进行相应的惩罚。立法层次过低导致法律效力低,影响法律的威慑力和惩罚的效果。另外,大量的暂行规定、办法、工作细则甚至各类不同意见的共存,进一步凸显出关于表达内容事后惩罚立法缺少针对性和系统性的问题,难免会出现管理空白或管理冲突的现象,这直接影响了实践中的执法效果,可能还会造成执法的随意性。而对于网络内容服务商的惩罚力度相对较大,法律的惩戒并没有考虑网络内容服务商的技术能力和作为市场主体的经济利益,限制了对非法信息的规制效果,即使关键词屏蔽这些技术措施在实践中也存在局限性,无法有效规制违法信息,达到规制效果。所以,应当加强表达权的立法,平衡各方利益。例如,技术性法律规范的制定应当考虑规制能力和网络服务商作为商业主体的经济利益。

3. 表达工具政策性限制

公众欲实现表达自由,需要借助网络媒体平台。但如果不对网络媒体加以管制,可能面临诸多问题。对此,政府陆续出台了一系列政策性文件,以规制平台的有序发展。PC端时代,我国先后制定《互联网站从事登载新闻业务管理暂行规定》(2000年公布)、《互联网新闻信息服务管理规定》(2005年公布)、《信息网络传播权保护条例》(2006年公布)等法律法规。根据这些规定,传统媒体、互联网站信息采写、转载引发的问题,学界、业界的解决方法基本达成一致并形成共识。移动端时代,网络媒体作为科技发展社会中最先进的媒介平台,信息采写、转载较之前发生了一系列改变,同时也引发新的问题出现:当人人都可以成为记者时,如何减少虚假不实信息的出现;平台内容服务商审核管理权限的边界是什么;如何确保主流媒体信息及时传给每一位公众、有效引导舆论;等等。这些问题表明我国网络媒体信息登载正面临多重挑战,亟需优化网络媒体的法律制度设计。

首先,互联网法治建设思想提高,政府部门通过规章制度形式赋予中央和市新闻单位网站新闻登载的特许权。2000年、2005年,国务院新闻办公室和信息产业部联合先后颁布《互联网站从事登载新闻业务管理暂行规定》《互联网新闻信息服务管理规定》,对网站从事登载新闻业务的资格准入条件作出了严格规定:主流新闻网站既具有登载独立采写新闻作品的权力,又具有转载其他媒体和网站新闻作品的权力,而其他网站要么仅仅具有登载其他主流媒体和网站新闻作品的能力,要么根本不具备新闻登载权。2017年,国家互联网信息办公室根据《网络安全法》《互联网信息服务管理办法》《国务院关于授权国家互联网信息办公室负责互联网信息内容管理工作的通知》,制定了新的《互联网新闻信息服务管理规定》,进一步保障主流媒体拥有新闻登载的特许权。可以说,新闻登载权既是一项法律制度设计,回应网络文化产业发展的产业属性和政策导向,目的是做大做强几家重点主流新闻媒体,同时又是对意识形态建设和网络舆论引导的制度安排,使重点主流媒体发挥主导作用。

其次,网络媒体技术提高,政府部门通过规章制度形式规范综合性非新闻单位网络媒体提供新闻信息服务的行为。中国互联网企业做大做强之后,更注重加强各类信息服务企业的社会责任,与用户合力避免即时通信工具信息采写、转载信息造成负外部效应(虚假信息、谣言和其他违法有害信息传播)的发生和扩大。2014年国家互联网信息办公室颁布的《即时通信工具公众信息服务发展管理暂行规定》,就是针对正在蓬勃发展的微信、陌陌和易信等即时通信工具制定的规范性文件。该规定对服务提供商提出了新的要求,将一定的管理权限下放给服务提供商,由服务提供商对平台上发布的内容负责。2017年,国家互联网信息办公室颁布《互联网新闻信息服务管理规定》,其中第5条将新媒体纳入管理中,"通过互联网站、应用程序、论坛、博客、微博客、公众账号、即时通信工具、网络直播等形式向社会公众提供互联网新闻信息服务,应当取得互联网新闻信息服务许可",进一步明确综合性非新闻单位网络媒体不具备新闻采写的权力,只能在取得新闻信息服务许可后转载主流媒体的新闻。2017年实施的《网络安全法》第9条是关于网络运营者基本义务的规定:"网络运营者开展经营和服务活动,必须遵守法律、行政法规,尊重社会公德,遵守商业道德,诚实信用,履行网络安全保护义务,接受政府和社会的监督,承担社会责任。"

总的来说,政府部门通过对赋予中央和市新闻单位网站新闻登载的特许权和规范综合性非新闻单位网络媒体提供新闻信息服务行为对网络表达工具进行合理的规制,使其在政策规定下稳定有序地发展,最终目的是充分保证公众的表达权。

(三) 表达权与智能媒体规制

2016年被人们称为"人工智能爆发年",人工智能经历寒冬后又迎来了新的起点,人工智能不仅是一次技术层面的革命,未来它必将与重大的社会经济变革、教育变革、思想变革、文化变革等同步。人工智能不仅有可能成为下一次工业革命的核心驱动力,更有可能成为人类社会全新的一次大发现、大变革、大融合、大发展的开端。在大多数情况下,人工智能并不是一种全新的业务流程或全新的商业模式,而是对现有业务流程、商业模式的根本性改造,其重在提升效率,而非发明新流程、新业务。① 可以说,人工智能技术的飞速发展使各行各业都发生了前所未有的变化,也改变了传统媒体、网络媒体此前的工作模式。随着人工智能技术的提高,公众可以通过视频表达即刻的观点或意见,使表达更有准备、更加充分、更有目的。但也存在一些需要解决的问题,即为了更好地实现公众的表达自由,还需要进行相应的规制与进一步探讨。

1. 平衡个人信息保护与智能媒体表达

智能技术为公众知情提供了全方位服务,而知情权是实现表达权的前提与重要条件。智能技术通过预先获取目标受众信息,为其提供精准化、个性化与适配化的服务,使公众更加全面了解事件的全貌,表达也趋于专业和理性。智能技术具有强大的受众信息搜集与分析能力,尤其是能对受众的需求信息预先作出完整的分析,即用户画像,并将用户画像带入传播过程,真正实现信息传播供给与受众信息需求的完全对接。用户画像是智能传播技术的基础和起点,主要通过以下方式完成:一是静态画像。智能化技术根据用户注册 App 时填写的个人信息,以及短期内的点击、转发和评论搜集目标受众信息,再按照年龄、职业、地域、兴趣爱好、情感倾向等特征对用户进行分类画像,将相同兴趣爱好的用户进行归类整合,方便后续资讯的精准推送。二是场景画像。智能化技术充分考虑用户所处的场景及与他人的关联程度,重点分析用户点击文章中出现的关键词、重要标签等,并针对用户与他人的互动情况分析两者之间的密切程度,根据关键字词分析其信息偏好,完成场景画像。可以说,无论是对用户开展静态画像还是基于用户关系的场景画像,都是为了解决信息传播过程中的信息不对称问题②,使用户可以充分了解整个新闻事件,避免在不了解事件的情况下发表情绪性言论。但智能传播技术为用户画像,需要用户提供个人信息,其中会存在将用户个人信息泄露的风险。

2018 年,特朗普聘用的一家政治 AI 公司剑桥分析被曝非法将大约 5 千万 Facebook 用户的信息用于大数据分析,从而精准刻画这些用户的心理特征,并向他们推送定制广告,甚至假新闻。这些用户信息由剑桥大学心理学系讲师亚历山大·柯根(Aleksandr Kogan)通过 APP "this is your digital life"以学术研究

---

① 参见李开复、王咏刚:《人工智能》,文化发展出版社 2017 年版,第 145、231 页。
② 参见林凌、李昭熠:《智能化传播优势、风险及对策》,载《法治新闻传播》2019 年第 2 期。

为目的收集,但数据却被转移至第三方,即剑桥分析公司。其实,Facebook 在两年前就已得知柯根的不当行为,并曾要求其销毁所有数据,但柯根并未采取进一步行动,直到被媒体大规模曝光。这起丑闻持续发酵,甚至被称作是"Facebook、谷歌等科技巨头结束垄断的转折点"①。Facebook 正是当今智能传播平台的典型代表,越来越多的人选择在此平台上获取信息并表达自己的观点与意见。但这次信息事件曝光后,需要我们反思的是智能传播平台在为用户提供获取信息便利的同时,也存在泄露个人信息的问题。因此,只有充分保护用户个人信息,才能使用户更相信智能传播平台,借助此平台知情并表达。

其一,对于一般性信息弱化保护,针对敏感性信息加强保护。对于一般性信息,一方面,用户可以通过个人信息的提供获取精准化的信息服务;另一方面,智能传播平台可以通过使用用户信息来获取自身的利益需求,但需要有限度地使用,不能无限扩张权力。当个人因信息过度使用而受到侵害时,应及时为个人提供救济渠道,给予相应的精神与经济补偿。而对于敏感性信息,应加大保护力度。智能传播平台可以参照欧盟《通用数据保护条例》(GDPR)中关于敏感信息的相关定义,事先界定哪些信息为用户敏感信息,并在使用这些敏感信息之前设计多层级人工审查制度,慎重使用用户个人敏感信息,避免智能传播技术的自动采集与使用侵犯个人权利。② 其二,明确与简化告知同意协议中的相关规定,且需要对同意原则适用加以限制。个人在使用智能传播平台之前与平台签订协议,协议里面包括智能传播平台收集使用个人信息的相关用途。目前,只要用户点击同意就表示同意平台在协议范围内使用个人信息,但由于条款过于烦琐,且用户必须同意才可以使用智能传播平台,因此很多用户在没有看协议内容或不了解规定的情况下就点击了同意,造成了个人信息的滥用。对此,智能传播平台应给予明确的规定,并简化规定中的内容,让用户可以充分了解。与此同时,应该对告知同意原则进行限制,例如,"告知同意原则要受通信自由和通信秘密宪法权利的限制,要受隐私权的限制,还要受目的原则与必要原则的限制"③。总而言之,对告知同意原则进行限制一方面是为了保护用户主体的合法权益,另一方面是为了使智能传播平台有序发展,最终目的是实现双方互利互赢。

2. 防范基于算法表达风险

各智能传播平台通过利用算法技术寻求落点,准确触达目标用户,使用户有

---

① 资料来源:《Facebook 信息泄露事件背后:你可能正在变成被大数据操纵的"奴隶"》,http://www.sohu.com/a/226345067_460436,2020 年 1 月 20 日访问。
② 参见李昭熠:《基于欧盟〈通用数据保护条例〉的智能传播研究》,载《当代传播》2019 年第 1 期。
③ 张新宝:《个人信息收集:告知同意原则适用的限制》,载《比较法研究》2019 年第 6 期。

目的地表达,实现表达效果的最大化。但智能传播平台基于算法寻求最终落点,触达目标客户,存在两个问题需要思考:一是算法真的了解用户吗?它为用户推荐的信息是用户真正想要获取的吗?二是当我们认为技术中立的算法出现偏见时,我们应该如何防范这种算法技术的风险?

首先,算法为用户推荐的信息应更加多元化。算法技术是"读心"技术,而人心是最复杂的,要实现对人心的把握,尤其是对不同语境下人心的洞察和把握,难度很大。早在算法技术之前,心理学试图在理论和技术上破解人的心理奥秘、洞察人心的幽微世界,但效果是有限的,其局限主要体现为不能做到对高度个性化心理进行精准把握。算法技术的进步,使得智能传播平台对差异性、分众化的受众偏好的把握更为精准,实现精准传播。但是,算法所呈现的用户偏好并不完整、全面,因为人心本来就叵测,又有高度的偶然性。目前,在市场逻辑的主导之下,算法技术更多地运用在用户端,算法推荐被信息市场过度使用,其技术定势多被限定在市场层面。因此,需要从算法技术延展其"读心"的广度和差异性。也就是说,算法技术应该与复杂的人心接近,否则基于片面性和局限性的用户画像在被市场化逻辑算计之后,信息茧房的问题就更大。[①] 换句话说,看似了解用户的算法技术,实际上是相当局限的。它往往根据用户提供的信息或点击、购买记录来向用户推荐同类型的信息,却忽略了可能存在的用户错误点击、兴趣转移等情况。一旦智能传播平台频繁为用户提供不感兴趣的信息或不是用户所需的信息,就极有可能使用户在不充分了解事件的全貌时就发表自己的看法与意见,最后造成大量情绪性言论充斥在整个网络空间中。因此,智能传播平台不仅仅通过技术了解目标用户,为用户提供看似精准化的信息,而且也从内容角度出发,将内容进行分类,向用户推荐多元化的信息,使用户更了解真实的外部世界。

其次,应了解算法偏见的成因,防范算法技术的风险。智能传播技术为人们的生活和工作带来了诸多便利,人们常常认为技术是客观中立的,不会出现差错。实际上,我们正生活在算法无处不在的世界中。例如,我们订酒店时会发现,不同人用不同手机打开同一个 APP 时,上面的酒店价格却不一样。这是典型的算法杀熟现象。那么,看似客观中立的算法,为何会出现偏见呢?有学者指出,算法偏见主要是由代码错误、算法偏差、技术偏向和社会偏见造成的。[②] 算法偏差是算法本身存在的问题,目前还没有可行的办法解决。代码错误和技

[①] 参见孙少晶等:《"算法推荐与人工智能"的发展与挑战》,载《新闻大学》2019 年第 6 期。
[②] 参见方师师:《当算法已经无处不在时,它带来的偏见会更隐蔽,更难以辨别》,https://t.cj.sina.com.cn/articles/view/5713422924/1548bea4c02700xaf3,2020 年 4 月 8 日访问。

偏向是程序员在设计程序时造成的问题,通过改变可以解决问题。而社会偏见是长期形成的,需要我们采取措施才能彻底消除。智能传播平台为用户提供服务,需要强大的数据库作为支撑,而数据库中的原始数据,一部分来自政府文件、法律文书,一部分来自用户主动提供。这些原始数据中难免会存在人们长期以来形成的偏见,如美国早期的文学作品中会出现歧视黑人的内容等。同时,用户主动提供的内容也可能存在固有观念。因此,面对这种数据库偏见导致的算法偏见问题,应该第一时间检验数据库中的基础数据是否价值中立,将带有偏见的数据及时删除或更正,以保证智能传播平台为用户提供的信息真实准确。在这种情况下,才能确保公众获取的信息无价值偏向,进而发表的内容不会出现明显的价值偏差。

可以说,只有防范技术的潜在风险,才能使技术更好地为人类提供服务。随着5G的快速发展,人们通过智能传播平台获取信息并发表自己的内容。例如,现在越来越多的人选择通过抖音、快手等获取相关信息,并且尝试制作短视频来表达自己的观点或看法。可以看出,智能传播平台对于人们日常获取信息和服务具有重要作用。倘若智能技术存在偏见,智能传播平台提供的信息和服务将影响用户的思想,使得用户无法准确表达。因此,智能技术保持中立,防范技术引发的风险,一方面能够减少智能传播平台偏见的"表达",另一方面能使用户在获取信息后也可以精准表达。

3. 探讨新型表达主体

传统媒体时代,公众通过人际传播或依靠主流媒体来表达想法或观点。网络时代,网民通过新媒体平台能随时发表所思所想,每个人从线下转移到线上,实现平等的交流与互动。智能媒体时代,人们通过将自己的个人数据传输给智能传播平台,智能传播平台搜集、分析与重组后,为用户提供精准化、个性化和适配化的服务。但我们也会发现,伴随人工智能技术发展,出现了新的表达主体。例如,越来越多的智能机器人出现在人们的视野中,帮助工作者撰写稿件等。国内最早采用智能写作技术的媒体平台为腾讯,腾讯财经2015年开发出一款自动写作新闻软件——"腾讯写作机器人"(Dreamwriter),根据程序算法,它会在分秒钟之内自动生成稿件,并及时输出分析和研判,第一时间将重要信息和相关解读送达到用户手中。又如,机器人小冰写作的诗集《阳光失了玻璃窗》让很多人感到震惊。小冰被人们称为少女诗人,具有与人类相同的创造力和情感力,很多人都没有发现小冰只是一个机器人,并非人类。从这些例子中可以看出,智能传播时代,表达主体发生了变化,主体由人类向智能机器扩张。

智能传播时代,表达主体不再仅仅是自然人,也可以是智能机器人。目前,人工智能技术还处于弱人工智能阶段,这一阶段有一个特征就是机器的可控性。而对于人类来说,最大的问题是每个人都是其他任何人不可掌控的独立个体,所以才形成了诸多社会准则。在几乎所有的现代文明里,平等、独立、自由都是被追求的准则。"我不认同你的说法,但是我誓死捍卫你说话的权利",这被很多人认为是高度文明的表现。即使是那些不那么普适的原则,也会被应用于不同文化与社会里作为社会规范。① 因为人类的不可控性,为了让网民在不违法的前提下充分拥有表达的权利,国家互联网办公室颁布了《网络信息内容生态治理规定》,该规定自 2020 年 3 月 1 日起实施。国家网信办相关负责人表示,《网络信息内容生态治理规定》的出台旨在营造良好网络生态,保障公民、法人和其他组织的合法权益,维护国家安全和公共利益。加强网络生态治理,是建立健全全网络综合治理体系,培育积极健康、向上向善的网络文化的需要,也是维护广大网民的切身利益的需要。换句话说,由于网络空间的复杂性,国家相关部门需要出台一系列的法律法规来确保网络生态环境的安全,这其中包括对信息内容生产者、信息内容服务平台以及网络服务使用者等多个主体。智能传播时代,目前机器人的表达行为是可控的,可以按照设计者最初的程序执行相关工作。相对来说,只要在前期设定好了规定,机器人就可以按照程序持续地工作下去,不会出现像人类在网络中随意发表观点或意见的情况。

但当出现新的表达主体时,我们需要思考与讨论的问题是:智能机器人是否与自然人一样拥有表达权?这意味着智能机器人是否可以成为新的法律主体?康德、黑格尔和马克思都曾提到过法律主体应该体现出人的主体性与目的性。有学者提出:"机器人不是具有生命的自然人,也区别于具有自己独立意志并作为自然人集合体的法人,将其作为拟制之人以享有法律主体资格,在法理上尚有商榷之处。"②法律主体需要有健全的身体和大脑、独立的意志和特定的社会身份。也就是说,从目前来看,智能机器人还不具备主体资格,其所表达出的内容还是由程序员预先设计出的指定内容,智能机器人是人类创造的产物,即法律意义上的客体,由于主体、客体不可相互置换,因此法律主体仍然是人类。但可以试想,在强人工智能时代或超人工智能时代,智能机器人经过长时间的"深度学习"后,其行为结果可能是人类无法预知的。"智能机器人发展成为法律关系主体,如果不是必然的至少也是可能的。法律行为的直接或间接结果,要求我们考

---

① 参见牟怡:《传播的进化:人工智能将如何重塑人类的交流》,清华大学出版社 2017 年版,第 30—31 页。
② 吴汉东:《人工智能时代的制度安排与法律规制》,载《法律科学(西北政法大学学报)》2017 年第 5 期。

虑是'谁'实施了这一行为,作出这一行为的法律主体是否具有责任能力。类似人的这些智能机器人,即使可以成为法律主体,它也应该是一种特殊的受制于伦理章程与法律规范的主体。"[1]因此,目前不能赋予智能机器人主体地位,其不具有表达的权利,表达权的主体依然属于自然人。未来还需要随着技术的不断发展进一步观察:智能机器人是否能够成为法律主体,其表达能否享有权利、履行义务、承担责任等。但无论如何,都必须从伦理和法律两个角度对其进行思考与规制。从伦理角度来说,既然无法预知智能机器人的发展走向,那么就需要回归到人的本质,探索人类的多面性,比较智能机器人与人类的异同点,思考智能机器人能否与人类一样成为法律主体。从法律角度来说,"科学技术的发展甚至会促使一套全新的制度发生。例如,近代以来关于商业秘密或专利的知识产权保护制度"[2]。也就是说,随着人工智能技术的发展,传统的法律法规可能已经无法充分保护智能机器人,应该重新考虑关于法律主体的相关理论,若已经冲击现有的法律制度,理应及时推进对智能机器人这一新型"表达"主体的立法。

---

[1] 王勇:《人工智能时代的法律主体理论构造——以智能机器人为切入点》,载《理论导刊》2018年第2期。

[2] 苏力:《法律与科技问题的法理学重构》,载《中国社会科学》1995年第5期。

第五章 监 督 权

监督权是公民参与国家政治生活、监督国家行为和工作人员活动的一种权利,是公民参政权中一项不可缺少的内容。习近平总书记在党的十九大报告中指出,健全党和国家监督体系,构建党统一指挥、全面覆盖、权威高效的监督体系,把党内监督同国家机关监督、民主监督、司法监督、群众监督、舆论监督贯通起来,增强监督合力。党的二十大报告强调:"健全党统一领导、全面覆盖、权威高效的监督体系,完善权力监督制约机制,以党内监督为主导,促进各类监督贯通协调,让权力在阳光下运行。"党内监督是党的建设的重要内容,强化党内监督,完善党和国家监督体系,不断提升党自我净化、自我完善、自我革新、自我提高的能力,是全面从严治党的重要保障。在深入贯彻落实全面从严治党战略部署中,细化全面从严治党"四责协同"机制,落实"四项监督"机制,加强党内监督与人大监督、司法监督、舆论监督等贯通协调,汇聚各类监督整体合力,构建系统集成、协同高效的监督体系迫在眉睫。在法治传播的意义上,舆论监督是法治建设和四项监督机制中非常重要的组成部分。

一、监督权的历史追寻

西方舆论监督权的起源可以追溯到 17 世纪的欧洲,当时新闻媒体开始兴起,人们对政府和权力机构的监督意识也逐渐增强。在这个过程中,一些独立自主的媒体开始扮演起舆论监督的角色,通过对政治、社会和文化事件的报道和评论,揭示和批评政府和权力机构的不当行为,保护公民的权利和利益。随着时间的推移,西方舆论监督权逐渐得到了法律和制度的支持。例如,美国宪法《第一修正案》规定,国会不得制定任何限制言论自由或新闻自由的法律;英国《新闻出版法》规定了媒体的独立性和公正性要求;欧盟《通用数据保护条例》规定了个人数据的保护和隐私权。在现代社会中,舆论监督权已经成为民主制度的重要组成部分,其通过媒体的报道和评论,促进了政府和权力机构的透明度和问责制,保护了公民的权利和利益,维护了社会的稳定。而舆论监督权缘起于更早的公民监督权的确立,因此要讨论舆论监督权,也需要考察监督权的产生背景和发展历程。

(一)西方监督权探源

监督权的起源可以追溯到古希腊时期雅典城邦的直接民主制度,所有公民都有权利参与政治决策和监督政府行为。公民可以在公共场合自由地发表自己的观点和看法,对政府和社会机构的行为进行批评和监督。这种舆论监督有助于揭示政府和社会机构的问题和缺陷,推动社会变革和进步。到罗马帝国时期,监督权通过法律和行政制度逐渐建立起来,公民可以通过上诉和诉讼等方式对政府行为进行监督和制约。至近代思想革命时期,启蒙理性提倡人民有权利参与政治和社会事务,并通过舆论监督来推动社会变革和进步。工业革命带来了新的社会问题和挑战,如环境污染、劳工权益等,公众开始更加关注政府和社会机构的行为,要求加强监督和制约。英国作为近代工业革命的发源国,针对国内的社会发展和变革中出现的政治、法律、伦理等多方面的问题,实施一系列的改革,其中有一项重要的改革就是通过法律的形式确立新闻监督权。

1. 古希腊时期

西方权力制约与监督思想的产生最早可以追溯至古希腊时期,并在古希腊和古罗马两个时代有着充分的社会实践和丰富的经验积累,权力制约与监督思想逐步产生与发展,并得到很好的继承,最终融入西方制度建构传统中。这可以从柏拉图、亚里士多德、西塞罗、波里比阿等人的论述与著作中寻找到有力的论证。

在理论上,柏拉图的《法律篇》从法治的角度为监督理论提供论证。柏拉图认为:"如果一个国家的法律处于从属地位,没有权威,我敢说,这个国家一定要覆灭;然而,我们认为一个国家的法律如果在官吏之上,而这些官吏服从法律,这个国家就会获得诸神的保佑和赐福。"[①]所以,法律是用来制约国家权力的,同时国家权力是需要分立的。柏拉图认为,国家正义是每个人各专司一事,每个成员因才定份、各个等级各得其所、安分守己,国家和谐有序。亚里士多德在柏拉图的社会分化和分工的思想基础上,提出了政体的"三要素说":一切政体有议事、行政和审判三种机能。三者虽各有良好的组织,但互相是交叉的。国家最高统治机构和政权的安排应包括三个方面:城邦一般公务的议事机能部分;行政机能

[①] 法学教材编辑部《西方法律思想史编写组》编:《西方法律思想史资料选编》,北京大学出版社1983年版,第25页。

部分;审判(司法)机能部分。亚里士多德主张各要素的权力必须保持平衡,他认为一个政体能否稳定,就看这三个要素是否各司其职;要使三个要素保持平衡,防止侵权、越权和具有特殊的权力,相互之间就需要牵制。亚里士多德看到了公职权力一旦被独裁或不加限制便有被滥用的可能,因此力图以中庸的原则、权力主体的交替、权力机构的分工、职能的细化及相应的法律制度,来消除实践中曾出现的或将来可能出现的权力扩张现象,限制权力的越界,以保证社会正义的实现。这一思想是对伯利克里时代城邦政治制度和国家权力系统的一种历史总结。

古希腊的监督思想不仅以理论的形式出现在思想家的典籍中,而且通过政治实践体现监督的价值。以古希腊雅典城邦的监督机制为例,雅典的监督体系体现在国家权力机关的设置上,表现出既有分工又有协作、既有民主又有监督的特色。雅典的国家权力机关主要有公民大会、五百人会议、执政官、十将军委员会、陪审法院、贵族会议等。其中,公民大会是最高权力机关,其他机关均是共同隶属于公民大会,彼此之间相对独立、互相制约的权力部门。作为国家最高权力机关的公民大会,一方面拥有对国家一切大政方针的最高决定权,另一方面又对各下属权力机关实施有效的监督制约。但公民大会受到雅典全体公民的控制,即它的权力和命运掌握在行使直接民主权利的雅典大多数公民手里。五百人会议是雅典公民大会的常设机关,它承担着为公民大会准备议案、执行公民大会决议、监督国家各管理部门日常事务的职能。贵族会议是雅典宪政民主改革中被监督制约的主要权力机关。从雅典国家权力机关组成上,我们可以看到,这是一个纵横交织,以防止任何权力机关权势过重的分权制衡体制。从纵向上看,公民大会是权力的核心部分,其他机关均对公民大会负责并受公民大会直接制约,这是雅典民主制的本质之所在。从横向上看,行使国家立法、行政、司法、军事、宗教权力的各部门之间形成分工明确、权力有限、互相制约、力求平衡的关系,这是维系雅典民主制所必需的分权与制衡。雅典的监督机制蕴含在雅典的民主宪政体制之中,雅典的监督制度不仅使雅典民主制得以充分发展,而且对后世监督权的发展提供了有益的借鉴,雅典监督作用的发挥得益于雅典民主制的有力保障。

2. 启蒙运动时期

西欧国家经历了中世纪教会神学的思想禁锢统治,形成了一种独特的二元化政教关系。整个中世纪伴随着世俗政权和神学教权的抗争,政权与教权各自独立、互相制约,形成相对稳定的控制领域,客观上形成了政权与教权的制衡。这种政教关系随着资本主义的兴起而发生变化。新一阶段的文艺复兴中倡导人文精神发现和人性解放运动,宗教改革运动逐步破除不适应资本主义发展要求的烦琐仪式,古典启蒙时代的重新回归等都为新的政治制度、社会发展、国家职能的思考提供丰厚的滋养土壤。从17世纪资产阶级启蒙运动开始,西方逐步在法律上确认了言论自由的地位,为监督提供了法律依据。由于历史渊源不同,各国对监督权的保护也不尽相同。洛克、孟德斯鸠、麦迪逊、杰斐逊、潘恩等启蒙时代的著名思想家从不同角度对分权制衡理论进行论证,特别是洛克和孟德斯鸠的理论为现代权力制约与监督理论的形成奠定了坚实基础。

英国思想家洛克第一个系统阐述分权学说,他主张政府的权力应该分散到不同的机构和个人手中,以保障人民的权利和自由。他认为,人类天生平等,具有自然权利,其中包括生命、自由和追求幸福的权利。政府的职责是保护这些自然权利,而不是侵犯它们,对个人自由权利的最大危害就是政治权力的滥用。因此,政府的权力应该受到限制,不能无限扩张,法治社会中的政治权力更应该是有限的、分立的和负责的。洛克说:"如果同一批人同时拥有制定和执行法律的权力,这就会给人们的弱点以绝大诱惑,使他们动辄要攫取权力,借以使他们自己免于服从他们所制定的法律,并且在制定和执行时,使法律适合于他们自己的私人利益。"①因此,他认为若要防止专制,保护个人自由,就要使政府权力分立设置。为了实现这种分权的体制,洛克提出了"三权分立"的理论,即行政权、立法权和对外权应该分别由独立的机构行使,互相制衡,以防止任何一个机构滥用权力。他认为,这样的体制可以确保政府的公正性和透明度,保障人民的权利和自由。洛克的分权思想更多地体现了资产阶级要求削弱和控制王权和贵族特权的"阶级分权论"。不过,他并没有认真安排国家权力之间的相互制衡的问题,也没有把对外权从立法权和行政权中独立出来,因此其思想还不是现代意义上的"三权分立"思想。他的主要主张集中在如何求助于一种外在的力量来制约国家的权力上,而这种外在力量来自人民。"只有人民才能通过组成立法机关和指定由谁来行使立法","当人民发现立法行为与他们的委托相抵触时,人民方面仍然享有最高的权力来罢免或更换立法机关"。② 可以说,洛克的分权学说包含了积极的民主监督思想。

孟德斯鸠在洛克分权思想的基础上对三权分立学说进行了更加系统的阐述。相对于洛克的分权学说,孟德斯鸠的分权学说更加强调国家的绝对权力和集中统一的体制。他认为,国家权力应当且必须分为立法权、行政权、司法权三种具体形式,分属于不同的主体实际行使,并强调这三种权力中的任意两种或全

---

① 转引自丛日云:《西方政治文化传统》,大连出版社1996年版,第539—544页。
② 参见[英]洛克:《政府论》(下篇),叶启芳、瞿菊农译,商务印书馆1964年版,第87—91页。

部三种出现相互集中或合而为一的情形时,自由便不复存在了。① 因此,分权的首要目的是防止权力过分集中,其最根本目的是促使不同具体权力之间实现相互制约与适度平衡,进而在功能上确保各具体形式的权力高效公正地服务于公共事务和社会治理事业,以减少其作恶的可能性。因此,孟德斯鸠主张将权力分散到不同的机构和个人手中,通过建立独立的机构来限制政府的权力,以确保政府不会滥用权力。后来,维尔对这种分权学说进行了更清晰的表述,即"为了政治自由的建立和维护,关键是要将政府划分为立法、行政和司法三部门或三部分。三个部门中的每个部门都有相应的、可确定的政府职能,即立法、行政和司法职能。政府的每个部门都限于行使自己的职能,不允许侵蚀其他部门的职能。进而,组成这三个政府机构的人员一定要保持分立和不同,不允许任何个人同时是一个以上部门的成员。这样一来,每个部门将对其他部门都是一个制约,没有任何一群人将能够控制国家的全部机器"②。可以说,这是对孟德斯鸠三权分立理论的进一步发展完善,更加强调权力之间的相互制约而不仅仅只是纯粹的分立,以实现权力分立与权力制衡的有效结合。

近代思想革命时期政治监督的主要形式是权力的制衡,或者称为分权制衡学说,而权力的制衡又是以权力的分立为基础的。维尔指出,分权的关键是要将政府划分为立法、行政和司法三个部门。三个部门中的每个部门都一定要限于行使自己的职能,不允许侵蚀其他部门的职能。组成这三个政府机构的人员一定要保持分离和不同,不允许任何个人同时是一个以上部门的成员。这样一来,每个部门对其他部门都将是一个制约,没有任何一群人能控制国家的全部机器。③ 可以说,分权制衡学说是政治监督理论的主要内容,分权制衡学说的系统化标志着自由主义政治监督理论的形成。

3. 英国新闻舆论监督权的确立

随着英国政治制度的改革,议会对政府的监督作用越来越重要,新闻媒体的监督作用也相应地得到了加强。三权分立的原则使得英国政府的立法、行政和司法权力相互独立、互相制衡,从而可以防止政府滥用权力。在新闻舆论监督权方面,这意味着媒体可以通过对政府的监督来揭示政府的不当行为,促使政府更加谨慎地行使权力。18世纪末,英国爆发了"报纸战争",多家报纸为了争夺读者和广告收入而进行了激烈的竞争。这场竞争不仅促进了报纸的发展,也使得

---

① 参见〔法〕孟德斯鸠:《论法的精神》(上册),张雁深译,商务印书馆1961年版,第155—156页。
② 〔英〕M.J.C.维尔:《宪政与分权》,苏力译,三联书店1997年版,第12—13页。
③ 同上书,第13—17页。

新闻媒体的监督权得到了更多的认可和支持。19世纪末,英国通过了《广播法》,规定广播节目必须经过审查才能播出。这一法律的制定进一步巩固了新闻媒体的监督权,确保了公众获得准确、客观的信息。

西方社会实行舆论监督时,有一个普遍的基本理念:舆论监督必须得到法律的支持,法律要为媒介实施舆论监督建构必要的法律保障,言论自由是开展舆论监督的前提。英国从弥尔顿提出"出版自由"的口号到李尔本"批评政府无罪"案例的确立,再到1694年政府取消对出版物的事先检查,为言论自由廓清了道路。1644年,英国资产阶级政论家约翰·弥尔顿率先提出"新闻自由"的口号,他认为新闻出版自由是"一切自由中最重要的自由",是人们"与生俱来的权利"。在新闻出版行业,英国是世界上最早实行特许制度的国家。从1530年国王特许托马斯·希顿售卖圣经开始,英国实行特许制度,控制新闻传播事业。英国近代新闻事业在其产生发展起来之后,作为一种社会舆论工具引起了统治当局的高度重视,为了消除异己的声音,英国专制政府采取了一系列措施控制报业,并采用了行之有效的手法剥夺近代报人的自由权利。在此情况下,为了发挥近代报刊的社会功能,实现新闻出版自由,英国出版界进行了长期的斗争。1641年,"长期国会"取消了臭名昭著的"星法院"和皇家特许出版公司,英国新闻出版业第一次呼吸到了自由的空气。1694年皇家出版特许制完全失效,近代新闻传播事业一步步突破了封建的、保守的、集权的势力封锁,逐渐建立起一个新的资产阶级新闻传播体系。

1649年8月,英国"平等派"领袖约翰·李尔本发表了《弹劾克伦威尔及其女婿爱尔顿的叛国行为》一文,他在文中指责克伦威尔利用军队搞独裁统治,号召伦敦手工业者和商店雇员为实现"人民公约"而斗争,被当局以批评政府的罪名逮捕。在审判中,他宣传政治权利平等的主张。最终,法庭宣布李尔本无罪释放。史学界认为,李尔本案是西方社会第一次在判词中确认"报刊和作者批评政府无罪"的原则。但在1660年和1697年,英国国会仍然两次下令禁止采访并报道国会的一切事项,宣称诽谤议员、批评国会、政府、王室和政府官员或猥亵不敬国会的报道及言论,均可按煽动诽谤罪论处。英国报人约翰·威尔克斯在1762年6月《北不列颠人》创刊号中明确提出,"新闻自由是一切自由最坚强的堡垒","批评政府是每一个报人的神圣天职"。不久,由于在文章中批评国王乔治二世,威尔克斯被捕。获释后,威尔克斯联合其他曾经被捕的出版商控告政府对他们的逮捕为违法行为。1772年,英国新闻界争取到了国会的旁听权,可以公开报道议员的发言和辩论。1868年,英国国会通过法案,正式确立新闻记者报道及批评国会的行为不构成诽谤罪,这为英国新闻界的舆论监督提供了比较有力的法律保护。而直到19世纪末,英国才最终确立对国家机关的批评权,这也是西方国家最早确立的新闻传媒的舆论监督权。

英国的新闻自由、舆论监督是通过一次次与王权限制的冲突与斗争逐步深入人心的。功利主义学派代表人物边沁是英国第一个有意识地使用"公共舆论评判"概念的人。他认为,公共舆论评判是一种自发的、基于自由讨论和辩论的过程,它可以促进社会的进步和发展。政府和社会应该尊重和保护人们的言论自由和思想自由,以便人们能够自由地表达自己的意见和看法,从而形成更加客观、公正、合理的公共舆论评判。1791年,边沁在关于议会民主问题的文章中,将"信息公开"作为获取公众信任最适合的法则。同时,他强调,政治机构必须建立在信息公开的原则上。"信息公开"原则是作为一个不信任系统、一种社会控制、一种空间构成存在的,在这个空间中最基本的政治行动和政治事件均要告知公众,这是公众舆论评判形成理性见解的必要前提,其最终目的是阻止立法权和行政权的滥用。在边沁早期的著作中,对政府权力的审查由公共舆论来承担,这时的公众主要集中在那些受教育程度高并且有学识的人身上。在边沁后期的理论中,他认识到报刊在公众舆论的形成与表达中的重要作用,自由的报业已经成为一个独立的机构,他坚信"报刊自由"所可能带来的弊端要远远小于它对社会的有益影响,它是善的政府的保障。①边沁将"信息公开"与"报刊自由"写入了他的立法原理之中。他认为,有了宪法的保障,公众舆论评判就没有必要频繁地实施,宪法对信息公开与报刊自由的保障使公众舆论评判在法律框架下主要起威慑的作用。此后,詹姆斯·密尔则阐明,新闻自由不单单是意见的公开辩论,报刊已成为进行权力监督、保障"善的政府"、维持权力平衡的一个重要机构。这就是宪政框架下的第四等级报刊观念:报刊应作为一种制度性的组织独立于政府之外,成为监督政府施政的重要机构。四十年后,詹姆斯·密尔之子约翰·斯图亚特·密尔在《论自由》中不再讨论出版自由、新闻自由,而是加强论述了思想自由和言论自由的重要性,以此夯实监督权的理论根基。

综观西方国家权力制约与监督思想,我们还可以看到,西方监督权注重构建强有力的公民权利保障机制,并主张以权利制约权力的权利本位理论;强调言论自由并倡导以新闻媒体这一"第四权力"来监督公权力,促使公权力在阳光下运行,并在此过程中发展形成舆论监督理论;在政治体制上强调设置反对派,并以

---

① 边沁将自己的报刊理念付诸实践,他与詹姆斯·密尔于1823年创办的《威斯敏斯特评论》是19世纪英国中产阶级知识社区中的重要组成部分。除此之外,《爱丁堡评论》则是功利主义政治学家的重要论坛。

两党制或多党制竞争取得国家执政权;注重培养公民公共精神,且允许相对自治的独立于政府之外的市民社会存在,为公民有效联合以制衡公权力提供了可能,在此过程中形成了社会自治联合理论和分权国家结构理论。

(二) 我国监督权探源

中国的监督权可以追溯到古代王朝时期的监察机构。中国古代的监督制度起源于秦汉时期,发展于唐宋,强化于明清。在古代中国,监察机构的主要职责是监督官员的行为,监察机构被称为"官监",主要负责监督官员的廉洁和公正。秦汉以御史负责监察事务,御史所居官署称御史府,又称宪台。南朝梁陈、北魏魏齐时,称御史台。隋唐五代宋金元历代沿置,是中央行政监察机关,也是中央司法机关之一,负责纠察、弹劾官员、肃正纲纪。明代监察制度随着君主专制中央集权的强化而得到充分发展和完备。中央将御史台改为都察院,"主纠察内外百官之司"。清代监察机构沿袭明代,又有所发展。在中央,仍设都察院。清代都察院以都御史为主事官,与六部尚书、通政使、大理寺卿等重要官员共同参与朝廷大议,直到宣统年间,新内阁成立,都察院被撤销。[①]

近代中国开始探索建立现代化的监督体系。辛亥革命后,中华民国成立,建立了监察机关来监督政府行为,也促进了新闻报业的蓬勃发展,舆论监督成为监督权发展的一种新形式,在社会发展中发挥越来越重要的作用。中华人民共和国成立后,中国的监督体系逐渐完善,舆论监督权得到了不断的发展和完善。政府采取了一系列措施来保障媒体的独立性和公正性,同时也加强了对媒体的管理和监管。随着中国的不断发展和进步,舆论监督的作用也在不断地增强和提升。

1. 古代时期

在古代汉语中,监与督是两个单音词连用。"监"本意为照视。甲骨文中的"监"是一睁目之人,利用皿中之水,照看自己的模样。《书·酒诰》:"人无于水监,当于民监。"作动词用时,"监"又有临下之意,最早的字典《说文解字》解释为"监,临下也。"引申为监视、察看。《诗经·大雅·皇矣》:"监观四方,求民之莫。"《国语·周语上》:"使监谤者。""督"有督促、督导、督察之意。《说文解字》:"督,察也。"《汉书》:"器用盆恶,孰当督之。""督"还可被引申为约束、限制、牵制、制约等义。在汉代,"监督"二字开始连用。《周礼·乡师》:"遂治之。"汉郑玄注:"治,谓监督其事。"《后汉书·郑孔荀列传》:"臣闻古之遣将,上设监督之重,下建副二

---

① 参见邱永明:《中国古代监察制度史》,华东师范大学出版社1992年版。

之任,所以尊严国命,谋而鲜过者也。"有的学者分析古代监督的语义时指出:"从两字关系看,'督'以'监'为基础和前提,'监'以'督'为结果和目的……前者可引申为了解权、观察权,后者发展为督促权、纠正权,从而构成了由观察纠正权为主要内容和特征的监督权力结构。"①

　　古代的监督是一种自上而下的监视、督查行为,监督行为的主体是社会的管理者,监督的对象是被管理者。监督是古代社会的一项管理活动,是统治者行使管理职能的一种方式,其主要功能是监督和约束被管理者的行为,以维护既定的社会秩序。我国古代舆论监督主要是言谏纳言,言谏制度是中国古代一种企图遏制君主独断专行、决策失误而出现的自下而上的匡正补阙制度,其萌发于先秦,建立于秦汉,确立于隋唐,式微于两宋,衰弱于明清。例如,在尧舜时代,曾在交通要塞,设置"进善之旌""诽谤之木",鼓励人们在旌旗下发表议论,在木牌上书写谏言。春秋战国时期,谏诤已很普遍。《春秋》《左传》《国语》《战国策》等史书及先秦诸子著作中记载了许多这方面的例子。谏诤制度主要用于纠正官员的不当行为和错误决策,向皇帝提出建议和批评,保证政绩的优良;同时促进官员的自我监督和自我纠正,保证政治体制的公正性和高效性。这种谏诤制度,历经秦汉到唐代,经过多次发展和完善,成为明清两代的重要政治制度之一。汉代专门设有谏官,叫谏议大夫,其职责是追随皇帝,专来谏诤和讽议皇帝的言行。唐代朝廷内部设置了"谏诤"制,设有谏议大夫、拾遗、补阙等官职,主要职权是规谏皇帝的违失,驳正臣下有误的奏章,对朝中的大政方针献计献策,及时纠正错误的决定和措施。②唐太宗李世民开门求谏,从善如流,他与魏征的谏答成为监督史上的佳话。宋承唐制,设有谏官和御史,统称台谏。谏官专门纠绳皇帝,议论皇帝政策得失;御史则监督政府百官。台谏职位虽不高,权力却很大,往往能够形成舆论,影响决策。③

　　但是,在漫长的君主专制社会中,统治阶级为了专制统治需要,在文化上普遍推行愚民政策,在思想上施行言禁制度,压制民间舆论的自由表达,社会舆论既没有专门的载体,也不可能对统治者产生监督作用。统治者重视谏官之言,重视群众舆论,并不是他们多么体恤民众,施行仁政,只是巩固政权的需要,当他们恣意妄为的时候,舆论的监督常常被弃置一旁,甚至横加压制。"台谏制"的谏官虽然在一定程度上反映了部分民意,但由于他们身份地位的限制,加上出发点的

---

① 汤唯、孙季萍:《法律监督论纲》,北京大学出版社2001年版,第4页。
② 参见钱穆:《中国历代政治得失》,三联书店2001年版,第80—81页。
③ 同上书,第82—84页。

偏差,他们的谏言并不能充分代表民意。一些开明的君主虽然承认舆论的重要性,"但从根本上说,由于特殊的历史规定性,公民社会资源在中国古代极其贫乏,社会的公共空间极为狭窄,这就从根本上剥夺了社会舆论自由表达和交流的最低限度的制度条件"①。

总的说来,我国古代并无现代意义上的舆论监督。无论是奴隶社会还是封建社会,统治阶级为了专制统治的需要,实行的都是愚民政策,制定了无数钳制与镇压言论的规定。在中国古代,由于历史条件限制,舆论监督表面上看似乎有制度安排性质,但与现代意义上的舆论监督是完全不同的。首先,舆论监督的思想基础是建立在儒家朴素的民本思想上,认为"防民之口,甚于防川。川壅而溃,伤人必多"②。这种民本思想虽然也重视人民,但治国之道并不是真正从人民利益出发,而是为了更好地维护统治。其次,舆论监督的施行方式极为有限,并不能起到监督政府的作用。最后,舆论监督的主体是模糊不清的,人民群众并没有真正成为舆论监督的主体。

2. 清末民初时期

中国现代意义上的舆论监督观念起源于清末民初。1859年,洪仁玕在《资政新篇》中体现了早期新闻舆论监督思想。他在《太平天国之办报条陈》中指出:"专收十八省及万方新闻篇有招牌图记者,以资圣鉴,则奸者股栗存诚,忠者清心可表。于是一念之善,一念之恶,难逃人心公议矣。"此处的"人心公议"即指"舆论","设新闻馆以收民心公议",就是将新闻馆作为舆论的载体,对"善恶"进行公开评介。"戊戌维新"后,近代中国报业掀起高潮,社会舆论逐渐冲破传统文化专制和"言禁"的桎梏,言论出版自由的呼声日渐高涨,报业逐步发展成"舆论之母"。1901年,清政府宣布实行"新政",在一定程度上放宽了对言论和出版的限制,并在1908年颁布《钦定宪法大纲》,其中规定"臣民于法律范围以内,所有言论、著作、出版及集会、结社等事,均准其自由"。尽管晚清政府为了维护其专制统治,并未真正实现言论出版自由,但《钦定宪法大纲》的颁布确实促进了近现代舆论监督思想的发展。

清末民初时期第一个提出舆论监督的是梁启超。1902年10月,他在《新民丛报》上发表的《敬告我同业诸君》一文中提到:"监督之道不一,约而论之,则法律上之监督、宗教上之监督、名誉上之监督是也。"其中,"名誉上之监督"指的就是"舆论监督"。他认为,舆论监督虽不具有法律的强制力和宗教信仰的威慑力,

---

① 王雄:《新闻舆论研究》,新华出版社2002年版,第29页。
② 《国语·周语上》。

但其监督实权"亦有不让于彼两途者"。梁启超从宪政的角度论证了报纸的监督功能,他写道:"政府者,受公众之委托而办理团体之事业者也。非授以主权,则事因而不可得举;然权力既如此重且大,苟复无所以限制之,则虽有圣智,其不免于滥用其权。"那么,有何办法阻止和限制政府滥用其权呢？他回答道:"莫若报馆!"他说:"某以为报馆有两大天职:一曰对于政府而为其监督者,二曰对于国民而为其向导者。""所谓监督政府者何也？世非太平,人性固不能尽善,凡庶务之所以克举,群治之所以日进,大率皆借夫对待者、旁观者之监督,然后人人之义务乃稍完。"他认为:"报馆者,非政府之臣属,而与政府立于平等之地位者也。不宁惟是,政府受国民之委托,是国民之雇佣也,而报馆则代表国民发公意以为公言也。""此等监督权谁操之？曰舆论操之。""夫舆论者何？多数人意见之公表于外者也。"在梁启超看来,国民雇佣了政府,报馆则代国民监督政府,报馆监督政府的方式是舆论监督,即多数人的公言。这揭示了舆论监督的本质。梁启超还意识到舆论监督是立法、司法权之外的"第三权力"。他说:"若立法、司法两权之独立,政党之对峙,皆其监督之最有效者也。犹虑其力之薄弱也,于是必以舆论为之后援。西人恒有言曰:言论自由、出版自由为一切自由之保障。"[①]梁启超这里所说的"必以舆论为之后援"包含了两层意思:一是舆论本身是立法、司法两权和政党对峙之外的一种制约力量;二是立法、司法两权及政党对峙,也需要舆论支持才能发挥更大作用。可见,梁启超对舆论监督的认识是非常深刻的,舆论监督不仅是一种制度,更是一种精神。他呼吁人们要有独立思考的精神,要敢于发表批评和建议,不要被权势和利益所迷惑。只有这样,才能真正发挥舆论监督的作用,推动社会的进步和发展。

可以说,清末民初时期的舆论监督与近代新闻事业、报业的兴起与普及分不开。在百年的近代报业发展史中,鸦片战争、戊戌变法、辛亥革命等一系列重大事件,构成新闻直面现实的深刻背景,西方的自由民主等政治概念也通过报纸宣扬出来,增强了舆论的政治监督功能。报业的兴起使得公众意见有了更广阔的传播渠道,新闻舆论的影响力越来越受到人们的关注。随着新闻媒体的发展和普及,舆论监督的形式也更加多样化。许多杂志、报纸、广播电台等媒体开始涌现出来,成为舆论监督的重要力量。《新青年》《大公报》等杂志就曾经发表过大量关于社会问题的文章,引起了广泛的讨论和反响。一些著名的记者和评论家如鲁迅、胡适、梁启超等,也曾经在舆论监督方面发挥了重要作用。总的来说,清

---

① 转引自张育仁:《自由的历险——中国自由主义新闻思想史》,云南人民出版社 2002 年版,第 132 页。

末民初时期的舆论监督为中国社会的进步和发展做出了重要贡献,促进了政府的改革和民众的觉醒。

3. 新中国时期

舆论监督作为一体化的概念形成于近代,但只在新闻界提出,并没有成为与宪政有关的概念而进入政治、法律领域。中华人民共和国成立后,新闻界也没有使用舆论监督这个概念,而是仅仅将其用于报纸批评。舆论监督作为一个制度性的概念进入政治领域在中国发展较晚,新中国成立后,舆论监督权的发展也经历了不寻常的发展道路。

(1) 新中国成立初期立法保护新闻自由

新中国成立之初,百废待兴,虽然没有来得及制定有关新闻和舆论监督方面的法律,但是中国共产党重视新闻自由这一公民权利。1949年9月29日,中国人民政治协商会议通过的《中国人民政治协商会议共同纲领》第5条规定:"中华人民共和国人民有思想、言论、出版、集会、结社、通讯、人身、居住、迁徙、宗教信仰及示威游行的自由权。"第49条规定:"保护报道真实新闻的自由。禁止利用新闻以进行诽谤,破坏国家人民的利益和煽动世界战争。发展人民广播事业。发展人民出版事业,并注重出版有益于人民的通俗书报。"虽然没有直接说到舆论监督权,但是明确规定有思想、言论、出版和新闻自由权,实际上间接确立了人民具有舆论监督的权利。1954年《宪法》充分体现《中国人民政治协商会议共同纲领》的精神,其第87条规定:"中华人民共和国公民有言论、出版、集会、结社、游行、示威的自由。国家供给必需的物质上的便利,以保证公民享受这些自由。"可见,言论自由受国家根本大法保护。1950年4月19日,中共中央公布《关于在报纸刊物上展开批评和自我批评的决定》,这份文件实际上起到了新闻法规的作用,可以看作是公民言论自由权、舆论监督权的具体实施。1954年7月17日,中共中央政治局通过《中共中央关于改进报纸工作的决议》,再次重申了"报纸是党用来开展批评和自我批评的最尖锐的武器"的观点。该决议指出:"各级党委要把报纸是否充分地开展了批评、批评是否正确和干部是否热烈欢迎并坚决保护劳动人民自下而上的批评,作为衡量报纸的党性、衡量党内民主生活和党委领导强弱的尺度;要保证党的机关报能够经常地开展正确的健全的批评和自我批评;要通过报纸广泛地吸收来自人民群众的意见,正确地负责处理人民来信。"可见,新中国成立之初,除了国家根本大法为舆论监督权的落实提供了保障,党的重要文件也提出了实行舆论监督的要求。舆论监督作为言论自由的一种重要表现形式,受到宪法和党的文件、方针、政策的保护,这些法律、文件和政策为舆论监督权的实现提供了良好的环境。

(2)"大跃进"和"文革"时期舆论监督权误用与扭曲

1956年社会主义改造完成,社会主义制度在中国已经基本建立起来。与此同时,世界共产主义运动出现新的变化,加上国内政治生活中官僚主义日益严重,中国共产党人感到了执政的新危机,于是开展了整风运动。在这场整风运动中,舆论监督可分为两个阶段:第一阶段是所谓"鸣放"阶级,主要表现是民众(主要是民主党派和无党派的一些知识分子)利用大众传媒对党的领导干部发表批评意见。第二阶段则是"反右"阶段,主要表现是媒体舆论一边倒对"鸣放"阶段提出的批评进行反驳,对提出意见的人进行批判。这两个阶段都没有正确地对待舆论监督的权利,为我国舆论监督权利的正确行使带来严重的不利后果,此后的舆论监督成了一个敏感的话题。

1957年4月27日,中共中央发出《关于整风运动的指示》,号召"在全党进行一次普遍的、深入的反官僚主义、反宗派主义、反主观主义的运动"。该指示要求民主党派和无党派人士本着自愿的原则帮助共产党整风,指出"应该放手鼓励批评,坚决实行'知无不言,言无不尽,言者无罪,闻者足戒,有则改之,无则加勉'的原则"。由于中央的倡导,舆论界掀起了"大鸣大放"的热潮。广大的民主党派和无党派人士以及知识分子出于对国家的热爱和对共产党的信任,行使公民本应有的舆论监督权利,对一些领导干部提出批评。

从公民的舆论监督权角度看,除非诽谤或违犯其他法律规定,否则所有言论都应是受宪法言论自由条款保护的,即使有一些不当的言论,也应是允许的,应当通过争论,辨明是非,求得真理,不应禁止其表达出来。不过,运用"大鸣大放"的形式鼓励人们提意见,搞所谓的"引蛇出洞",实际上是错误地引导公民行使舆论监督的权利。公民的舆论监督权是一种自主的权利,采取运动的方式发动民众行使舆论监督权利,是将公民的舆论监督权利当作一时的政治工具。新闻界乃至全国各界正在积极地"大鸣大放"时,毛泽东为中共中央起草了《组织力量反击右派分子的猖狂进攻》的党内指示,掀起一场大规模的反击"右派"分子的斗争。在这场运动中,舆论监督权被滥用,充满乱扣帽子、乱贴政治标签和人身攻击内容的言论和新闻报道充斥媒体。一些正确的意见也受到批评,并被扣上"反党、反人民、反社会主义"的大帽子,阻碍了舆论监督权的正常行使。

"文化大革命"时期,我国政治环境出现偏差,与政治生活密切相关的舆论监督被扭曲。舆论监督本是公民的一项基本权利,其行使的主体是公民和新闻媒介,公民和媒介有自觉行使舆论监督权利的自由。但是,由于毛泽东关于社会主义社会阶级斗争的理论和实践上的错误,在整个"文革"期间,作为舆论监督主体的新闻传媒被当作指导运动和批判"走资本主义道路的当权派"的工具,被当作

"阶级斗争的舆论工具",新闻媒介成了被政治利用的无法无天的批斗场。通过当时主流媒体可以看到,"文革"期间,号召批判和打倒党内"走资本主义道路的当权派"是新闻传媒最重要的内容。许多省市也将所属新闻单位(主要是报社)定为首先开展"文化大革命"的重点,派驻工作组,指挥报纸批判本地"三家村式"的刊物和文章,揭批本单位主要领导人的"修正主义言行"。当时各地方报纸80%以上的篇幅都是刊载新华社电讯和《人民日报》等中央报刊的文章,丧失了地方特色。

"大跃进"和"文革"时期,大众传播媒介掀起一个个批判浪潮,违背了舆论监督的初衷,是对舆论监督权的误用,不是真正意义上的舆论监督。

(3) 改革开放后舆论监督权日益受到重视

20 世纪 70 年代末、80 年代初是思想领域拨乱反正的时期,舆论监督也开始受到重视。这个时期舆论监督理性得到回归。1978 年 5 月 11 日,《光明日报》发表了特约评论员文章《实践是检验真理的唯一标准》,这是一篇思想解放的宣言。当天新华社就向全国播发了这篇文章,第二天《人民日报》《解放军报》等 9 家报纸也全文转载。到 5 月底,全国共有 30 家报纸转载,由此在全国开展了关于真理标准问题大讨论,思想领域开始清算"左"的思想,使意识形态回到实践理性的基础上来。党中央开始从理论和指导思想上恢复建国初对舆论监督的认识和要求。1981 年 1 月,中共中央作出了《关于当前报刊新闻广播宣传方针的决定》。该决定指出:"近年来,许多报纸刊物重视反映群众的意见和呼声,积极地开展批评与自我批评,增强了党和人民的联系,也提高了党和报刊的声誉。今后要坚持这样做。各级党委要善于运用报刊开展批评,推动工作。"[①]1982 年,党的十二大通过的政治报告强调指出加快社会主义建设进程的迫切性和重要性,提出"社会主义的物质文明和精神文明建设都要靠继续发展社会主义民主来保证和支持。建设高度的社会主义民主,是我们的根本目标和根本任务之一"。这为进一步开展舆论监督指明了方向。

1987 年 10 月召开的中国共产党第十三次全国代表大会,在当代中国新闻史上占有重要的地位。会议报告首次提出"提高领导机关的开放程度,重大情况让人民知道,重大问题经人民讨论","要通过各种现代化的新闻和宣传工具,增加对政务和党务活动的报道,发挥舆论监督的作用,支持群众批评工作中的缺点错误,反对官僚主义,同各种不正之风作斗争"。这是党的文件中第一次使用"舆论监督"概念,并赋予舆论监督广泛的意义,它不仅包括批评报道,而且包括对党

---

① 王强华、魏永征主编:《舆论监督与新闻纠纷》,复旦大学出版社 2000 年版,第 6—7 页。

务、政务活动的报道,以及对重大情况、重大事件的报道。从"报纸批评"到"舆论监督"的概念变化,说明随着社会发展,执政党对舆论监督的认识在深化。开展批评监督活动的主体和载体不仅仅是传播媒介和报纸,还有人民群众,载体包含所有媒介形式。监督的对象不仅是一般的揭丑,还扩展到对政权运用的报道。媒体进行的监督活动已由一种新闻报道形式发展为权力制约和监督体系的重要组成部分。舆论监督有了政策上的依据,出现了一些在全国范围内有影响的舆论监督报道和批评报道。

1988年,经中央同意,中央办公厅转发了《新闻改革座谈会纪要》,指出"正确开展批评,发挥舆论监督作用","实行公开批评,是反对官僚主义,纠正各种不正之风,密切联系群众,加强舆论监督所必需的"。该纪要重申了1981年《关于当前报刊新闻广播宣传方针的决定》关于批评稿件要事先征询有关领导机关和被批评者本人意见的规定,但增加了一个条件,即"特别重要的批评",这就意味着不特别重要的批评稿就不必经过这一程序;同时又增加了一个限制,要求"受征询的组织和个人应尽快在合理期限内作出明确答复"。①

1992年,以邓小平南方谈话为标志,中国的改革开放进入了新的阶段。随着经济不断快速发展,精神领域也逐渐发生变化,公民的权利意识日益增强,舆论监督也更加受到重视。党的十四大报告重申:"强化法律监督机关和行政监察机关的职能,重视传播媒介的舆论监督,逐步完善监督机制,使各级国家机关及其工作人员置于有效的监督之下。"第一次明确将舆论监督作为与法律监督、行政监察处于同等重要地位的三大监督形式之一,作为监督机制的重要组成部分,同时规定舆论监督的主要对象是国家机关及其工作人员。

1993年11月14日,党的十四届三中全会通过《中共中央关于建立社会主义市场经济体制若干问题的决定》,又一次明确将"发挥法律监督、组织监督、群众监督和舆论监督的作用"列为建立社会主义监督机制和权力制约机制的重要内容。《中共中央关于加强社会主义精神文明建设若干重要问题的决议》也强调,新闻媒介"要加强热点问题引导和舆论监督"。1997年,党的十五大报告中又指出:"我们的权力是人民赋予的,一切干部都是人民的公仆,必须受到人民和法律的监督。要深化改革,完善监督机制,建立健全依法行使权力的制约机制。坚持公平、公正、公开的原则,直接涉及群众切身利益的部门要实行公开办事制度。把党内监督、法律监督、群众监督结合起来,发挥舆论监督的作用。加强对宪法和法律实施的监督,维护国家法制统一。加强对党和国家方针政策贯彻的

---

① 王强华、魏永征主编:《舆论监督与新闻纠纷》,复旦大学出版社2000年版,第7页。

监督,保证政令畅通。加强对各级干部特别是领导干部的监督,防止滥用权力,严惩执法犯法、贪赃枉法。"这段论述将舆论监督与民主政治建设紧紧联系在一起,对舆论监督的根据、对象、功能都作了阐述,明确了舆论监督是制约权力的重要手段。

2002年召开的中共十六大是新世纪一次重要会议,在大会的政治报告关于"加强对权力的制约和监督"一节中再一次强调:"加强组织监督和民主监督,发挥舆论监督的作用。"这说明,舆论监督已成为公认的制约和监督权力的一个重要手段。2006年10月,党的十六届六中全会召开,会议通过的《中共中央关于构建社会主义和谐社会若干重大问题的决定》提出"监督权"的概念。此后,党的十七大、十八大、十九大报告沿用这一概念,并对其越来越重视。党的十七大报告提出建立健全决策权、执行权、监督权既相互制约又相互协调的权力结构和运行机制,是对改革开放以来我们党在探索权力制约和监督机制方面的重要经验和实践成果的总结,是对权力结构和运行机制认识的进一步深化,对于规范权力运行、从源头上防治腐败,对于深化我国的政治体制改革,意义重大。党的十八大报告提出,"建立健全权力运行制约和监督体系","加强党内监督、民主监督、法律监督、舆论监督,让人民监督权力,让权力在阳光下运行"。这是我们党首次把"四个监督"作为一套完整的监督体系明确提了出来,是对改革开放以来我们党在探索权力制约和监督机制方面重要经验和实践成果的总结,是立足新时期我国权力运行现状、从权力的结构和运行机制上作出的创新性探索,表明我们党已经形成较为完善的监督体系。"四个监督"对于进一步推进社会主义民主政治建设,坚定不移反对腐败,具有重大的现实意义。

2017年,习近平总书记在党的十九大报告中指出:"健全党和国家监督体系。增强党自我净化能力,根本靠强化党的自我监督和群众监督。要加强对权力运行的制约和监督,让人民监督权力,让权力在阳光下运行,把权力关进制度的笼子。强化自上而下的组织监督,改进自下而上的民主监督,发挥同级相互监督作用,加强对党员领导干部的日常管理监督……构建党统一指挥、全面覆盖、权威高效的监督体系,把党内监督同国家机关监督、民主监督、司法监督、群众监督、舆论监督贯通起来,增强监督合力。"

2022年,习近平总书记在党的二十大报告中强调:"健全党统一领导、全面覆盖、权威高效的监督体系,完善权力监督制约机制,以党内监督为主导,促进各类监督贯通协调,让权力在阳光下运行。"党的二十大报告对健全党和国家监督体系作出战略部署,强调以党内监督为主导,推动人大监督、民主监督、行政监督、司法监督、审计监督、财会监督、统计监督、群众监督、舆论监督贯通协调。完善党和国家监督体系,首先是完善党内监督体系。党内监督有力有效,其他监督才能发挥作用。各类监督各有各的定位和优势,关键是协调联动、优势互补。在党内监督引领下,促进各类监督既依照自身职责发挥效能,又强化关联互动、系统集成,形成同题共答、常态长效的监督合力。健全信息沟通、线索移交、措施使用、成果共享等工作机制,促进监督成果在各监督主体之间有效转化运用。完善党的自我监督和人民群众监督有机结合的制度,形成坚持真理、修正错误,发现问题、纠正偏差的机制,确保党和人民赋予的权力始终用来为人民谋幸福。

总的来说,这些年来,我们在强化权力监督方面,进行了积极的探索,做了大量有益的工作,已经取得明显成效。例如,通过适当分解决策权、执行权、监督权,使决策职能、执行职能、监督职能由不同部门相对独立行使,形成不同性质的权力之间相互制约、相互协调的权力结构,做到决策更加科学、执行更加高效、监督更加有力,最大限度地防止权力滥用现象的发生。但我们仍然要清楚地认识到,我国舆论监督权的贯彻落实还是困难重重。这既有理论上的困惑,也有现实操作上的障碍。压制对政府机构和国家工作人员批评的情况还大量存在,滥用舆论监督权的现象也时有发生,舆论监督权与公民个人权利、国家安全和司法权的冲突也日益显现,这些都需要法律的规范、平衡。但目前关于舆论监督方面的专门立法仍有不足。由于舆论监督涉及许多敏感问题,人们颇多忌讳,不愿涉足,导致舆论监督权成了研究的空白地区,不能给立法提供有力的理论支持。这种状况的后果是我国舆论监督缺乏理论指导与支持,得不到法律的保障,长期处于自发自为的非正常状态。

(三) 中西方监督权比较

监督权自古就有,每个国家的政权组织形式不一样,监督权的对象、实施方式、制度保障也不一样。舆论监督最初是资产阶级在同封建势力作斗争时,号召民众斗争的武器。资产阶级掌握政权后,把言论自由作为公民的一项基本权利写进宪法,并且民意受到统治者的重视。中国现代意义上的舆论监督起步晚,舆论监督仍在进一步的研讨和发展中,监督权的实现方式、制度安排、法律保障和西方监督权有一定的区别,具体体现为:

1. 监督权法律制度不同

从西方监督权的发展渊源上看,西方监督权特别重视监督权的立法保障和法律保护,除宪法还有多部法律对言论自由、舆论监督进行保护。西方实行新闻法治的形式基本可以分为两种:一种是制定专门的新闻法或新闻出版法,或者除新闻法外,还制定有广播法、电视法、大众传播法等。如法国、意大利、德国、瑞典、芬兰、澳大利亚、埃及、印度、泰国、马来西亚、坦桑尼亚、塞内加尔、哥伦比亚、委内瑞拉等国,都有专门的新闻法。另一种是没有专门的新闻法,而是在宪法、刑法、保密法等法律中设有适用于新闻、出版的法律条款,如刑法中的诽谤罪条款等,美、英、日等国家均属于这种情况。美国、英国、日本等国家无单独成文的新闻法,而是将相关内容通过其他的法律文件或条款体现出来。依情况不同,这些国家又可具体分为三种:(1)以宪法或宪法性文件形式体现新闻出版的权利。(2)不是在宪法中,而是在相关法律文件中体现新闻管理的内容。(3)在那些没有成文宪法的国家,如英国、加拿大等,对于新闻出版的管理多以出版法、诽谤法、官方保密法等非宪法法律形式出现。20世纪60年代后,南斯拉夫、罗马尼亚、捷克斯洛伐克、波兰等国陆续制定了新闻法。1974年,美国议会通过世界上第一个隐私权专门法——《隐私权法》,规定禁止政府和新闻界滥用私人性质的资料,包括个人过去犯罪记录,但当隐私法案同情报自由法案相抵触时,前者应服从后者。此后,西方许多国家除新闻法外,还陆续出台了保护隐私的法律。

与西方舆论监督的法律保障不同,我国目前保障舆论监督权的法律制度还不完善。我国现行《宪法》有关新闻工作的规定主要是集中在第22、35、37、40、41、46、47、52条,其中第35条规定被新闻界作为我国新闻监督权的宪法依据。《宪法》第35条规定:"中华人民共和国公民有言论、出版、集会、结社、游行、示威的自由。"虽然规定有言论和出版自由,但舆论监督权不能通过宪法解释将其上升为宪法权利,也不能通过宪法解释延伸到具体的法律中去。1994年,中央批准的八届人大期间(1992年~1997年)的立法规划中有新闻法、出版法的规划。1998年12月初,李鹏在会见德国《商报》记者时说:"我们将按照法定程序制定一部符合中国国情的新闻法。"但目前,我国仍没有独立的新闻法或相关法律,关于舆论监督的法律大多散见于《民法典》以及《刑法》、行政法等部门法和一些地方性法规中。

2. 监督权原则不同

西方国家新闻媒介的舆论监督以公民享有言论自由、出版自由和信息获取自由为其内在价值点,以尊重个人的自由为前提,在长期的舆论监督实践中,建立了一整套的法律制度,形成了一些公认的原理和准则,如监督自由原则、维护公共利益原则、不干预司法原则、尊重个人隐私原则、公正准确原则、禁止诽谤原则、责任追究和损害赔偿原则等。舆论监督自由是新闻自由的一种形式,意味着允许公民可以自由地了解情况,表达各种意见,揭露批评一切违法的、不符合公共利益的行为。宪法和宪法惯例确认:国会不得制定压制言论出版自由的法律,新闻专门法或其他法律都认可或明确这一宪法原则。例如,美国宪法《第一修正案》规定:"国会不得制定关于下列事项的法律:确立宗教或禁止信仰自由;剥夺人民言论或出版的自由；剥夺人民和平集会及向政府请愿的权利。"法国制宪大会通过的《人权和公民权宣言》第 16 条规定："思想和意见的自由传播是人类最可宝贵的权利之一，因而每个公民都有言论、著述、出版的自由，但须在法律的范围内对滥用此项自由负有责任。"司法界恪守新闻自由原则，在新闻实践中，舆论监督自由得到了充分发挥。

中国的舆论监督不同于西方作为"第四权力"的媒介监督，媒体作为舆论监督的载体，人民才是真正的主体。党对舆论监督形成方向、内容、形式上的全方位领导，舆论监督写进党章和宪法中，在党和国家监督体系之下建构舆论监督的新模式。中国的舆论监督强调党性原则、社会效益第一原则，且舆论监督是监督体系的一个部分，强调以正面宣传为主的方针，是行政职能的延伸。① 新闻媒体在注重发挥自身"党的喉舌"作用的同时，也越来越注重"人民喉舌"作用的发挥。党和人民的利益在根本上是一致的，这一点是毋庸置疑的，中国共产党是一个能够代表最广大人民根本利益的政党。但我们也要注意到，党和人民在根本利益上保持一致的同时，在一些具体的利益上，个别的党政部门与个体公民之间也存在一定的利益冲突。处于弱势地位的个体公民恰恰需要新闻媒体的保护，尤其是当部分党政部门违反法律法规侵犯公民的合法权益时，更需要新闻媒体发挥其舆论监督的作用，以舆论的力量来纠正个别党员和政府工作人员的违法违规行为，维护广大人民的利益。

3. 舆论监督权服务对象不同

西方的舆论监督通过新闻传播和舆论来监督政府的工作、决策和执行，这和西方政治体制的创设密不可分。社会契约背景下的"三权分立"制度，限制政府权力成为权力制衡这一制度的重要特征，因为政府职权的滥用会导致社会的腐败和危机。因此，舆论监督的对象是监视政府的施政状况，努力揭露公职人员的违规行为，防止公共权力的非公共使用。西方舆论监督的局限性也很多。例如，虽然西方各国的宪法都规定公民享有言论、出版自由的权利。但出版需要钱，公民如没有钱，就意味着他们的出版自由被剥夺掉了。出版自由仅仅成为资产阶级的特权，舆论监督也仅仅是资产阶级对政府的监督，而不是全体公民的监督。在西方资本主义国家里，垄断资本与政府、新闻界是"一主二仆"关系，政府与新闻界都被垄断资本所控制。有时，新闻界秉承垄断资本的意图向政府开展斗争，但当政府秉承垄断资本的意图办事时，垄断资本指使新闻界与政府合作。政府

---

① 对于舆论监督是否是行政职能的延伸，观点并不一致。就目前而言，在我国目前的体制下，舆论监督承担的主要还是这种功能，但随着改革的深化，或许会有变化。

与新闻界之间这种既斗争又合作的双重关系决定着新闻界不可能对政府实施全面监督。西方的舆论是由大量的建立在私有制基础上的大众传媒为载体,甚至一些大的传媒会形成寡头,具有垄断性,这些媒体可能代表着不同的利益集团,并且在利益发生冲突时会有激烈的斗争。

舆论监督是我国监督体系的一个重要组成部分。在传统媒体时代,我国的舆论监督大多是通过党政机关报反映出来的。进入新媒体时代后,智能化技术、自媒体的发展拓展了舆论监督的主体和参与者,但舆论监督的主要对象还是行使公共职能的行政和司法机关。党的各级纪检部门对党的组织、干部和党员实施行政监督。舆论监督的客体不仅限于违纪或违法、党内或党外,而是整个社会。国家机关的各级工作人员,涉及公共事务和公共利益的组织和个人,以及不适应社会生产力发展要求的体制和机制,都属于监督的范围。我国的舆论监督肩负着维护党的领导、国家和广大人民群众的根本利益以及促进社会主义事业健康发展的功能。

二、监督权的内涵、特征及价值

监督权既包括公民直接行使的监督权,也包括公民通过自己选举的国家代表机关代表行使的监督权。立法监督、行政监督、司法监督即为国家以权力监督权力的内部监督。这里我们讨论的监督权指宪法赋予公民监督国家机关及其工作人员活动的权利,是公民作为国家管理活动的相对方对抗国家机关及其工作人员违法失职行为的权利。

(一) 监督权的基本内涵

舆论监督是公民知情权的一部分,是社会各界通过大众传播媒介来表达意见,基于社会公众趋于一致的信念、意见和态度的总和而形成舆论,从而对社会上出现的现象予以批评或褒扬,揭示现实中存在的问题并促使其解决的一种活动。通常认为,舆论监督权包括舆论批评权、建议权、申诉权、控告权、检举权等权利。也有人认为,舆论监督是一种社会活动,其并非法律概念,在法律上并不存在"舆论监督权",也非法律明确加以规定的权利,它只是公民法定"监督权"的一种表现形式。①

---

① 参见石毕凡:《诽谤、舆论监督权与宪法第 41 条的规范意旨》,载《浙江社会科学》2013 年第 4 期。

1. 舆论监督的内涵界定

关于舆论监督内涵的界定,新闻学界有几种比较有代表性的阐释:第一种观点认为,舆论监督是指新闻媒体运用舆论的独特力量,帮助公众了解政府事务、社会事务和一切涉及公共利益的事务,并促使其沿着法制和社会生活共同准则的方向运作的一种社会行为。①第二种观点认为,舆论监督是和舆论一体相连、密不可分的,它所反映的不是个人对社会现实的认识,而是一定的社会群体(公众)对社会现实的普遍的、共同的意见。舆论监督借助新闻媒介的传播优势,以公开的方式反映公众对某一社会现象、某个社会事件或社会问题所形成的比较一致的意见,实际上它是代表公众的意志对社会现实做出强有力的主动回应,因而在实施对社会监督方面具有很强的影响力和权威性。②第三种观点认为,舆论监督是公众通过舆论的意见形态表达对社会的看法,它既包括非新闻媒介的监督,也包括新闻媒介的监督。③第四种观点认为,舆论监督是运用新闻传媒干预社会的政治现象,它是生产力和民主政治发展的产物。④概括起来,舆论监督既包括帮助公众了解政府事务、社会事务和一切涉及公共利益的事务,还包括对政府事务、社会事务进行评价,提出批评和建议。从表现形态上看,舆论监督要利用作为舆论的主要载体之一的大众传播媒介传播事实信息或意见,具有一般的信息传播和新闻报道的特征,即传播信息,满足公众对公共事务的知情权。但相较于新闻报道范围的广泛性,舆论监督在关注和传播信息的范围上有一定的选择性,重点关注和反映那些与公共利益密切相关的事项。

2. 舆论监督的实现方式与基本作用

舆论监督虽不具有如法律般强硬的国家强制力,但仍然具有道德、社会等方面软的强制力。当分散的、个别的议论引起人们普遍关注,经过传播而集合成社会舆论时,便代表着多数人的意志,影响着人们的思想和行动,对社会生产、生活也产生重要的影响。舆论监督权实现的载体多种多样,如报纸、杂志、广播、电视、互联网,这使得舆论监督的传播覆盖面大、传播速度快、影响范围广、可信度较高、社会反响强烈。舆论监督主要针对国家政治生活或社会生活中的不良现象,虽然它不像法律监督那样具有直接强制性和制裁性,但也能较早地发现不良现象,及时地制止危害社会公德的丑恶现象发生。与其他社会监督方式相比,舆论监督具有独特优势,如方便、快捷、有威慑力、传播速度快等。发达的传播系统

---

① 参见顾理平:《新闻法学》,中国广播电视出版社1999年版,第239页。
② 参见何梓华主编:《新闻理论教程》,高等教育出版社1999年版,第178页。
③ 参见田大宪:《新闻舆论监督研究》,中国社会科学出版社2002年版,第1页。
④ 参见唐惠虎:《舆论监督论》,湖北教育出版社1999年版,第1页。

可以在数小时到数日内产生监督效果,干预最为迅速,这是其他监督形式无法比拟的。对报纸来说,今日的事件明日可以见报;对广播、电视、网络等媒体来说,可以做到现场直播。此外,舆论监督的工具比较特殊,公众可以使用照相机、摄像机、录音机、手机等可移动设备,对被监督者的言行举止、被监督事件的真情实景进行现场记录,将实况客观、形象地再现于大众面前。

与其他监督形式特别是法律监督相比,舆论监督具有非直接强制性,但舆论监督同样具有强大的威慑力,"不怕通报,就怕见报"。一方面,舆论监督自身可以揭露和抑制社会丑恶现象;另一方面,舆论监督还可以转化为其他监督形式,如通过暴露违法犯罪问题,可将舆论监督转化为法律监督,转化为监督机关的监督,由个别监督转化为普遍监督。例如,2020年新冠疫情暴发时,全国各地大量基层干部艰苦奋战在抗疫一线,工作繁杂,任务艰巨。随着疫情形势严峻,各地防控压力不断升级,记者也不断听到一些乡镇、社区干部反映,各种填表格、晒政绩的形式主义、官僚主义做法,令他们不堪重负,并对防控工作造成干扰。对此,新华社组织在各基层进行深度的采访,记者采访了多地乡村干部、社区工作者、街道负责人,他们从各种角度向记者讲述了在抗疫过程中遭遇的形式主义。这些生动的案例经过梳理总结,提炼归纳为表格抗疫、迎检大战、鼓劲式会议、作秀留痕,在读者当中产生强烈共鸣。2020年2月12日,新华社"新华视点"栏目播发了《表格任务重如山、聚集动员喊口号、作秀留痕走过场……揭一揭抗疫中的"形式主义"》一文。该报道是主流媒体中第一篇对形式主义进行系统性监督的深度调查报道,产生了强烈社会反响。新闻媒体的舆论监督用建设性监督服务疫情防控工作大局,帮助群众解决了实际困难,推动战"疫"一线解决实际问题,回应社会关注、增强公众信心,为疫情防控工作有序开展注入正能量。①

当然,舆论监督也存在一些不足之处,如信息失真、舆论暴力、滥用舆论监督等现象层出不穷。后真相时代,人们诉诸情感及个人信念,较陈述客观事实更能影响舆论。生成式信息加工的技术加持和自媒体时代的发展更加剧了这种现象。社交媒体的属性充分刺激了人们的需求,释放了人们的欲望,满足了人们在传统媒体时代无法实现的信息传播、意见表达以及社交需求,放大了"坏的主观性"和"猎奇的欲望","言论自由"成为"口无遮拦"的借口,网络暴力、道德绑架等新兴词汇应运而生。在这种情况下,公众在从自由表态中收获快感的同时,也可能被错误的舆论引导向远离正义的歧途。当社会许多发声渠道、发声者、发声内

---

① 资料来源:《新华视点:给抗疫中的"形式主义"曝曝光》,http://media.people.com.cn/n1/2020/0229/c40606-31610443.html,2020年3月1日访问。

容等鱼龙混杂、难以论断时,知识获得的碎片化和不真实化的围观群众,有时也可能成为猎奇、反转新闻的受害者。因此,舆论监督作用的发挥需要完善监督机制,需要推动信息公开和舆论引导的法治化。

(二)监督权的特征

监督权是我国《宪法》所确立的公民的基本权利之一,是公民监督国家机关及其工作人员活动的权利,具有公开性、开放性的特点,也具有社会影响力和威慑力。舆论监督权是指公众用舆论的方式对政府、企事业单位等组织和个人行为进行监督的权利,任何人都可以参与其中,通过各种途径发表意见、提出建议、举报问题等。舆论监督的对象可以多样,监督方式亦可多样。舆论监督可以通过公众的声音和力量直接影响被监督对象的决策和行为。因此,舆论监督权应当独立于被监督的对象,能够自主行使,不受外部干扰;舆论监督的结果应当及时公开,保证社会公众的知情权和监督权。

1. 舆论监督权是公民的一项民主政治权利

公民的监督权具有宪法依据,我国《宪法》第41条规定,"中华人民共和国公民对于任何国家机关和国家工作人员,有提出批评和建议的权利"。所以,公民运用舆论工具进行监督,是舆论监督更是公民参加民主政治的一项权利。作为民主政治的产物,舆论监督是公民通过新闻媒体依法对国家机关、各政党和各社会团体、各企事业组织和个人活动的合法性、合理性进行的了解和评论,是实现言论自由权利的重要手段,是人民群众参政议政的一种形式,更是实现民主权利的有效手段。舆论监督本质上是公民通过大众传媒对社会公共事务行使民主权利而进行的监督活动,舆论监督的威力最终并不是来自新闻而是来自新闻背后所代表的民意。现代民主政治对权力运作的约束要求是公共权力具有公开性和透明度。公民行使知情权和言论自由权参与国家政治活动,并监督公共权力的运行,而把二者结合起来倚赖的就是大众传媒及其舆论监督。

舆论监督是一个国家民主政治的制度性选择,是确保公共权力正当行使的重要保障。我国《宪法》第2条第3款规定:"人民依照法律规定,通过各种途径和形式,管理国家事务,管理经济和文化事业,管理社会事务。"在此基础上,《宪法》第35条和第41条进一步明确规定,"中华人民共和国公民有言论、出版、集会、结社、游行、示威的自由","中华人民共和国公民对于任何国家机关和国家工作人员,有提出批评和建议的权利"。这表明,我国以根本大法的形式,明确规定了人民参与国家政治、经济、文化社会生活管理的权利和行使民主监督的权利,这是舆论监督的最根本的法律依据。舆论监督是代表人民通过对公共事务的评价和批评,从而实施对国家公共权力的监督,对社会公共事务的管理。因此,舆论监督是党和人民赋予大众传媒的一项神圣的权利和义务,是大众传媒义不容辞的社会责任。

2. 监督权具有公开性和开放性

舆论监督是中国监督体系中社会监督(外部监督)的一种,其实质是公众的监督。它作为公民宪法权利(监督权)的体现和常见形式,是社会公众运用各种传播媒介对社会运行过程中出现的现象表达信念、意见和态度的活动。与其他监督形式不同,舆论监督的最大特点就是公开性和开放性。舆论监督的主体是广大民众,是各种社会阶层、群体、组织乃至全体公民。舆论监督的客体包括党和国家的一切政务、一切有关公共利益的事务,乃至整个社会思想、风尚等。它具有便捷性,可以在数小时到数日内产生监督效果,干预最为迅速。舆论监督的载体多样,有报纸、杂志、广播、电视、互联网等;舆论监督的形式多种多样,有电话访谈、记者采访、实况报道、专家评论、公众留言等。这都使得舆论监督的传播覆盖面大、传播速度快、影响范围广、可信度较高、社会反响强烈。

3. 监督权具有很大的威慑力

舆论监督是一种"柔性监督",不同于行政监督、法律监督和党内监督这些"刚性监督"直接实现监督效果。舆论监督需要通过第三者才能产生社会效应,需要借助权力部门的力量才能取得监督的最佳效果。它不能对被监督者直接采取强制措施,而只能依靠被监督者的自律和其他监督形式的跟进,才能达到监督的目的。舆论监督效果实现的间接性与权力型监督的直接性是相辅相成的。一方面,舆论监督为行政监督、法律监督、党内监督提供事实依据;另一方面,行政监督、法律监督和党内监督借助舆论监督的影响,增强自身力量和社会功能。舆论监督是通过现代大众传媒传播公共信息,反映公众意见,揭露批评公共权力机关及其公职人员的违法犯罪行为,评判公共权力行使者的行为以及其公共决策,从而形成对公共权力制约的一种有效监督形式。舆论通过直接、公开、迅速、及时地反映被监督者的行为反映社会的民心所向和正义的价值。公众持续性的广泛参与,有助于形成强大的社会舆论,对被监督者构成强大的精神压力和心理制约力量。在这方面,舆论监督有着其他监督不可替代的作用,其"话语"优势权使一些以权谋私、违法乱纪者坦言,"不怕上告,就怕上报",反映出舆论监督在公共权力监督中不可替代的强势作用。

虽然舆论监督本身不能产生直接的法律效力,不能直接插手事件的处理,但由于它是开放式的,在激起全社会的共鸣和整体呼声后,会使被监督对象无形中感受到巨大的心理压力,主管机关也会因为压力而对相关事件进行依法处置,最终达到监督效果。马克思曾经指出,舆论是一种"普遍的、无形的和强制的力量",并形象地称之为"另一个法庭——社会舆论的法庭"。需要明确的是,法治状态下的新闻舆论监督,必须在宪法和其他法律允许的范围内进行。新闻舆论监督权利,不是行政权力的延伸,新闻舆论监督也不是"办案"。新闻媒介与司法监督、行政监督各有其功能,又有其自身的局限性。司法、行政监督具有强制性,却常常追惩于事后;新闻舆论监督虽然不具有强制性,却有警示、教化于前的功能。二者优势互补,相辅相成,同是法治状态下制约监督体系的不可或缺的组成部分。

(三) 监督权的核心价值

舆论监督主要针对国家政治生活或社会生活中的不良行径。一方面,舆论监督自身可以揭露和抑制社会丑恶现象;另一方面,舆论监督可以转化为其他监督形式,如通过暴露违法犯罪问题,可将舆论监督转化为法律监督,转化为监督机关的监督,由个别监督转化为普遍监督。

1. 促进公民政治权利实现

舆论监督是公众与政府的沟通渠道。人民群众切实行使自己的舆论监督权,可以增强公民的主人翁意识以及参政议政的热情。公众舆论对行政权力的监督一方面能促进公民权利的实现,另一方面能够及时对行政公权力滥用的问题给予反映。"人民是权力的唯一合法源泉。"[①]国家的一切权力都源于民众的授予,一切国家权力的最终拥有者乃是人民。公共权力是人民权力或者人民权利的产物。设定各级各类国家权力,就是为了对公民的权利与自由予以尊重和保障。要让国家权力始终不渝地为人民服务,完全按照人民的意志运行,就必须强调人民对国家权力能进行有效的监督,在整个国家权力的运行中,在全部社会公共政策的制定过程中,人民都能自由、广泛地参与并实施实时的监督。

公民参与监督是公民"参政议政权"的体现方式。公民通过参与舆论监督活动,将自己的意见公开地表达出来,让政府在制定决策时优先考虑这些意见,这就是民主政治的表现。可以毫不夸张地说,公民舆论监督权能否有效行使,是与一个国家的民主自由程度紧密相关的。我国的社会主义民主政治,更加需要强调民众的积极参与。人民民主、人民当家作主,不应仅仅停留在文本之上。政府应该在各方面为普通公民参政议政创造便利条件,既包括软件方面的建设,也包

---

① 〔美〕汉密尔顿、杰伊、麦迪逊:《联邦党人文集》,程逢如、在汉、舒逊译,商务印书馆1980年版,第257页。

括硬件方面的支持。我们应该认识到,公民舆论监督工作的健康发展,对于我们建设社会主义民主法治是非常重要的。

现代民主国家强调"权力制衡",一般都将国家权力一分为三,立法权、司法权、行政权形成一个权力对等的等边三角形,以求势力均衡,权力之间既能互相牵制,又能协同配合。但社会是不断向前发展的,需要国家为其民众提供的公共服务日益增多,使得原来的等边三角形一边的行政权快速扩张,逐渐与另两边的立法权和司法权拉开距离,造成行政权一权独大的局面。原先的均衡体制被打破,权力的天平发生倾斜,等边变成不等边。而受不到有效制衡的权力,在实际运行中就往往会产生异化。既然如此,就需要寻找外部力量的介入,"以权利制约权力"理论自然便应运而生。这种理论强调公民权利对国家权力的制约与监督,在实践中也成效显著。"以权利制约权力"理论为公民舆论监督权提供了所需的理论支持。舆论监督的本意就是运用公众舆论的力量来监督国家权力的运行,公民舆论监督在法治社会中可有效地防止权力的腐败和滥用,从而成为法治社会的一道有效屏障。

2. 促进立法、司法和行政权力的合理合法使用

在现行监督体制下,我国上下级法院之间存在的监督与被监督关系在一定程度上破坏了法院审判工作的独立性,出现上级法院变相参与案件审理的情况。新闻舆论监督权对审判的监督可以使个案重新受到某些司法审判机关的重视而获得公平公正的结果,推动个案的公平与正义。同时,监督权可以促进行政权力依法有序地进行,逐步推进政府决策的民主化,提高行政行为的透明度。对政治权力的制衡和监督是人类社会政治发展进步的最重要成果之一,也是体现政治民主的重要内容之一。除了法律监督和行政监察机关的监督之外,舆论监督是对政治构成监督的重要因素,它运用公众舆论力量来纠正偏离正常轨道的政治行为,构成现代民主政治中权力制约体系的重要组成部分。在当今社会,公民舆论监督权的客体具有广泛性。我们应该树立这样一种观点,只要是涉及公共利益和公共道德,都属于公民舆论监督权的客体。所以,公民舆论监督权的客体应包含各级党政机关、社会企事业组织、公务人员、社会知名人士甚至社会道德风尚等。公民舆论监督权的内容是相当广泛的,包括时下许多参与度较大的话题,比如,对公民权利的维护;对社会不良现象的关注;对权力腐败和滥用职权现象的揭露;对社会风气的引导;对政府工作的建言献策;等等。

舆论监督机制是权力制约的根本保障。以权力制约权力机制蕴含的一个前提是,权力机构内部监督机制的各方是严格依法进行相互监督和制约的,即监督者没有徇私枉法。然而,现实一再证明这个前提难以成立。监督者与被监督者

之间可能存在着利益的相互需求,可能会达成一种妥协,来掩盖各自的权力滥用行为,也可能会达成一种合作,来获取更大的非法利益。因此,监督监督者的问题便被提出来了,这一责任最终只能由公众来承担。公民充分地享有言论自由的权利,这是法治国家要追求的目的,也是法治国家的重要标志。以权利为本位,法治社会的本质是限制公权力,从而保障公民权利,实现人民民主。公民可以以社会舆论为媒介,通过进行新闻评论或提出批评、建议等手段,使政府迫于压力改变对私权力的侵害行为,因而舆论监督拥有维护公民合法权益的基本权利属性。可以看出,舆论监督在法治社会中可有效地遏制腐败,防止权力的滥用,从而成为法治社会的一道有效屏障。

三、媒体与监督权

舆论监督的载体是媒体,包括报纸、杂志、广播、电视、互联网等。媒体开展舆论监督的形式多种多样,包括电话访谈、记者采访、实况报道、专家评论、公众留言等,这使得舆论监督的传播覆盖面大、传播速度快、影响范围广、可信度高、社会反响强烈。一方面,新闻媒体监督一切有关公共利益、公众利益的行为或现象;另一方面,媒体对国家公权力进行监督,对国家机关及其公职人员滥用公权的行为进行舆论批评。新闻媒体在舆论监督中起到引领作用,通过强大的传播资源,对社会中的不良现象进行深入的信息披露,发现社会存在的不足,形成社会舆论焦点,从而对监督对象产生巨大的舆论效应。

(一) 大众传播媒体是社会监督的主要阵地

现代传播学理论认为,媒体作为大众传播的主体,是社会舆论监督的主力军。"在当今社会中,大众传播媒介对于作为整体的社会来说,是实现社会内部充分互动从而使社会成之为社会的工具,对于社会中的行动者来说,是他了解周围环境、与环境之间实现充分互动从而使行动者得以继续生存和发展的途径。"[1]英国学者罗素曾经指出,"舆论是万能的,其他一切权力形态皆导源于舆论",并反复强调,"在一切社会事务中舆论是最终的权力"。[2] 这一观点虽有失偏颇,但从某种程度上指明了媒体这一掌握着舆论引导功能的权利主体在社会事务中的重要性。

---

[1] 倪虹:《大众传播媒介的权力》,载《新闻与传播研究》1999 年第 1 期。
[2] 参见〔英〕伯特兰·罗素:《权力论:新社会分析》,何友三译,商务印书馆 1991 年版,第 97 页。

1. 传统媒体是社会监督的主要阵地

传统媒体是相对于近几年兴起的网络媒体而言的,是指以传统的大众传播方式即通过某种机械装置定期向社会公众发布信息或提供教育娱乐等交流活动的媒体,主要包括电视、报刊、广播。舆论监督是传统媒体的重要职能之一。长期以来,传统主流媒体尤其是极具强势地位的机关报、电视台、电台,一直发挥舆论监督的主导作用。以党报、党台为主的传统媒体仍是传递党的声音的主渠道,是舆论宣传的主阵地、主力军。在多元舆论并存的情况下,传统媒体的舆论引导功能非但不能弱化,反而应该强化。

传统媒体的舆论监督的独特性质,决定了其开展舆论监督不同于其他媒体一般性的批评报道,而是以公正权威著称,更易受到地方党委、政府以及人民群众重视,也更易使问题得到警醒改正。特别是在当前多元化的社会下,各种矛盾诉求容易集中爆发,传统媒体更应牢牢掌握舆论监督主导权,发挥舆论引导主力军作用,为各种矛盾诉求提供一个畅通的疏导渠道。主流媒体能否掌握舆论监督主导权,不仅关系到自身的舆论引导能力,也影响着新媒体舆论监督的质量和水平。网络媒体传播速度快、覆盖面宽,但门槛低,加上网民身份复杂,且具有匿名性,因而网上舆论有很大自发性和盲目性。如果没有主流舆论主动加以引导,网络舆论很容易偏离正确方向,造成虚假信息泛滥、情绪化言论流行,产生严重的负面效应。因此,主流媒体应该利用权威性强、公信力高的优势,主动引导舆论,对网络媒体进行"纠偏""纠负"。尤其是党报,做好舆论监督是其一项重要职责。

党报作为思想舆论阵地的"龙头",在舆论引导工作中一直扮演着"领头雁""排头兵"的角色,其特殊地位非其他媒体所能替代。党报必须做好舆论监督,要经常对实际工作中与党的中心工作要求不符、与社会道德准则不符、与和谐社会建设目标不符的种种现象展开批评监督,促使其转变和改正。党报的特有性质决定了党报开展舆论监督不同于其他媒体一般性的批评报道,它更易使被监督报道的对象对问题有所警醒和改正。传统新闻媒体进行舆论监督要敢于自我解套,顶着压力,履行舆论监督的职责。目前,《新闻联播》减少了会议播出比例,增加了舆论监督内容;《焦点访谈》也加大了舆论监督的比重。此外,《人民日报》也发挥通达社情民意的舆论监督作用,强化监督,维护社会公平正义。支持传统媒体,社会有责,人人有责,要尽快制定"新闻法",完善相关规定,为传统媒体履行舆论监督职责,避免"不是官司的官司"发生。要建立相应机制,切实保护新闻媒体人的人身安全,对报道失实与诽谤进行明确的概念界定,并对报道中非本质性的枝节性差错做出性质认定,减少舆论监督中"不是失实的失实"与"不是官司的官司"。

随着社会的转型和新媒体的发展,传统主流媒体舆论监督的强势地位受到网络等新媒体的挑战,在一些重大社会事件上甚至集体缺位失声,从舆论监督的引领者变为新媒体的跟随者。因此,面对新的形势,传统媒体要做出新的应对。其一,传统新闻媒体要建立快速反应机制,建立相应机构,赋予其面对重大事件的临时决策权,以便抓住先机,紧扣"第一时间";要增强透明度,畅通上通下达民意的渠道,为受众开辟版面,开展与受众代表面对面的交流;要扬长避短、以长补短,充分发挥在方向性、正确性、准确性、可靠性、深刻性以及理性把握等方面的特长,另辟蹊径,充分发挥自身人力、财力、条件、环境等有形资源优势,发挥已有品牌、信誉、目标受众等无形资源优势,在方向把握、深刻剖析等方面,要超出一码、胜出一筹。同时,传统媒体要拓宽思路,走出"圈子",尝试与网络媒体联手,形成合力和强大舆论监督氛围,增强舆论监督效果。其二,传统媒体要严格遵循舆论监督工作的原则。开展舆论监督,要有利于发展社会主义民主和健全社会主义法制;有利于反映人民群众意见和呼声,密切党和政府同人民群众的联系;有利于加强党风廉政建设,维护党和政府良好形象;有利于弘扬正气,针砭时弊,理顺情绪,化解矛盾,维护社会稳定。要切实加强新闻职业道德建设,做到觉悟清醒、舆论正确、遵纪守法、清正廉洁,坚决恪守中央和新闻行业关于制止不正之风的规定,在思想上筑起一道坚实的道德防线,从根本上保障舆论监督工作的正常开展和规范运行。

2. 传统媒体担负监督社会工作及引领社会意识的重要使命

传统媒体是党和政府的喉舌,担负监督社会工作以及引领社会意识的重要使命。传统媒体舆论监督权的正确行使,是实现社会公正的一个重要途径。借助于客观报道,能够让媒体起到良好的公众意识和社会舆论引导作用,并能让其舆论监督权的职能得以充分发挥。相关媒体部门要进一步加强对舆论监督权的合理使用,以此达到良好的舆论监督效果。"舆论监督"一词于1987年在党的十三大报告首次提出,此后开始频频在全国一些重要文件和法律法规中出现,从政府到民众,开始形成重视舆论监督的氛围,舆论监督也因此有了发展的根基。党的十七届六中全会通过的《中共中央关于深化文化体制改革推动社会主义文化大发展大繁荣若干重大问题的决定》中指出,舆论导向正确是党和人民之福,舆论导向错误是党和人民之祸,要加强和改进新闻舆论工作,以党报、党刊、通讯社、电台、电视台为主,整合都市类媒体、网络媒体等宣传资源,构建统筹协调、责任明确、功能互补、覆盖广泛、富有效率的舆论引导格局。

媒体监督权作为监督公权力机关的监测器,是人民监督公职人员是否履行职务的监测器,是提高人民的参政能力、推进民主政治的工具。恩格斯在一篇《共产主义者和卡尔·海因岑》的论文中,最早提出了具有马克思主义喉舌论的论断:"党刊的任务是什么呢?首先是组织讨论,论证、阐发和捍卫党的要求,驳斥和推翻敌对党的妄想和论断。"①随后,列宁提出了一系列旨在丰富发展马克思主义喉舌论的观点,其中最著名的论断就是:"报纸的作用并不只限于传播思想、进行政治教育和争取政治上的同盟者。报纸不仅是集体的宣传员和集体的鼓动员,而且是集体的组织者。"②与普通民众的监督相比,传统媒体监督有着先天的优势,它能够在短时间内将公众关注的社会事件迅速地传播开来。也正是由于媒体的这些优点,其在加强对公权力的约束、推动社会进步与发展方面的作用,非其他组织、个人所能及。如今,媒体拥有海量的信息,它主导着各类信息的过滤与筛选,通过"议程设置"功能,决定受众可以获知何种信息、不能获知何种信息。媒体通过自身的技术优势,将大量的个体意见整合起来进行传播,从而影响到社会公众对事物的认知、对现象的判断。更为重要的是,媒体能够借助自己掌握的工具,传播特定意识形态与价值观念,形成社会构成的重要一极,并进而制约公权力的滥用。

在现实的政治实践中,媒体正是通过媒介,将社会的不同利益诉求表达出来,以此来提高民众参与社会事务的积极性。传统媒体利用自身专业的业务能力有选择地报道新闻事件,或者在嘈杂的舆论环境中拨乱反正、以正视听,吸引社会注意力,将舆论引导到合理的范围。这种兼备政治高度和新闻从业能力的舆论机构,始终坚持正确的舆论导向,同时又拥有采编播制作精良的业务能力。传统主流媒体既是"国家的喉舌"又是"群众的喉舌",一方面是"下达",体现了传统主流媒体传递党和国家方针路线、积极宣传国家法律法规的责任担当;另一方面是"上传",体现了传统主流媒体舆论监督的功能。这种承上启下的纽带作用,易于获得政府与受众的双向信任。这种公信力也成为传统主流媒体的核心竞争力。因此,传统主流媒体也是传统舆论格局中十分重要的舆论力量来源。

(二)互联网成为公众监督的重要载体

随着网络的发展,网络舆论监督表现出更加活跃的态势,在推动网络民主的进程上产生了越来越大的影响力。网络舆论监督激发了网民的民主参与意识,鼓励带动更多公民利用网络工具进行民意表达,参与公共事务,这在一定程度上

---

① 《马克思恩格斯全集》(第四卷),人民出版社1958年版,第300页。
② 《列宁全集》(第五卷),人民出版社2013年版,第8页。

推动了我国网络民主的发展,成为我国网络民主的一种新形式。公民通过大众传媒来表达自己的观点和意见是公民政治参与最经常、最普遍的一种方式。然而,传统媒体如报纸、广播、电视所传达的多为政府和社会精英的言论,即使有少数的民声民意,也是经过了层层的筛选、过滤。网络媒体突破了传统媒体的"精英言论"的限制,使广大网民拥有更加便捷的发表自由言论的方式。网民通过网络平台,借助网络手段对社会问题进行讨论、监督,迫使社会问题进入政策决策程序。可以说,网络舆论监督为人们提供了一个更加畅通无阻且便利的参政渠道,激发了人们的民主意识,使人们参政议政的热情空前高涨。通过网络进行舆论监督,网民可以对共同关心的社会问题和事件迅速发表意见和评论,形成强大的网络舆论,进而影响现实政治生活,甚至能够促使制度的变革。网络舆论监督既是网络民主的一种新形式,也是社会监督的一种新形式。从理论上讲,社会监督是广大民众的一种参政行为,主要是指非政府组织及公民个人对政府行为实施的监督。但在现实生活中,这种传统的来自普通民众的社会监督缺少立法监督、司法监督和行政监督的权威性和强制性,监督效力大大弱化。网络舆论监督则突破了这一限制,使社会监督效力得到了最大的加强。网民通过网络这个平台,对国家政治、经济、法律、文化、教育等各个方面的活动进行了解,并进行充分的交流,发表意见和建议,参与到社会事件监督和社会问题的管理当中。网络舆论监督是现代社会民主化发展的必然趋势,是宪法赋予公民的基本权利,它对于实现政治民主、推进我国网络民主建设有着重要的积极意义。

1. 公众直接行使网络监督权

不同于其他的公民监督形式,网络舆论监督过程具有独特性。在网络舆论监督过程中,首先是网民通过网络论坛、网络视频、网络博客发起话题;其次是话题经过网络意见领袖的推动,再加之网民的评价、讨论,以转载和引用的方式迅速遍及整个网络;最后是网络媒体对此话题进行及时更新报道,使之成为网络监督的公共议题。由于网络媒体和传统媒体的议程互动,对此公共监督议题的监督溢散到传统媒体,传统媒体进行进一步的跟进,从深度和广度上加深了对议题的监督。

这些网络监督发起者和参与者,既可能是网民中分化出的一批专业的网络独立调查人,也可能是偶发的任意公民。独立调查人不属于任何网络媒体或者传统媒体,而是作为独立的网络个体,采集信息、调查事件,向公众展示事件的进程、发布调查结果,其主要是通过创办个人网站进行网络监督。偶发性的网络监督往往是由于网络中某一网友对某一事件进行爆料,并发表独特新颖的观点,进而在小部分范围内引起网民的关注,通过转帖、跟帖等途径,事态进一步扩散,从而引发网民对此热议事件进行跟踪调查、深入探究,最终形成巨大的舆论压力,迫使该事件进入制度化的审判程序或政策决策程序。

公众借助网络舆论工具,对国家和社会事务提出自己的想法,这是公民舆论监督的新形式和重要组成部分。与传统的监督途径相比,网络舆论监督所起到的公开作用是一种非常强大的力量。互联网民意已成为现今最直接的一种民意,互联网这种渠道可以直接使单一问题成为公共话题。网络媒体的出现使舆论真正成为公众的舆论,公众真正成为舆论监督的主体。

网络媒体和传统媒体对公共监督议题的全面报道,对事件当事人和涉事国家机关施加了舆论压力,加之上级国家机关施加的行政压力和政治压力,促成公共事件在媒体的监督下进入司法审判程序和制度性的政策决策程序。在网络舆论监督过程中,网络舆论监督话题的发起,可以是传统媒体发布新闻后再由网民讨论产生,也可以是网民自己独立发布。这些话题的内容广泛,有新闻事件、政治评论、社会问题评论、文化及价值观念评论、历史评价、人物评价、个人牢骚等。网络舆论监督话题能成功地转化为网民积极参与讨论的议题,主要在于意见领袖的引领和网民的广泛讨论。但当网络监督话题成功地转化为议题后,并不一定能产生网络舆论。"一个话题成功生成网络舆论的关键是要有认同意见的集合,只有在该议题的探讨和争论中,有一定数量的网民凝聚了共识,并有使这种共识为更多的社会公众所认同的强烈欲望和实际行动,才能向生成网络舆论的方向前进。"[①]当网络媒体和传统媒体通过多种传播手段使得更多的网民和社会公众支持这种意见时,才可以说网络舆论形成了。这种网络舆论所造成的舆论压力,以及传统媒体所造成的舆论压力,共同迫使网络舆论监督事件的涉事国家机关重视这种意见,最终使事件进入司法审判程序或政策性决策程序。

2. 公众增加网络监督强度

网络是巨大的信息集散地,为网民提供了广泛的舆论表达的空间。网络舆论监督介入成本低,网民可随时对关注的话题进行讨论,形成舆论压力。在网络舆论监督案例中,不管是通过网络论坛发表言论监督,在博客发表博文监督,还是通过网络视频网站上传视频文件进行监督,网友只需一台电脑、一个鼠标即可完成。也就是说,只要会上网,就能成为网络舆论监督中的一员。在网络舆论监督中,网络信息以图片、音频、视频、文字等形式传递,具有客观性强、真实度高的特征,吸引了更多的网友加入到监督大军之中,提升了他们参与监督的热情。相较传统的公民监督,以图片、音频、视频等为传播形式的网络舆论监督,更具有可

---

① 王天意:《网络舆论引导与和谐论坛建设》,人民出版社 2008 年版,第 96 页。

信度、号召力,因而取得了显著的成效。

网络中的话题是开放的,不像传统媒体那样存在版面、时间限制等问题,而是可以有海量信息,使得网络话题在广度上可以不断扩展。网民数量大、需求多样化,为了满足众多网民的信息需求、吸引广大网民的注意力,网络在"说什么"即传播内容上具有极大的自由性。网络话题广阔且自由流传的重要原因还在于,虽然我国目前网络受到的管制力度在不断加强,但较传统媒体来说,还是相当宽松的。传统媒体中的限制性话题,在网络上则可公开地流传、讨论,网民可以自由地选择要讨论的话题。此外,在网络这个公共空间中,网民之间能够抛弃身份背景的限制,实现比较平等自由的对话。不管所提出的话题是什么,能否引起广大网民注意力,关键在于话题本身,和其他的因素如发表话题的人的身份背景没有直接的关系。所以说,网络中话题的开放性,决定了网民只需以自己的意愿,即可参与到网络舆论监督中,推进网络话题的进一步探讨。在诸多的网络舆论监督案例中,有对公务员个人行为的监督,有对地方政府、地方行政部门行政行为的监督,也有对公务员群体行为的监督,更有对社会公共事务的监督,这些话题的选定,多是公众自行决定的。

随着经济、政治等综合国力的不断增强,我国公民的素质越来越高,参政议政的意愿愈发强烈。网络媒体报道事件迅速准确,网民可以通过互联网在网络中自由地发表自己的见解。网络为网民创造出了一种新的对话方式与议论空间,为人们提供了更多畅所欲言的机会。在互联网高速发展的时代,网络逐渐成为老百姓参与公共决策的新平台。一方面,网民可利用网络的匿名性隐藏自己的社会身份,可以针对社会不公现象在网络上发泄不满情绪。网络舆论用这种方式疏导了广大网民的负面情绪,间接地减少了网民有可能做出的过激举动,同时可以维护社会治安与稳定,减少社会矛盾。另一方面,网络舆论可以有效监督反腐倡廉工作,纠正各种不正之风与遏制政府中的各种歪风邪气。网络舆论具有强大的影响力,能有效地使政府官员忌惮不良行为,同时能及时发现政府官员的不良行为,有效监督政府工作,正面影响政府决策。但需要看到的是,网络舆论也有负面效应。网络谣言会误导公众舆论走向,扰乱公共秩序。部分网民利用网络技术进行"人肉搜索",无疑会给当事人的生活或者名誉带来影响甚至损失。这种做法既侵犯了个人隐私又侵犯了他人自由,也破坏了整个网络社会环境。同时,网络传播的迅速发展加大了网络舆论的监管难度。可以说,网络舆论是一把"双刃剑",网络传播使得人们可以参政议政,自由发表言论,促进公共决策民主化进程,但也带来了一些消极影响,造成社会的不稳定。

总体而言,网络加强了公众与政府之间的双向互动。众多网民自发地以在网上发帖、转帖等多种形式发表意见，对各级国家机关、政府官员的不法行为进行监督，更好地规范了公权力的运行。当代政治学家罗伯特·达尔在《论民主》中精辟地指出，"多种信息来源"（即知情权）与"表达意见的自由"（即表达权）是民主政治的两项必要条件。知情权与表达权同样是舆论监督的必要条件。只有保障公民的知情权与表达权，才能为舆论监督提供法制化的保障。在实现司法正义的过程中，网络舆论这一民间性质的权力监督资源实际上几乎是公众唯一能够与强大的公权力对话与协商、对峙与抗衡的力量源泉。我们需要正面回应网络舆论监督中存在的问题，营造良好的网络舆论环境，从而保证网络舆论朝着健康的方向发展。

（三）传统媒体与新型媒体在舆论监督中的融合发展

近年来，传统媒体的内容优势不断受到冲击，不少传统媒体的深度报道严重萎缩，舆论监督报道数量减少、力度变小。学者张志安主持的《新媒体环境下调查记者行业生态变化报告》显示，传统媒体调查记者从业人数6年之间减少幅度高达57.5%，新媒体机构新增调查记者数量比较有限，整个调查报道行业面临人才流失和队伍萎缩的严峻考验。在调研的74家传统媒体机构中，有30家媒体已经没有主要从事一线调查报道的记者。这一调查数据清晰勾勒了传统媒体深度调查、舆论监督报道萎缩的现状。山东省政府曾要求省级新闻单位加大舆论监督力度，要对涉及人民群众切身利益问题不闻不问、不担当、不作为甚至违法乱纪的行为坚决予以曝光。这表明政府对媒体舆论监督功能的高度重视。但也有业界人士认为，舆论监督本是媒体的"第一本能"，通过发文要求舆论监督正反映了舆论监督的凋零现状。在多个舆论场交织的格局中，传统媒体舆论监督权重逐渐下降，设置议程能力变弱。

在近来一系列网络舆情事件中，微博、微信等社交媒体成为主要的传播源头，互联网成为主要的舆论场，如"长春长生"疫苗事件、"昆山龙哥反杀"事件、"高铁霸座男"事件、"唐山打人"事件、"徐州丰县铁链女"事件、"女教师遭遇'网课爆破'猝死"事件、"河南村镇银行储户'赋红码'"事件等，都在网络媒体上爆发。以"高铁霸座男"事件为例，先是有人在微博上传了霸座现场视频，而后迅速发酵，引起了公众愤慨。"霸座男"的道歉并未平息网上情绪，反而导致事件继续发酵。网民纷纷起底"霸座男"，其疑似骗取房租、剽窃论文等行为，以及火速注册"座霸"账号的行径，被网友扒出。这场舆论监督有几个特点：一是网络舆论场是主要传播场，传统主流媒体在新媒体的"倒逼"之下，虽也迅速发声，但引领乏力；二是网民深度参与，在设置议程上表现出了非常强的先导性，并在推动事件实质性结果上发挥了重要作用;三是社交媒体成为重大新闻、舆论监督的"利器",主流媒体议程设置能力相对变弱。这种网络舆论监督事件还在持续发生,但通过舆论监督使事件成为公共讨论的议题,国家权力部门的实时回应能更好地推动中国的全面依法治国。

互联网圈层化传播和算法推荐下的精准传播,使传播不断呈现出分众化和差异化的趋势。[①] 新媒体大都实现了海量内容与个性化需求匹配的模式,而传统媒体在这一趋势中呈现出与受众"隔离"的趋势,导致舆论监督报道的引导力下降。随着从中央到地方大力推进媒体融合,传统主流媒体不断开辟新媒体渠道,其出发点和着力点都在有效连接受众上。对此,需要提升传统媒体的传播力,而传播力表现为新闻信息及观点能顺利传给受众,实现传播的有效覆盖。只有广泛而有效地连接受众,才能增强媒体的传播力和影响力,才能真正化解舆论监督乏力的问题。

传统媒体要把握网络规律,提升设置议程能力。网络曝光往往成为舆论监督的发端,一些在网上直接公开内幕真相、指向明确的"爆料"往往会迅速形成舆论,尽管这些爆料在信源上需要进一步考证,但往往也能成为新闻线索。为此,传统媒体需要把握网络舆论生成、发展规律,高度重视网络信源,准确把握舆论引导时机;要把握网上传播从发端、引爆、高潮到减弱、消弭的规律,发挥传统媒体开展舆论监督报道的优势,提升设置议程能力。此外,传统媒体要扭转"刻板印象",构建话语共同体。舆论监督与媒体公信力成正相关,一强俱强、一弱俱弱,互为因果。与新媒体相比,传统主流媒体不仅是时效不足,其对公众关心的热点问题、突发事件的报道往往与公众期待存在落差,造成公众的"刻板印象",认为主流媒体常常是"不敢说""不能说""不说假话但也不说真话",于是也就"不全信""全不信""偏不信"。加上网络时代公众话语权、监督权意识增强,传统主流媒体遭遇公众不信任的情况更为加剧。这种"刻板印象"会造成多个舆论场间的割裂,成为构建话语共同体的阻力。为此,做强做好舆论监督报道、提升传统主流媒体的舆论监督力是消弭"塔西佗陷阱"、联动多个舆论场的重要抓手。传统媒体只有深度融入多元舆论场,构建有效的话语共同体,才能进一步连通受众,聚合受众,引导受众。

媒体舆论监督的意义是最大限度地使民众接近真相,隐瞒真相更易扰乱人心,更易引发社会舆情。在新舆论生态中,传统主流媒体依然要成为畅通民意的

---

① 参见吴阿娟、董向慧、陈杰:《传统媒体舆论监督的"供给侧"调适》,载《媒体实战》2018年第12期。

主要渠道。传统媒体作为长期引导社会舆论的先头力量,网络上所关注的热点有时也会在传统媒体上率先曝光。如果我们可以将传统媒体与网络相结合,舆论的声音就会越来越强烈。传统媒体应该正确引导舆论走向,纠正网络舆论自身出现的偏差。二者应该共同发挥作用,营造出良好的网络舆论环境,使健康理性的舆论促进社会和谐稳定发展。

党的二十大报告强调完善全面覆盖、权威高效的监督体系,把党内监督同国家机关监督、民主监督、司法监督、群众监督、舆论监督贯通起来,增强监督合力。当前,在用好网、管好网的要求下,各级政府部门纷纷开设微博、微信,搭建各类政务新媒体平台,畅通与公众互动渠道,设置反馈、问责机制,主动接受公众监督。部分新媒体替代了传统主流媒体,成为政府与公众沟通的桥梁,并且更为便捷有效。以天津市8890便民服务专线平台为例,专线日话量在3万左右,主要集中在政府服务、公共服务和社会服务三方面。据2021年4月的统计数据,上述三方面的专线服务分别占日话量的50%、20%和15%左右。平台在受理诉求、派单给有关职能部门后1小时内回复,并附有具体的办结要求,其后还有办结督办、反馈和评价排名等机制保障。在该平台上,既有对政府不担当、不作为的监督,对有关部门办事水平和效率的投诉,也有对煤水电气暖等一系列民生问题的反映,还有对群体类、安全类紧急事件的发现、应对和协调,以及对热点问题的收集汇总和数据分析,其间还运用智能系统对来电人进行情绪识别,辅助舆论舆情判断。8890便民服务专线平台全年24小时通过电话、短信、网站、微博、微信等方式受理群众诉求,涵盖领域广泛,且平台事项办结率已被纳入政府绩效考核指标,成为"有牙齿"的政务工作机制,保证了群众诉求能落地有声。很显然,这省去了传统媒体舆论监督的"桥梁纽带",群众诉求直接对接公权力部门,已成为重要的舆论监督形式。

总之,在多元化传播时代,传统媒体要在热点事件中发声,要牢牢把握"人民性",在舆论监督报道中充分体现"与人民群众同呼吸、共命运",即用权威公正、负责任的报道,让舆论监督成为给予公众真相、坚守公平正义、呵护主流价值观、释放社会正能量、疏解群众不满情绪、引导社会舆论向好向稳的重要力量。

四、媒体监督权与司法公正、私权保护的平衡

媒体关注和报道了大量社会问题,行使监督权,对事件的发展和处理起到了一定的推动作用。但在实际的发展中,也存在媒体干预司法审判,媒体监督引发名誉权、隐私权官司。这不仅妨碍了司法公正,对媒体监督权的发展也造成了极

大的阻碍。因此,需要平衡媒体监督权与司法审判权、公民隐私权和名誉权之间的关系。

(一) 监督权与审判权的平衡

舆论监督与审判独立在追求的终极目的上并不存在冲突,二者追求的都是公平和正义,都是维护公民的合法权利。但在具体实践中,二者却存在冲突。

1. 传统媒体监督权与审判权的冲突与平衡

审判独立是一项为现代法治国家普遍承认和确立的基本原则,它要求司法机关在行使司法权力时不受任何行政机关、社会团体和个人的干涉,其中当然也包括舆论监督对司法权力的干涉。传统媒体先行报道与"审判",对司法过度监督,不利于独立审判。这主要是因为在当前中国,无论是舆论监督还是审判独立,都还处于一个不成熟的阶段,具有明显的社会转型期的特征。一方面,新闻媒体不敢监督、不能监督、不会监督的现象还普遍存在,新闻自由的实现程度还处于较低的水平,而审判独立也在种种权力的影响下无法实现。另一方面,媒体与司法之间互不信任。新闻媒体滥用舆论监督的权利,舆论审判、新闻腐败,司法界对舆论监督的能力和素质缺乏最基本的信任,甚至还会出现抵触的现象。而司法机关司法权力滥用、司法腐败的现象也比较严重,这也使得新闻媒体对司法机关缺乏基本的信任,从而愈发想要对司法机关进行监督。

舆论监督对审判独立的影响主要表现在两个方面:第一,"媒体审判"影响审判独立。很多案件在法院未宣判之前,媒体就大肆报道,给司法机关独立审判造成压力。新闻媒体的不当报道主要有三种表现形式:(1) 报道不客观,追求抢先效果。媒体基于其道德标准往往站在受害者的立场上考虑问题,只注意听取受害方的意见而容易忽视另一方当事人的意见,很难做到一碗水端平。此外,新闻媒体在报道中经常掺杂着个人的主观臆断,很难保证客观公正。(2) 新闻媒体常常在法院没有做出判决之前就发表带有倾向性的评论和意见,误导大众。(3) 新闻媒体在评论时往往言辞激烈,追求轰动效果。例如,我们经常可以在报道中看见"社会影响极坏""不杀不足以平民愤"等情绪化的语言。第二,媒体腐败干扰审判独立。市场经济在对新闻业产生巨大的积极影响的同时,也不可避免地会产生一些负面影响。例如,在市场经济大潮的冲击下,部分新闻从业人员的人生观、价值观滑坡,新闻腐败现象也随之滋生并蔓延,"红包记者""有偿新闻"现象时有发生。更有一些记者和媒体在金钱、关系、人情的影响下,故意对案件发表倾向性的评论,为案件中的某一方造势,煽动舆论,从而给法院审理案件施加压力,达到其不可告人的目的。

司法机关对舆论监督的防范和抵制也体现在两个方面：其一，法院通过颁布一些规定来限制新闻媒体对司法活动进行采访、报道和评论。根据1979年颁布的《中华人民共和国人民法院法庭规则（试行）》，记者可以凭法院发放的采访证进入法庭，并可以记录、录音、录像、摄影和转播，而一般的旁听公民没有这些权利。这表明，媒体记者是有采访、报道司法活动的"特权"的。但到了1993年，记者的这一权利开始被删去，该年颁布的《中华人民共和国人民法院法庭规则》规定，任何人未经法庭许可，不得在庭审中录音、录像、摄影。1999年，最高人民法院颁布的《关于严格执行公开审判制度的若干规定》进一步规定，新闻记者在法庭上记录也须经人民法院许可。至此，记者在法庭里进行采访的一切活动均须服从法院的安排。这些限制性规定为法院防范和抵制舆论监督提供了手段，一些法院可以根据这些规定合理合法地限制新闻记者在法庭上的各项采访权利。其二，法院通过诉讼来状告媒体侵权。通过诉讼的方式来防范和抵制舆论监督，也是目前我国司法抵制舆论监督较为常用的一种方式。以法官或者法院为原告，状告新闻媒体侵害其名誉权，是新闻侵权诉讼中极为特殊的一种类型，在法官或法院诉新闻媒体的案件中，多数是以新闻媒体的败诉而告终。

如何平衡传统新闻媒体的舆论监督和保持司法审判权的独立性成为当前舆论监督权研究的难题。一方面，新闻媒体自由采访和报道的权利需要写进法律，同时法律也要明确新闻媒体的义务和自律规则。目前，我国舆论监督司法的水平还比较低，效果也比较差，与舆论监督应该担负起的职能和发挥的作用相比还有较大的差距。因此，加强对舆论监督的保护和支持是我国目前处理舆论监督与司法关系的重点。为了加强对舆论监督的保护和支持，应该加强新闻立法，对舆论监督进行授权，将舆论监督中涉及的采访权、抗辩权、批评权等以法律的形式固定下来，进而将舆论监督司法纳入法治化的轨道。只有建立健全了舆论监督方面的法律法规，使舆论监督的相关权利得到了法律的确认，才能使舆论监督得到真正的保护，才能真正发挥舆论监督司法的作用。另一方面，党和政府相关部门需要积极鼓励和支持舆论监督。在我国，党和政府对舆论监督的鼓励和支持对舆论监督具有重要的影响。当然，在赋予传统新闻媒体舆论监督相关权利的同时，也要注意加强对舆论监督权利行使的规范和管理。任何权力都有腐败的趋势，舆论监督权虽然只是一种权利，但如果滥用也会造成巨大的负面影响。所以，对于舆论监督也要有监督，这种监督当然包括相关法律法规的监督以及来自相关部门的管理，但在目前舆论监督总体弱势的条件下，过度强调对舆论监督进行监管，是不利于舆论监督作用的充分发挥的。

2. 新媒体监督权与审判权的冲突与平衡

新媒体舆论监督的兴起为我国的舆论监督提供了一个新的发展契机。网络作为现代化的传播媒介之一,为公众开辟了畅通的言论渠道,网络论坛、聊天室等都是网络媒体受众互通信息、交换意见的场所。在这些场所中,公众享有的言论自由更多,意见传播更迅速、更广泛,强大的社会舆论也更容易形成。同时,网络的开放性也使舆论监督有了更细微、更敏锐的触角,即使是社会中极其隐蔽的问题,往往也逃不过网络舆论监督的"眼睛"。相比传统媒体舆论监督,这些特点让新媒体舆论监督具有了较大的优势。一些重大的舆论监督事件,都是首先通过网络媒体发起的,在网民中形成强大的舆论后,引起报纸、电视等传统媒体的介入,最终在整个社会上形成强大的舆论压力,从而迫使司法机关介入,对有关的事件和人员进行处理。有些公众利用新媒体的特性,对案件信息进行裂变传播,如对局部案情进行模糊与歪曲,对当事人进行标签化的宣传。这些都会造成社会影响,导致对定罪量刑诱导的干扰以及对司法权威的强力冲击,典型案例有"于欢案"和"江歌案"。

"于欢案"发生于2016年,基本案情是这样的:2016年4月14日,以杜志浩为首的"黑社会"催债队伍对苏银霞及其子于欢进行了人身自由的限制,并且在此过程中用羞辱性话语辱骂苏银霞,杜志浩甚至脱下裤子露出下体侮辱苏银霞。这一行为导致于欢情绪严重失控。于欢在冲出房间时被拦截住,混乱中持刀刺向催债人,造成一人死亡多人受伤。2017年2月17日,山东省聊城市中级人民法院一审以故意伤害罪判处于欢无期徒刑。该案经媒体披露后,引发舆情风暴。二审中,检察院启动检察监督程序,补充新证据、认定新事实,最终山东省高级人民法院认定于欢系属防卫过当情形,减轻处罚。同年6月23日,山东省高级人民法院撤销一审判决,以故意伤害罪判处于欢有期徒刑5年。此案被誉为舆论监督促进司法、司法回应舆论并纠正错误的典范,实现了司法与舆论的良性互动。

通过新媒体的传播与发酵,"于欢案"一度成为公众热议的话题。2017年3月26日,凤凰网舆情数据监测显示,舆论一边倒情况明显,谴责法院审判不公的占比79.7%,观点保持中立的占比20.3%。许多言论甚至超越了于欢本身是否有罪、法院判罪是轻还是重,话题从网友争先为于欢叫屈进阶到指责法院审判不公,甚至演变为追究警方失职渎职,质疑"法制腐败""独裁暴政",声称"法律不顾人心,人心何必守法"。舆论爆发的初期,公众关注的重点在于欢的量刑是否公正上,很多网友基于朴素的道德观念和伦理观念为于欢打抱不平,认为其做法是在情理之中,不应受到如此严重的处罚,并将一切归咎于司法腐败、案发时警方严重失职等因素,认为司法审判不尊重民意。《网易新闻》的观察数据显示,3月27日后出现的高频词汇为"防卫过当""正当防卫""正义""法律"等。5月27日,山东高院二审庭审时,据《新浪微舆情》大数据平台抽样调查,有接近一半的调查者认为于欢是出于正当防卫,希望法院能够酌情轻判;有接近1/4的调查者相信法律的公平正义;有1/6的调查者认为二审结果会更加公平;只有不到2%的调查者不相信法院,认为二审结果仍然不会公平。调查结果表明,二审时舆论恢复到了理性状态,加之二审过程全程直播,公开透明,使得二审结果得到了社会各界的广泛认同。①

"江歌案"亦是在大众传媒推动下备受关注的案件。江歌案发生在日本,案件审理也是在日本,因而应该援引日本的法律。从日本法律角度看,日本法院最终对江歌案的判决是比较合理公正的。但是,该案在中国引发了巨大的舆论风暴:2017年8月14日,江歌的母亲江秋莲在微博上发起请求判决陈世峰死刑的签名活动,求判凶手死刑,30个小时便获得18万网友的签名支持。11月4日,江秋莲前往日本,征集签名要求判陈世峰死刑。据统计,约451万人签名支持死刑。11月11日,微信公众号"东七门"发布文章《刘鑫,江歌带血的馄饨,好不好吃?》,部分网民转向对刘鑫进行指责。11月12日,自媒体公众号"咪蒙"发表文章《刘鑫江歌案:法律可以制裁凶手,但谁来制裁人性?》,再度掀起舆论高潮。11月13日,《局面》栏目负责人王志安通过个人微信公众号发布文章《关于"江歌案":多余的话》讲述双方见面的始末,引发大量转载。同时,大量相关报道在各类媒体和社交平台涌现,网络中的意见领袖将对案件目击者刘鑫的舆论推向高潮。刘鑫是江歌的室友,也是陈世峰的前女友。由于是不是在江歌遇害时见死不救的争论,以及在案发一年内对江秋莲没有正面回应的态度,刘鑫引起了网友的愤怒和道德谴责,一时间"法律制裁不了一个道德败坏的人""肯定是刘鑫杀死了江歌""刘鑫去死"等非理性的舆论充斥网络,引起网民广泛讨论和猜测。由此,在这次舆论讨论中,"陈世峰死刑"和"判处没有道德的刘鑫"呼声最高。

舆论监督司法,其目的在于确保司法机关依法公正审理裁判,促进社会和谐发展。舆论监督在凝聚焦点的同时会放大案件及审理过程中的每个细节,增强司法透明度,揭露和鞭挞妨碍司法公正的行为,确保程序公正和实体公正齐头并进。"于欢案"从舆论的爆发到司法机关对公众民意的回应,再到最后二审的庭审,全部是通过新媒体平台进行的,可以说新媒体对这一案件的公正审判功不可

---

① 参见康志雄、张宇浩:《网络舆论监督与司法审判独立的冲突权衡研究——以"于欢案"为例》,载《现代商贸工业》2019年第13期。

没。"江歌案"与其他的涉法、涉诉案件不同的是,案件的发生与审理均在日本,但舆论风暴却发生在中国。

舆论监督也是一把双刃剑,网络平台里各色信息良莠不齐,谣言、骗局、极端言论混杂其中。据凤凰评论 2017 年 3 月 26 日的报道:有网站发起了对于欢一审判决的话题讨论,在 18 万人的讨论中,95%的讨论者认为于欢的行为属于正当防卫无罪,4%的人不予置评,只有 1%的人认为于欢有罪。多数网民的意见没有得到终审法院最终的采纳,因而有网友认为,"与多数网友预期相差甚远,说明舆论的力量在该案中所起作用十分有限、微乎其微"。然而,如果终审结果完全顺应民意,不顾案件过程中的证据、量刑情节、犯罪构成等条件,违背罪刑法定的原则,势必会造成司法秩序的混乱。新媒体传播速度快、范围广,使得舆论发酵更为迅速,影响力也随之扩大,司法机关的审判压力于无形中增加。在"于欢案"二审判决之前,网络舆论的介入,导致无依据的各种言论爆发,混淆公众视听,网友支持于欢正当防卫无罪的呼声,给法官造成巨大的舆论压力。"江歌案"中,媒介审判的最终控制者是法官及司法人员,法官及司法人员凭借自身的专业性,能够平衡舆论监督与司法公正的关系。其实,日本法庭和法官对中国的舆论风暴了然于胸。一方面,日本法庭为坐在媒体席或旁听席的中日媒体提供便利;另一方面,法庭对庭审秩序的维护非常严格,反复提醒旁听者不可以随意出入、弄出声响,哪怕是无意的,以防干扰法庭的审判过程。

司法要依据严格的法律程序和证据排除制度,这也意味着司法机关必须保持独立性,排除其他因素干扰。"司法的独立性是其公正性的必要条件,离开了独立性,公正性就失去了保障,就无从谈起。"[①]媒体报道应坚持真实、客观原则,关注案件本身以及法律问题,准确描述事实,不凭空捏造、妄加评价,同时不得干预司法机关正常工作,不干扰司法独立审判,确保法律权威。

(二) 监督权与隐私权的平衡

新闻舆论监督作为社会监督的一个重要途径,越来越为人们所关注。但是,随着社会对新闻媒体的监督作用的日渐推崇,新闻媒体也屡屡以侵犯他人隐私权被推上法庭。新闻官司是对近几十年来出现的媒体侵权诉讼的俗称,而所谓侵权诉讼,是指媒体所发表的作品(包括报道和言论)的内容因侵害公民个人或组织(尤其是公司)的合法权益而导致的诉讼。

---

① 丁铁梅:《量刑监督的基本原则探析》,载《河南社会科学》2013 年第 2 期。

1. 前智能传播时代监督权与隐私权的冲突与平衡

新闻舆论监督与公民隐私权的保护都是现代社会的产物,也都是社会文明的标志。它们从根本上来说是一致的,都建立在社会民主和法制之上,是保护社会稳定发展所不可缺少的,但有时也会发生冲突和矛盾。前智能传播时代,只有政府和专业数据搜集公司才能获取、采集、记录并提供人们的个人数据,其他个人或公司没有渠道搜集获取个人信息。新闻舆论监督以其对腐败贪污、行业黑幕、生态污染以至违法犯罪等消极负面现象的及时揭露,激浊扬清、扶正祛邪,使读者受众加深对社会负面事件和现象的深层认知。但在实践中,新闻媒体及从业人员针对负面事件和现象的采访与报道,常常造成侵犯公民隐私,导致新闻监督动力减弱。在前智能传播时代,新闻媒体侵犯隐私权的行为主要有三类:(1) 盗用他人的姓名、照片、图像并在新闻媒体上采用;(2) 擅自闯入私人场所;(3) 违法公开个人隐私行为。[①]可以说,媒体对公民隐私的报道越真实,内容越丰富,就越容易侵害公民的隐私权。新闻舆论监督是一种公权利,以公开性为要旨,要求时效要快,内幕挖掘要深;而个人隐私是一种私权利,需保守秘密。两者关系处理不当,就会发生冲突。一方面,公民行使监督权的过程是公民积极参与民主政治的过程,公民为了能够有效行使宪法赋予自身的监督权,就必然要去了解和掌握更多的有关国家工作人员各方面的信息,尤其是跟个人品德、财产状况、生活作风等相关的内容。如此就有可能会侵害到纯粹属于国家工作人员个人与国家公共利益没有联系的隐私权益,甚至也可能会侵犯到国家工作人员的亲人家属的隐私权益。另一方面,公民在行使监督权时,有时在面对严重的贪污腐败现象的时候,会表现出一种不满的情绪,经过不断的情绪发酵后,会做出一系列的不理性行为。公民监督权的不当行使,比如做出恶意诋毁国家工作人员及其亲属形象的侵权行为,会侵犯到国家工作人员及其亲人家属的名誉权。更有甚者对国家工作人员及其亲属进行人身攻击、恐吓威胁等,这般下去将会威胁到国家工作人员及其亲属的人身安全。

那么,应如何平衡前智能传播时代监督权与隐私权之间的冲突呢?

其一,需要区分不同的民事主体以避免隐私侵权,以新闻采访与报道进行舆论监督时应注重区分公众人物与普通人物。对于官员、公众人物和普通公民之间的私生活范围应该有所区别。官员和公众人物的私生活与社会公共利益发生了这样那样的关系,会对社会公共利益产生影响,因而他们的私生活范围应该比普通公民的私生活范围要小。例如,按党中央、国务院的有关规定,处级以上干

[①] 参见李星红:《新闻舆论监督权与公民隐私权的冲突平衡》,载《新闻与法》2002年第5期。

部要公开申报其收入情况。隐私权不是绝对的,符合社会的公共利益,对某些特定隐私的曝光就是必要和合法的,如新闻媒体对腐败分子和其他违法犯罪分子私生活的调查和揭露。个人隐私应受法律保护,但当个人隐私与最重要的公共利益——政治生活发生联系的时候,个人的私事就已经不是一般意义的私事,而是属于政治生活的一部分,它不受隐私权的保护,应成为新闻报道不可回避的内容。

其二,采访与报道时需要征得当事人同意。隐私权是一种自主性很强的私人权利,法律允许当事人放弃。这是指当事人以口头或书面形式明确表示同意新闻报道,具体表现为愿意接受采访、主动提供资料、协助新闻作品的完成等等。事实上,社会现实生活中许多人有意或无意地放弃了自己的一部分隐私权,如名人在自己的回忆录中,往往大抖隐私甚至以此为"卖点"。根据当事人的陈述或者提供的材料写成的文章或发出的报道中有当事人隐私的内容,不应视为侵权。如果当事人将涉及其个人隐私的日记或信件公之于众,则视为放弃个人隐私,而当事人接受新闻媒体关于自己私生活的采访,也应该视为对隐私权的主动放弃。但需要注意两点:本人的隐私涉及他人的隐私时,本人无权放弃,如果新闻报道中未经他人同意就加以报道,则构成侵权;涉及个人隐私的案件在不公开审理时,披露的敏感内容也是属于法律保护的隐私。

其三,信息一般来源于公开渠道。一般来说,新闻舆论监督所披露的消息来源于公知领域,如对公开的档案或纪录的使用、对过去的新闻报道的使用、资料来自公共场所等,在公共场所发生的一切都不是隐私,在公开审理案件的法庭上获得的资料亦视为来自公共场所。但是,新闻报道中也可能存在隐性采访。隐性采访应注意选择合适的方式,只有在充分权衡知情权和隐私权的情况下,在信息的公开对社会和公众至关重要但通过其他途径又无法获得时,隐性采访才具有合法性,媒体才能使用隐性采访。

2. 智能传播时代监督权与隐私权的冲突与平衡

在前智能传播时代,人们披露或者隐藏个人隐私信息时,有充分的时间和机会去考虑何时、何地,以何种方式,向何人披露或隐藏自己的隐私。而在智能传播时代,人们的一言一行都以数据的方式呈现公民对这些隐私的暴露与隐藏,并没有选择的余地。因为只要你使用网络就会留下"痕迹",这些"痕迹"即个人隐私数据,常常在不知情或者不情愿中就被使用。前智能传播时代,个人隐私边界与公共隐私边界处于高度可控状态。个人如果没有在公共领域内向任何人或任何单位透露任何有关自己的个人隐私信息,将个人隐私边界与公共隐私边界牢牢分开,边界之间也没有任何渗透关系,那么这样拒绝自己个人隐私被他人获知的状态就是独立关系。处在公共领域内的个人如果向他人透露自己的一部分隐私信息，那么这一部分信息就进入公共隐私的范围，但是个人仍然可以掌控这些个人隐私信息，这时候的边界关系是相交关系。

进入智能时代，舆论监督发生嬗变。媒介技术对普通公众的赋权间接地削弱了传统媒体的话语权，传统媒体不再是行使舆论监督的唯一可能主体，离散的公民凭借即时通信软件和社交媒体平台逐渐合流，成为舆论监督的新主体。我们在生活和网络上的言行举止都被数据化，个人隐私与公共隐私的边界日渐模糊，比如微博、微信等社交平台、电商等购物平台本来属于公共领域，因而我们发表到微博上的言论、图片、视频等信息以及我们购买商品过程包含的隐私信息，实际上都进入了公共领域，它们无法被框定在个人隐私信息边界内。同时，大数据分析带来的个人信息透明化，让公共领域中的公众可以获知任何一个人的个人隐私数据。在智能传播时代，人们的个人信息已经全面数字化，即使不上网，不发微博、微信，但社会治理过程中已经把个人的客观情况和主观行为进行了数据化的储存和管理。公共隐私边界已经完全包含个人隐私边界，我们的个人隐私处在公共隐私边界内，可能被所有人共享。智能技术使得"监视"个人生活变得更容易，成本更低廉，同时也更有用处。可以说，人们每时每刻都活在"第三只眼"的监控之下，进行大数据分析的人可以轻松地看到大数据的潜在应用价值，这极大地刺激了他们不断采集、存储、循环利用用户个人数据。随着存储成本的降低，分析工具越来越先进，采集和存储数据的数量和规模也出现爆发式增长，用户个人隐私正遭受前所未有的威胁。

在智能传播时代，公民的监督权与隐私权之间的冲突变得异常复杂。虽然公民的隐私保护意识在不断强化，但相应的法律保护立法仍然存在众多问题，我国尚没有一部直接明确的隐私权保护法律。我国目前网络侵权行为的立法除了《民法典》中的相关规范之外，也有《网络安全法》《中华人民共和国电子商务法》《中华人民共和国个人信息保护法》等网络治理相关法律法规。但智能技术的飞速发展，隐私内涵扩大，社交账号、网站上的信息、各个网络所获得数据分析出的新的隐私，都使得隐私范围增大，隐私权保护存在众多盲区。

舆论监督权是新闻媒体运用舆论的独特力量，帮助公众了解政府事务、社会事务和一切涉及公共利益的事务，并促使其沿着法制和社会生活公共准则的方向运作的一种社会行为的权利。通过报道对社会上某些组织或个人的违法进行揭露，抨击时弊，以达到对其进行监督制约的目的。舆论监督权主要针对的是政府官员型公众人物。国家官员不仅是"政府官员"，同时也有作为普通人的一面，在人格权享有的程度和内容上他们虽与普通人有所区别，但也有与普通人一样的自由与尊严。新闻自由下行使舆论监督权,往往难以确定某事是否与公共利益确实相关,相关性程度也难以判断,而只是一种基于自我主观的判断甚至故意模糊公益相关性以满足媒体炒作新闻之需。公众人物的隐私权牵涉公益的时候很多,容易为媒体牵扯到公益话题上,也容易被拿来满足媒体的某种炒作需要,导致公众人物隐私权和舆论监督权矛盾凸显。

隐私权与媒体的舆论监督权的冲突,是法律必须面对的一种"价值冲突",媒体监督和公众人物隐私权保护能否协调推进,根本上取决于法律制度的完善。智能传播时代是技术进步的表现,但并不影响媒体行使监督权的目的。作为新闻传播和舆论引导的介质,媒体在舆论监督中发挥着主渠道的作用。媒体对公众人物信息的合理披露,有助于规范和约束公众人物行为,促使公权力、社会影响力的合理运用。在智能传播技术发展的现在,运用智能技术区分用户的一般性信息和敏感性信息,用户一般性信息让渡给媒体监督、敏感性信息加强人工保护,是未来发展的趋势。例如,在英国的坎贝尔诉《每日镜报》一案中,言论自由同隐私权保护之间便达到了很好的平衡。2001年,《每日镜报》报道了名模娜奥米·坎贝尔接受戒毒治疗情况,并配有偷拍的图片。坎贝尔以报社违反保密责任为由起诉。最终,经过三轮审判,英国上议院于2004年终审判决坎贝尔胜诉。此案中,法官认为,作为公众人物,媒体报道坎贝尔戒毒,纠正其原来给公众留下的无毒形象是符合公共利益的。但媒体不应该报道坎贝尔戒毒的细节,尤其是照片,这会严重损害其隐私,给其造成不应有的损失。此案可以说是为寻求言论自由和隐私权保护的平衡树立了典范。

总的说来,监督权与隐私权均是公民在民主法治社会中所不可或缺的。监督权和隐私权同为宪法所保障的权利,通过公民监督权的行使,可以监督国家工作人员并督促其依法行政、廉洁奉公。与此同时,隐私权保护的是一种人格利益,体现了以人为本的理念,是对公民人格的尊重。

(三) 监督权与名誉权的平衡

新闻舆论监督侵害名誉权是新闻侵权的一个重要类型,在法律上主要包括侮辱和诽谤。侮辱指的是新闻媒体在报道过程中,因对真实新闻内容的不当传播,而使他人人格或者名誉受损的行为。诽谤指的是由于新闻报道不真实或者故意传播虚假新闻等,导致他人的社会评价降低,从而侵害了名誉权的行为。

1. 权利与权利的冲突与平衡

新闻媒体的舆论监督权与名誉权的冲突,即两种权利的边界问题、两种权利的如何取舍问题。舆论监督权要求尽可能地对社会中的事件进行信息披露,而公民为保护自身名誉、维持良好的个人形象,一些有损于其名誉的事情并不愿意为人所知。新闻报道实际上是言论自由的表达形式,其通过文字、图片、影像表达一定的内容,这些内容能够在社会上获取广泛的关注度,新闻报道中的人和事被放大到公众的视野,社会观点的丰富多样性,会形成不同的评价,这种评价的结果即名誉权的提升或降低。美国学者普洛塞分析侵害名誉权时认为:"因故意或过失,不法将不当之观念传布于第三人,致贬损他人之社会地位,或使其遭受怨恨、轻视、嘲笑或减少其所应受之尊敬、爱戴与信任之侵权行为。"[①]我国学者王利明将侵害名誉权的行为概括为:"行为人因为故意或过失对他人实施侮辱、诽谤等行为,致使他人名誉遭受损害。"根据我国《宪法》《民法典》及《刑法》的有关规定,"侵害名誉权的责任构成要件是:行为人实施了侮辱、诽谤等行为并指向特定人,行为人的行为为第三人所知悉,行为人主观上具有过错"[②]。

舆论监督侵害名誉权主要有侮辱和诽谤两种方式。舆论监督中的侮辱主要是在舆论监督的言论、作品中贬损了他人人格,损害他人人格尊严,哪怕所陈述的事实完全属实,但只要使用了侮辱性语句,如错误地指责他人是流氓、恶棍、娼妓、走狗、诈骗犯等,也可以构成侮辱,因为侮辱从本质上看是否定他人的人格尊严。因此,侮辱在形式上不需要有关特定人的行为事实的陈述,而只要是不恰当地用含有贬损的词句丑化特定人。诽谤也是侵害名誉权的典型形式。所谓诽谤,就是指因过错捏造并散布某些虚假的事实,损害他人名誉的行为。诽谤行为的特点是捏造虚假事实并予以传播。[③] 诽谤有两种形式即口头诽谤和文字诽谤。口头诽谤是通过语言将捏造的事实加以散布;文字诽谤是通过文字将虚假事实加以散布以损毁他人名誉。舆论监督中的诽谤主要是文字诽谤。与侮辱明显不同的是,诽谤行为的构成必须以事实内容的虚假为要件。新闻报道是否侵害名誉权,应当根据受害人确有名誉被损害的事实、行为人行为违法、违法行为与损害后果之间有因果关系、行为人主观上有过错来认定。

1964年美国的"沙利文诉纽约时报案"是典型的监督权与名誉权相互冲突的案件。案情大致是:1960年,《纽约时报》发文报道了阿拉巴马州蒙哥马利市

[①] 王利明、杨立新主编:《人格权与新闻侵权》,中国方正出版社2000年版,第351页。
[②] 同上。
[③] 同上书,第354页。

的警察"包围"了一所黑人学校,还指责"某些南方违法者"袭击黑人领导人马丁·路德·金的家,殴打并逮捕马丁·路德·金,谴责南方几个地区对黑人维权运动的压制。蒙哥马利市警察局长沙利文提出起诉,认为《纽约时报》构成诽谤,侵犯其名誉权,要求经济赔偿。沙利文的诉求得到了巡回法庭的支持,之后又获得了亚拉巴马州高级法院的支持。《纽约时报》不服,上诉到联邦最高法院。1964年,最高院9位大法官以9∶0的投票结果判决沙利文败诉。该案中,最高院大法官布伦南指出:"政府官员作为'公众官员'应当接受公众的监督,新闻媒体在披露公众官员涉及诽谤案件中,首先要看是否对公众官员造成实质损害,其次还要证明新闻媒体有'实质上的恶意'(actual malice),才有构成亵渎的可能。"他强调,公共官员必须证明被告在发表诽谤性或诬蔑性言论之时具有实际恶意,即明知陈述错误,或者毫不顾及陈述是否错误,才能要求名誉损害赔偿。这一原则其实就是假定媒体作被告时,其是"无罪"的,作为"公众人物"的原告必须在法庭上证明自己是无辜的,否则要承担不利的法律后果。

媒体的舆论监督的特别之处体现在对于社会公共利益的维护上,而名誉权关注个体的利益,因而两者实际上是价值理念的冲突。名誉权作为一项公民的基本私权利,追求的是个人利益的满足和最大化。而监督权尤其是网络监督权,是公民所享有言论自由权的具体表现,任何人都可以在网络上自由地表达自己对现实社会生活的想法与建议,是公民言论自由权真正意义上的回归。如果媒体舆论监督与名誉权保护的界限不清,就容易发生权利冲突。"新闻传播自由权与被报道者人格权冲突之解决,不但是司法上权利冲突之问题,同时亦是宪法上基本权利冲突之问题。"①西方国家的权利冲突论认为,利益的衡量与取舍成为解决权利冲突的有效手段。当权利冲突时,进行"权利价值"比较、权衡,通常而言代表较大利益的权利会对较小者形成限制,以实现对社会的最大利益化,这也符合法律的精神和理念。权利冲突最好的解决机制是法律上对于不同权利各自的范围划定明确的界线,而社会生活、思想观念等各方面时刻发生着变化,立法者也不能明确地对其进行分割,不恰当的界线划分会导致彼此权利的失衡,不利于实现社会整体利益的最大化。如果名誉权与舆论监督权不能得到保障,在这一公共利益有限原则的情况下,新闻报道的舆论传播,会使得当事人名誉下降,社会评价降低。新闻媒体的不规范报道应受到规范,对于名誉的侵害应尽量降到最低。因此,寻找新闻自由与个体权利之间的最佳平衡点,将对公民个人权益的侵害控制在最低程度是缓和舆论监督权与名誉权冲突的首要方式。

---

① 张永明:《新闻报道自由权与被报道者人格权》,载《法律评论》1998年第64期。

2. 权力与权利的冲突与平衡

舆论监督权作为宪法的"第四种权力",是与公权力相抗衡,而对私权利予以保障的公民权,是维护和谐稳定、健康快速发展的社会秩序的保障。由于公民批评和检举的是权力行使、公共决策等政治性事项,公民监督权与官员名誉权的冲突就不应仅仅视为宪法范畴内两种平等主体之间基本权利的冲突,其实质是公民行使政治权利和政府公权力之间的关系。宪法规范主要涵盖两部分内容:一是权力规范,规范国家权力的职权与程序;二是人权规范,规定公民各项基本权利。宪法的核心价值在于人权保障,宪法规范权力行使范围、程序最终目的也是为了防止公权力对私权利的侵犯。监督权是言论自由针对权力层面的特别强调,主要集中在公民对政府及官员的批评、监督及揭露上。在特定的范围内公民的监督权所带来的社会效益要大于官员的名誉权,除了煽动、宣扬暴力的言论之外,公民基于监督权所发表的政治性言论只是基于不同视角来表达自身见解,一般没有绝对的对错之分。公民在行使监督权时并不要求其公共言论完全真实正确,公民发表的公共言论保护的标准不应该是正确与否,而应该是对信息交流有无贡献。换言之,多元化的开放社会,对同一个问题可以从不同的视角来看待。如果无法证明公民的公共言论具有恶意,那么只要其相关言论对公共问题的信息交流、思想碰撞能够有所裨益,在一定程度上能够促进公共利益,就应该受到宪法的保护。可见,公民监督权能够对国家权力施加约束,保障公民免受国家权力的侵犯,进而规范权力运行,保障个人自由,缓解社会矛盾,维护宪法尊严。因此,在公民的监督权与官员的名誉权之间,宪法价值是更倾向于公民监督权的保护。当然,这并不表明公民的监督权没有界限。法律在保护公民与法人的名誉权时,会在舆论监督权与名誉权之间谋求一种平衡,不伤害舆论监督权的行使,在法律制度上设置舆论监督侵害名誉权免责条件和特权。例如,《最高人民法院关于审理名誉权案件若干问题的解答》中规定:"文章反映的问题基本真实,没有侮辱他人人格的内容的,不应认为侵害他人名誉权。"这里强调的"基本真实"是:只要内容基本真实,文章中没有侮辱人格的内容,就不应认定为新闻侵害名誉权。很多西方国家将公正评论作为新闻侵权的免责事由。在美国,公正评论是关于诽谤的宪法理论框架的一部分,而且其重要性正日益显著。公正评论构成的要件是:评论的事项必须与社会公共利益和公众人物有关,依据的事实没有错误,立场应当公正(但不一定客观),没有恶意。只要符合这些要件,即使是片面的、偏激的声讨与讽刺挖苦,也无法追究法律上的责任。西方学术界认为,公正评论的原则体现了在舆论与公民人格权之间,应对与社会公益有关的评论予以优先的保护,宁可让某人的名誉偶尔受到诽谤性评论的伤害,也不要使公众因为害怕诽谤诉讼而不敢就社会公共事务发表意见。美国《侵权行为法第二次重述》中明确指出:"如果在报道政府的行为活动或者与公众关注的事务有关的公开会议时,其中包含了有损他人名誉的信息,只要该报道是对事件准确而完整的描述,或者只是对其进行了合理的简化,就可以免除责任。"① 此外,报道公务人员无恶意也是舆论监督免责的重要抗辩事由。

舆论监督的主要对象是国家公职人员的公务行为,国家公务人员拥有法定的权力,必须受到公众的监督,否则他们可能滥用权力,侵害公众的权利。当公民的舆论监督权与国家公务人员的名誉权发生冲突时,保障舆论监督权有更高的价值。如果公民的舆论监督权不优先于国家公务人员的名誉权,那么公民就可能因害怕侵害名誉权而不敢监督政府,这是与宪政的基本精神相违背的。因此,对国家公职人员的舆论监督只要真实、无恶意,即可免责。舆论监督权与名誉权存在不同的价值取向,媒体作为"第四权力",通过对社会生活中违法犯罪行为、不良社会现象和问题的揭露与批评,目的是让公众了解事情的真相,满足公众的知情权,与名誉权相比更具有公共性与广泛性。而名誉权的价值取向侧重于保护个人的名誉和利益,实现其在私生活中自主的个人权利,或者针对某一重大新闻事件的背景资料、解释性报道、延伸报道、评论、图表等,重磅出击、形成声势、增强力度、集中宣传。平衡舆论监督权与名誉权之间的冲突需要建立和完善舆论监督立法。在法律的规制中,每一个公民都应珍惜自身言论自由的权利,不滥用言论自由伤害他人。对于那些恶意攻击、造谣诽谤类的言论必须加以限制和惩治,保障公民正当的言论自由权的行使,惩处滥用言论自由权的行为。只有做到自由与责任兼顾,才能更好地发挥舆论监督的正效应,促进社会主义民主社会健康有序地发展。

舆论监督作为中国特色社会主义监督体系的重要组成部分,在推动改革发展,推进依法治国、依规治党,维护社会主义民主法治等方面发挥着积极作用。2016年2月19日,习近平主持召开党的新闻舆论工作座谈会中指出:"舆论监督和正面宣传是统一的。新闻媒体要直面工作中存在的问题,直面社会丑恶现象,激浊扬清、针砭时弊,同时发表批评性报道要事实准确、分析客观。"舆论监督应当起到弘扬正气、凝聚人心、鼓舞士气等促进社会进步的积极作用,不是一味地博眼球、蹭关注,而应当以维护党和国家以及人民的利益为基础,通过对当今社会政治、经济、生活诸多现状的敏锐洞察以及对党和政府的路线方针政策的准确把握,从有利于实现中华民族伟大复兴、有利于建设社会主义现代化强国、有

---

① Restatement (second) of Torts. Sec. 611 comment (1977).

利于化解社会矛盾、有利于促进社会和谐的角度进行报道,从而真正发挥出舆论监督应有的积极作用。习近平总书记在《之江新语》中指出:"各级领导干部都要欢迎舆论监督,主动接受舆论监督,通过运用舆论监督,改正缺点和错误,努力把工作做得更好。新闻舆论部门的同志要遵守新闻纪律,做到反映情况客观真实,鼓劲帮忙而不添乱。"在舆论监督过程中,要坚持以人民为中心,始终站在党和人民的立场,寻找舆论监督的突破口,进行富有建设性的舆论监督。

2020年,习近平总书记在中央全面依法治国工作会议上用"十一个坚持"全面、深刻地回答了事关全面依法治国理论和实践的重大问题,为法治传播明确了政治方向、重要地位、工作布局、重点任务、重大关系、重要保障,为法治传播指明了原则、目的、方向和道路,推动法治传播迈向更高水平。未来在新媒体时代,在人工智能的技术加持下,法治传播学的发展要借助新媒体传播优势,抓住时机、把握节奏、讲究策略,讲好中国故事,让典型的感人的法治故事深入人心,提升法治传播力。在国际传播中,关注不同国家和地区之间的法律传播差异和相互影响,探索如何进行跨文化的法律传播,完善涉外法治传播的工作布局,协调推进国内治理和国际治理,更好维护国家主权、安全、发展利益。

参 考 文 献

一、外文类

(一) 外文著作

1. Alan F. Westin, *Privacy and Freedom*, Athenum, 1967.

2. Eugene Volokh, *The First Amendment and Related Statutes: Problems, Cases and Policy Arguments*(3rd Edition), Foundation Press, 2010.

(二) 外文期刊

1. Brian Creech and Andrew L. Mendelson, Imagining the Journalist of the Future: Technological Visions of Journalism Education and Newswork, *The Communication Review*, Vol. 18, No. 2, 2015.

2. Gillian Bolsover and Philip Howard, Computational Propaganda and Political Big Data: Moving Toward a More Critical Research Agenda, *Big Data*, Vol. 5, No. 4, 2017.

3. Thomas I. Emerson, Legal Foundations of the Right to Know, *Washington University Law Quarterly*, Vol. 1976, No. 1, 1976.

二、中文类

(一) 中文翻译著作

1. 〔德〕哈贝马斯:《公共领域的结构转型》,曹卫东等译,学林出版社1999年版。
2. 〔德〕康德:《历史理性批判文集》,何兆武译,商务印书馆1990年版。
3. 〔德〕马丁·海德格尔:《林中路》,孙周兴译,上海译文出版社2014年版。
4. 〔德〕马克斯·韦伯:《学术与政治》,冯克利译,三联书店1998年版。
5. 〔法〕古斯塔夫·勒庞:《乌合之众:大众心理研究》,冯克利译,中央编译出版社2014年版。
6. 〔法〕卢梭:《社会契约论》,何兆武译,商务印书馆2003年版。
7. 〔法〕孟德斯鸠:《论法的精神》(上册),张雁深译,商务印书馆1961年版。
8. 〔美〕E.博登海默:《法理学:法律哲学与法律方法》,邓正来译,中国政法大学出版社2004年版。

9. 〔美〕安东尼·刘易斯:《批评官员的尺度》,何帆译,北京大学出版社 2011 年版。

10. 〔美〕比尔·科瓦奇、汤姆·罗森斯蒂尔:《新闻的十大基本原则》(中译本第二版),刘海龙、连晓东译,北京大学出版社 2014 年版。

11. 〔美〕汉密尔顿、杰伊、麦迪逊:《联邦党人文集》,程逢如、在汉、舒逊译,商务印书馆 1980 年版。

12. 〔美〕卡罗尔·佩特曼:《参与和民主理论》,陈尧译,上海人民出版社 2006 年版。

13. 〔美〕曼纽尔·卡斯特:《传播力》(新版),汤景泰、星辰译,社会科学文献出版社 2018 年版。

14. 〔美〕尼尔·波兹曼:《娱乐至死》,章艳译,中信出版社 2015 年版。

15. 〔美〕塞缪尔·P.亨廷顿:《变化社会中的政治秩序》,王冠华、刘为等译,上海人民出版社 2008 年版。

16. 〔美〕汤姆·斯丹迪奇:《从莎草纸到互联网:社交媒体 2000 年》,林华译,中信出版社 2015 年版。

17. 〔美〕沃尔特·李普曼:《公众舆论》,阎克文、江红译,上海人民出版社 2006 年版。

18. 〔美〕希伦·A.洛厄里、梅尔文·L.德弗勒:《大众传播效果研究的里程碑》(第三版),刘海龙等译,中国人民大学出版社 2009 年版。

19. 〔英〕J.B.伯里:《思想自由史》,宋桂煌译,吉林人民出版社 1999 年版。

20. 〔英〕J.S.密尔:《代议制政府》,汪瑄译,商务印书馆 1982 年版。

21. 〔英〕M.J.C.维尔:《宪政与分权》,苏力译,三联书店 1997 年版。

22. 〔英〕布赖恩·麦克奈尔:《政治传播学引论》(第 2 版),殷祺译,新华出版社 2005 年版。

23. 〔英〕戴维·M.沃克:《牛津法律大辞典》,李双元等译,光明日报出版社 1988 年版。

24. 〔英〕戴维·赫尔德:《民主的模式》,燕继荣等译,中央编译出版社 2004 年版。

25. 〔英〕昆廷·斯金纳:《近代政治思想的基础》,奚瑞森、亚方译,商务印书馆 2002 年版。

26. 〔英〕洛克:《政府论》(下篇),叶启芳、瞿菊农译,商务印书馆 1964 年版。

27. 〔英〕约翰·密尔:《论自由》,许宝骙译,商务印书馆 2019 年版。

(二)中文著作

1. 陈柏峰:《传媒监督的法治》,法律出版社 2018 年版。

2. 陈力丹:《新闻理论十讲》,复旦大学出版社 2008 年版。

3. 丛日云:《西方政治文化传统》,大连出版社 1996 年版。

4. 邓瑜:《媒介融合与表达自由》,中国传媒大学出版社 2011 年版。

5. 全国人大财经委员会电子商务法起草组编著:《中华人民共和国电子商务法条文释义》,法律出版社 2018 年版。

6. 法学教材编辑部《西方法律思想史编写组》编:《西方法律思想史资料选编》,北京大学出版社 1983 年版。

7. 顾理平:《新闻法学》,中国广播电视出版社1999年版。
8. 郭庆光:《传播学教程》,中国人民大学出版社1999年版。
9. 侯健:《表达自由的法理》,上海三联书店2008年版。
10. 纪建文:《知情权:从制度到社会控制》,法律出版社2012年版。
11. 李兵:《IT时代隐私观念与隐私权保护研究》,世界图书出版公司2016年版。
12. 李步云主编:《信息公开制度研究》,湖南大学出版社2002年版。
13. 李开复、王咏刚:《人工智能》,文化发展出版社2017年版。
14. 梁启超:《梁启超全集》,中国人民大学出版社2018年版。
15. 林凌、夏梦颖:《网络舆论引导法律规制研究》,安徽人民出版社2016年版。
16. 刘杰:《知情权与信息公开法》,清华大学出版社2005年版。
17. 牟怡:《传播的进化:人工智能将如何重塑人类的交流》,清华大学出版社2017年版。
18. 钱穆:《中国历代政治得失》,三联书店2001年版。
19. 汤唯、孙季萍:《法律监督论纲》,北京大学出版社2001年版。
20. 唐惠虎:《舆论监督论》,湖北教育出版社1999年版。
21. 田大宪:《新闻舆论监督研究》,中国社会科学出版社2002年版。
22. 王锋:《表达自由及其界限》,社会科学文献出版社2006年版。
23. 王利明、杨立新主编:《人格权与新闻侵权》,中国方正出版社2000年版。
24. 王强华、魏永征主编:《舆论监督与新闻纠纷》,复旦大学出版社2000年版。
25. 王四新:《网络空间的表达自由》,社会科学文献出版社2007年版。
26. 王天意:《网络舆论引导与和谐论坛建设》,人民出版社2008年版。
27. 王雄:《新闻舆论研究》,新华出版社2002年版。
28. 魏永征:《新闻传播法教程》(第三版),中国人民大学出版社2010年版。
29. 夏勇:《人权概念的起源》,中国政法大学出版社1992年版。
30. 徐耀魁主编:《西方新闻理论评析》,新华出版社1998年版。
31. 燕继荣:《国家治理及其改革》,北京大学出版社2015年版。
32. 杨立新:《人格权法》,中国法制出版社2006年版。
33. 喻国明:《解构民意:一个舆论学者的实证研究》,华夏出版社2001年版。
34. 展江、吴薇主编:《开放与博弈:新媒体语境下的言论界限与司法规制》,北京大学出版社2013年版。
35. 张国良:《传播学原理》,复旦大学出版社2009年版。
36. 张恒山:《法理要论》,北京大学出版社2002年版。
37. 张新宝:《中国侵权行为法》,中国社会科学出版社1995年版。
38. 张育仁:《自由的历险——中国自由主义新闻思想史》,云南人民出版社2002年版。
39. 甄树青:《论表达自由》,社会科学文献出版社2000年版。
40. 周学峰、李平主编:《网络平台治理与法律责任》,中国法制出版社2018年版。

(三) 中文期刊

1. 陈龙：《"借题发挥"：一种中国特色的网络舆论话语生成模式》，载《新闻与传播研究》2019年第12期。
2. 储成君：《当代中国网络公共领域的现实境遇与发展思路》，载《安庆师范大学学报（社会科学版）》2017年第1期。
3. 单勇：《跨越"数字鸿沟"：技术治理的非均衡性社会参与应对》，载《中国特色社会主义研究》2019年第5期。
4. 龚莉红：《基于"信息茧房"理论的意识形态话语权研究》，载《河海大学学报（哲学社会科学版）》2019年第5期。
5. 龚群：《中国协商民主与西方协商民主的本质区别》，载《红旗文稿》2011年第8期。
6. 郭小安：《网络谣言的政治诱因：理论整合与中国经验》，载《武汉大学学报（人文科学版）》2013年第3期。
7. 郭小平、秦艺轩：《解构智能传播的数据神话：算法偏见的成因与风险治理路径》，载《现代传播（中国传媒大学学报）》2019年第9期。
8. 何勤华、齐凯悦：《法制成为法治：宪法修改推进社会主义法治建设》，载《山东社会科学》2018年第7期。
9. 黄建友：《表达权还是知情权：信息自由概念的内涵变迁》，载《国际新闻界》2018年第9期。
10. 蒋红珍：《面向"知情权"的主观权利客观化体系建构：解读〈政府信息公开条例〉修改》，载《行政法学研究》2019年第4期。
11. 蓝江：《后真相时代意味着客观性的终结吗》，载《探索与争鸣》2017年第4期。
12. 李林：《依法治国与推进国家治理现代化》，载《法学研究》2014年第5期。
13. 李凌：《智能时代媒介伦理原则的嬗变与不变》，载《新闻与写作》2019年第4期。
14. 李昭熠：《基于欧盟〈通用数据保护条例〉的智能传播研究》，载《当代传播》2019年第1期。
15. 林凌、李昭熠：《智能化传播优势、风险及对策》，载《法治新闻传播》2019年第2期。
16. 林凌：《网络传播未成年人涉案事件的几个法律问题》，载《当代传播》2014年第1期。
17. 林凌：《遵循传播规律，提升主流媒体引导力》，载《新闻战线》2018年第15期。
18. 刘俊、胡智锋：《媒介融合时代主流媒体如何提升舆论引导力》，载《人民论坛》2019年第6期。
19. 刘文杰：《网络服务提供者的安全保障义务》，载《中外法学》2012年第2期。
20. 卢家银：《论隐私自治：数据迁移权的起源、挑战与利益平衡》，载《新闻与传播研究》2019年第8期。
21. 罗亮、时影：《互联网与网络公共领域的兴起》，载《新闻战线》2016年第19期。
22. 马一德：《论协商民主在宪法体制与法治中国建设中的作用》，载《中国社会科学》2014年第11期。

23. 马长山:《数字社会的治理逻辑及其法治化展开》,载《法律科学(西北政法大学学报)》2020 年第 5 期。

24. 潘智琦、靖鸣:《微博"大 V"话语权边界及其有效行使》,载《新闻爱好者》2017 年第 4 期。

25. 彭兰:《智能时代的新内容革命》,载《国际新闻界》2018 年第 6 期。

26. 强月新、陈星:《线性思维、互联网思维与生态思维——新时期我国媒体发展思维的嬗变路径》,载《新闻大学》2019 年第 2 期。

27. 邱鸿峰:《环境风险的社会放大与政府传播:再认识厦门 PX 事件》,载《新闻与传播研究》2013 年第 8 期。

28. 桑玉成:《全过程人民民主:中国特色社会主义民主政治之路》,载《探索与争鸣》2020 年第 12 期。

29. 沈伟伟:《算法透明原则的迷思——算法规制理论的批判》,载《环球法律评论》2019 年第 6 期。

30. 苏力:《法律与科技问题的法理学重构》,载《中国社会科学》1995 年第 5 期。

31. 隋岩、李燕:《论网络语言对个体情绪社会化传播的作用》,载《国际新闻界》2020 年第 1 期。

32. 孙少晶等:《"算法推荐与人工智能"的发展与挑战》,载《新闻大学》2019 年第 6 期。

33. 王维佳:《专业主义的挽歌:理解数字化时代的新闻生产变革》,载《新闻记者》2016 年第 10 期。

34. 魏露露:《互联网创新视角下社交平台内容规制责任》,载《东方法学》2020 年第 1 期。

35. 魏永征:《略论治理网络谣言的行政处罚》,载《新闻记者》2020 年第 3 期。

36. 翁杨:《新闻立法视域下的舆论审判及其规范原则研究》,载《现代传播(中国传媒大学学报)》2016 年第 3 期。

37. 肖榕:《网络言论在公民基本权利平衡实现中的地位》,载《法学》2012 年第 5 期。

38. 熊光清:《网络公共领域的兴起与话语民主的新发展》,载《中国人民大学学报》2014 年第 5 期。

39. 禹继来:《论传媒监督与司法公正——对黄静案与刘涌案的思考》,载《新闻天地》2008 年第 2 期。

40. 喻国明、姚飞:《试论人工智能技术范式下的传媒变革与发展——一种对于传媒未来技术创新逻辑的探析》,载《新闻界》2017 年第 1 期。

41. 翟秀凤:《创意劳动抑或算法规训?——探析智能化传播对网络内容生产者的影响》,载《新闻记者》2019 第 10 期。

42. 张明军、朱玉梅:《民生政治参与与中国政治文化的现代转型》,载《理论探讨》2018 年第 5 期。

43. 张文显:《建设中国特色社会主义法治体系》,载《法学研究》2014 年第 6 期。

44. 张欣:《从算法危机到算法信任:算法治理的多元方案和本土化路径》,载《华东政法大学学报》2019 年第 6 期。

45. 张新宝:《个人信息收集:告知同意原则适用的限制》,载《比较法研究》2019 年第 6 期。

46. 章洁:《媒体监督对司法独立的影响》,载《当代传播》2005 年第 6 期。

47. 赵福君、王党飞:《论新媒体时代媒介话语权的变迁》,载《编辑学刊》2015 年第 5 期。

48. 周懿瑾、魏佳纯:《"点赞"还是"评论"? 社交媒体使用行为对个人社会资本的影响——基于微信朋友使用行为的探索性研究》,载《新闻大学》2016 年第 1 期。

(四)中文学位论文

1. 陈欣:《新闻报道权研究》,吉林大学 2006 年博士学位论文。
2. 李丹:《从表达自由到表达权》,厦门大学 2017 年硕士学位论文。
3. 鲁玉红:《论表达权》,长春理工大学 2013 年硕士学位论文。
4. 王敌:《网络言论自由的法律规制》,黑龙江大学 2018 年硕士学位论文。
5. 夏雨:《法治的传播之维》,武汉大学 2012 年博士学位论文。
6. 周甲禄:《舆论监督权论——宪政"第四权力"》,武汉大学 2004 年博士学位论文。

后　　记

法治传播学是一门交叉学科,集合了传播学、法学、政治学、马克思主义相关学说等多个学科的内容。法治传播理论研究视角多元,研究视域广阔,研究方法多样。本书的撰写是在社会主义法治教育与传播专家林凌教授的主张和鼓励下完成。林凌教授在法治传播学领域观点新颖、见解独到,他对本书的观点视角、内容结构、体系编排都提出了非常宝贵的建议,特别感谢林凌教授。

写作本书的初衷是想为华东政法大学马克思主义学院社会主义法治教育与传播专业的研究生提供一本可参考、可阅读的书。因此,本书结合华东政法大学的法学特色优势和马克思主义理论学科的独特背景,以新媒介普法传播的独特视角探讨公民"知情权、参与权、表达权、监督权"在不同历史时期的实现方式,媒介传播在不同历史时期的传播形式,以及新媒介时代的变化发展。本书受到马克思主义学院的高度重视,也获得了马克思主义学院社会主义法治教育与传播方向赵庆寺教授的赞许。同时,感谢华东政法大学马克思主义学院的专家学者们对本书提出的宝贵意见。

本书的出版更得益于华东政法大学研究生院的鼎力支持。华东政法大学研究生院坐落于美丽的苏州河畔长宁校区,也是原圣约翰大学的校园所在地。华政研究生院培养了许多品学兼优的学生,参与本书写作的作者有毕业于华东政法大学研究生院的博士,也有还在就读的博士,她们勤于耕作,乐于钻研,积极研讨,敏而好学,为本书的顺利出版添砖加瓦。

茵茵华政园,书香弥漫传四方。愿本书可以在描绘法治传播发展的美丽画卷上留下一抹重彩。

张秀

2023 年 2 月 22 日写于华政园